Von Weihnachtsmännern, Nikoläusen und Himbeergeistern

SERIE

PIPER

Zu diesem Buch

Wenn die Tage kürzer und die Abende länger werden, Glüh-
weinduft in die Nase steigt und Bratäpfel im Ofen garen, dann
steht bald Weihnachten vor der Tür. Für die gemütlichen Tage
der Adventszeit ein wunderschönes Weihnachtsbuch mit den
beliebtesten Liedern, Märchen, Geschichten und Gedichten
von Charles Dickens bis James Krüss und Rainer Maria Rilke.
Die fröhlichen und witzigen, besinnlichen und nachdenk-
lichen Texte sind zum Lesen und Vorlesen für Kinder und Erwachsene. Außerdem mit klassischen Rezepten von Anisplätz-
chen bis Zimtstern zum Nachbacken. Das Familien-Buch zu
Weihnachten.

Irene Nießen, geboren 1957 in Frilinghoven, arbeitet als freie
Journalistin, Medienberaterin und Herausgeberin zahlreicher
Anthologien in Frankfurt am Main.

Von Weihnachtsmännern, Nikoläusen und Himbeergeistern

Texte für kleine und große Menschen

Herausgegeben von
Irene Nießen

Piper München Zürich

Originalausgabe
1. Auflage November 1994
2. Auflage November 1999
© für diese Ausgabe:
1994 Piper Verlag GmbH, München
Umschlag: Büro Hamburg
Stefanie Oberbeck, Katrin Hoffmann
Umschlagabbildung: Superstock
Gesamtherstellung: Clausen & Bosse, Leck
Printed in Germany   ISBN 3-492-21955-1

Inhalt

Advent und Nikolaus

Weihnachtsgeister und -märchen

Weihnachten – Die Heiligen Drei Könige

Advent und Nikolaus

Rainer Maria Rilke
Advent

Es treibt der Wind im Winterwalde
die Flockenherde wie ein Hirt,
und manche Tanne ahnt, wie balde
sie fromm und lichterheilig wird;
und lauscht hinaus. Den weißen Wegen
streckt sie die Zweige hin – bereit,
und wehrt dem Wind und wächst entgegen
der einen Nacht der Herrlichkeit.

Äpfel, Nuß und Mandelkern –
Rezepte für die Weihnachtsbäckerei

Bratäpfel

Man nehme gleichmäßig große Äpfel (gut eignen sich Boskop), wasche sie, steche das Kerngehäuse aus und stelle sie in eine gebutterte, feuerfeste Form. Die Früchte fülle man mit einer Mischung aus Rosinen, gehackten Mandeln, Zucker oder Kandis. Obendrauf gebe man ein Stückchen Butter (für Erwachsene kann man die Butter durch etwas Rum oder Weinbrand ersetzen) und backe die Äpfel bei mittlerer Hitze 20 Minuten im Backofen.

Lebkuchenwürfel

Zutaten für 120 *Stück:*
Für den Teig: 250 g Honig ·
200 g Zucker ·
450 g Mehl ·
200 g gemahlene Mandeln ·
100 g gehackte Walnüsse ·
100 g gehackte Haselnüsse ·
½ Teel. Kardamom, gemahlen ·
½ Teel. Nelkenpulver ·
1 Teel. Zimtpulver ·
100 g kandierte gehackte Früchtemischung ·
15 g Hirschhornsalz ·
4 Eßl. Rum · 1 Ei
Für das Backblech: Butter und Mehl
Zum Teigausrollen: Frischhaltefolie
Zum Bestreichen: 3 Eßl. Aprikosenkonfitüre ·
1 Eßl. Rum ·
200 g Zartbitterkuvertüre
Zum Verzieren: 20 g gehackte Pistazien ·
50 g Belegkirschen ·
50 g abgezogene Mandeln ·
50 g Walnußkerne

- Zubereitungszeit: etwa 1 ½ Stunden
- Backzeit: etwa 20 Minuten

1

Den Honig mit dem Zucker bei schwacher Hitze unter Rühren erwärmen, bis sich der Zucker aufgelöst hat. Die Masse in einer Rührschüssel abkühlen lassen. Den Backofen auf 175° vorheizen. Ein Backblech einfetten und mit etwas Mehl bestäuben.

2

Das Mehl mit den Mandeln, den Wal- und den Haselnüssen, den Gewürzen und der Früchtemischung vermengen. Das Hirschhornsalz in dem Rum auflösen. Das Ei zur Honigmasse geben, nach und nach die Mehlmischung und das Hirschhornsalz untermengen. Den Teig gut durchkneten und zwischen Frischhaltefolie eine gleichmäßig dicke Platte in Größe des Blechs ausrollen.

3

Die Frischhaltefolie entfernen und die Lebkuchenplatte auf das Blech legen. Den Teig im Backofen (Mitte) etwa 20 Minuten backen.

4

Die Aprikosenkonfitüre mit dem Rum verrühren und die noch warme Lebkuchenplatte damit bestreichen. Die Konfitüre etwa 30 Minuten trocknen lassen. Inzwischen die Belegkirschen und die Mandeln halbieren.

5

Die Kuvertüre im warmen Wasserbad schmelzen lassen. Die Lebkuchenplatte damit gleichmäßig bestreichen. Die Platte in etwa 3 cm große Würfel schneiden. Die Würfel mit den Pistazien, den Belegkirschen, den Walnußkernen und den Mandelhälften verzieren. Die Kuvertüre in etwa 1 Stunde völlig trocknen lassen.

Nußmakronen

Zutaten für 30 Stück:
Für den Teig: 3 Eiweiß ·
1 Prise Salz ·
125g Zucker ·
200 g gemahlene Hasel-
nüsse ·
50 g gemahlene Mandeln ·
1 gehäufter Teel. Instant-
Kaffeepulver ·
½ Teel. Zimtpulver ·
1 Prise Nelkenpulver ·
30 Oblaten (44 mm Ø) ·
30 ganze Haselnüsse

● Zubereitungszeit: etwa 30 Minuten
● Kühlzeit: mindestens 3 Stunden
● Backzeit: 15–20 Minuten

1
Die Eiweiße mit dem Salz halbsteif schlagen. Den Zucker langsam einrieseln lassen und weiterschlagen, bis sich der Zucker völlig aufgelöst hat.

2
Die Haselnüsse mit den Mandeln, dem Kaffeepulver und den Gewürzen mischen und mit einem breiten Kochlöffel unter den Eischnee heben.

3
Ein Backblech mit 30 Oblaten auslegen. Mit 2 Teelöffeln, die vorher in kaltes Wasser getaucht werden, von der Nußmasse Nocken abstechen und diese auf die Oblaten setzen. Die ganzen Nüsse jeweils in die Mitte drücken.

4
Die Makronen an einem kühlen Platz mindestens 3 Stunden trocknen lassen.

5
Den Backofen auf 175° vorheizen. Die Nußmakronen im Backofen (Mitte) 15–20 Minuten backen. Die Makronen mit einem breiten Messer auf ein Kuchengitter heben und abkühlen lassen.

6
Die Nußmakronen zusammen mit einem halben Apfel in einer Dose aufbewahren. So bleiben sie während der Lagerzeit weich.

Zimtkipferl

Zutaten für 36 Stück:
Für den Teig: 250 g Mehl ·
50 g gemahlene Mandeln ·
½ Teel. Zimtpulver ·
200 g weiche Butter ·
100 g Zucker ·
1 Päckchen Vanillezucker
Für die Arbeitsfläche:
Mehl
Für die Backbleche: Butter
Zum Wälzen: 50 g Zucker ·
2 Eßl. Puderzucker ·
1 Teel. Zimtpulver

● Zubereitungszeit: etwa 30 Minuten
● Kühlzeit: etwa 1 Stunde
● Backzeit: 8–10 Minuten pro Blech

1

Das Mehl mit den Mandeln und dem Zimtpulver mischen. Die Butter mit dem Zucker und dem Vanillezucker schaumig rühren, bis sich der Zucker ganz aufgelöst hat. Die Mehl-Mandel-Mischung untermengen und alles rasch zu einem glatten Teig verkneten. Den Teig zugedeckt etwa 1 Stunde kühlstellen.

2

Den Backofen auf 200° vorheizen. 2 Bleche gut einfetten. Die Arbeitsfläche mit wenig Mehl bestäuben.

3

Den Teig in 3 Portionen zu jeweils einer Rolle von etwa 2 cm Durchmesser formen, etwa 2 cm lange Stücke abschneiden. Diese zu etwa 5 cm langen, an den Enden spitz zulaufenden Röllchen formen und halbmondförmig zu Kipferl biegen. Die Zimtkipferl im Backofen (oben) in 8–10 Minuten goldbraun backen.

4

Für den Zimtzucker den Zucker mit dem Puderzucker und dem Zimtpulver auf einem flachen Teller mischen.

5

Die noch warmen Kipferl im Zimtzucker wälzen und zum Abkühlen mit einem breiten Messer auf ein Kuchengitter legen.

6

Die Plätzchen zum Aufbewahren in eine Dose schichten.

Theodor Storm
Knecht Ruprecht

Von drauß' vom Walde komm ich her;
Ich muß euch sagen, es weihnachtet sehr!
Allüberall auf den Tannenspitzen
Sah ich goldene Lichtlein sitzen;
Und droben aus dem Himmelstor
Sah mit großen Augen das Christkind hervor,
Und wie ich so strolcht durch den finstern Tann,
Da rief's mich mit heller Stimme an.
»Knecht Ruprecht«, rief es, »alter Gesell,
Hebe die Beine und spute dich schnell!
Die Kerzen fangen zu brennen an,
Das Himmelstor ist aufgetan,
Alt' und Junge sollen nun
Von der Jagd des Lebens einmal ruhn;
Und morgen flieg ich hinab zur Erden,
Denn es soll wieder Weihnachten werden!«
Ich sprach: »O lieber Herre Christ,
Meine Reise fast zu Ende ist;
Ich soll nur noch in diese Stadt,
Wo's eitel gute Kinder hat.«
– »Hast denn das Säcklein auch bei dir?«
Ich sprach: »Das Säcklein, das ist hier;
Denn Äpfel, Nuß und Mandelkern
Fressen fromme Kinder gern.«
– »Hast denn die Rute auch bei dir?«
Ich sprach: »Die Rute, die ist hier;
Doch für die Kinder nur, die schlechten,
Die trifft sie auf den Teil, den rechten.«
Christkindlein sprach: »So ist es recht;
So geh mit Gott, mein treuer Knecht!«
Von drauß' vom Walde komm ich her;
Ich muß euch sagen, es weihnachtet sehr!
Nun sprecht, wie ich's hierinnen find!
Sind's gute Kind, sind's böse Kind?

Nikolauslied

Laßt uns froh und munter sein
und uns in dem Herrn erfreun.
Lustig, lustig, traleralera,
bald ist Niklausabend da,
bald ist Niklausabend da.

Bald ist unsre Schule aus,
dann ziehn wir vergnügt nach Haus.
Lustig, lustig...

Dann stell ich den Teller auf,
Niklaus legt gewiß was drauf.
Lustig, lustig...

Steht der Teller auf dem Tisch,
sing ich nochmals froh und frisch:
Lustig, lustig...

Wenn ich schlaf, dann träume ich:
Jetzt bringt Niklaus was für mich!
Lustig, lustig...

Wenn ich aufgestanden bin,
lauf ich schnell zum Teller hin.
Lustig, lustig...

Niklaus ist ein guter Mann,
dem man nicht g'nug danken kann.
Lustig, lustig...

(Volkslied für den 6. Dezember)

Felix Timmermans
Sankt Nikolaus in Not

Es fielen noch ein paar mollige Flocken aus der wegziehenden Schneewolke, und da stand auf einmal auch schon der runde Mond leuchtend über dem weißen Turm.

Die beschneite Stadt wurde eine silberne Stadt.

Es war ein Abend von flaumweicher Stille und lilienreiner Friedsamkeit. Und wären die flimmernden Sterne herniedergesunken, um als Heilige in goldenen Meßgewändern durch die Straßen zu wandeln – niemand hätte sich gewundert.

Es war ein Abend, wie geschaffen für Wunder und Mirakel. Aber keiner sah die begnadete Schönheit des alten Städtchens unter dem mondbeschienenen Schnee.

Die Menschen schliefen.

Nur der Dichter Remoldus Keersmaeckers, der in allem das Schöne sah und darum lange Haare trug, saß noch bei Kerzenschein und Pfeifenrauch und reimte ein Gedicht auf die Götter des Olymps und die Herrlichkeit des griechischen Himmels, die er so innig auf Holzschnitten bewundert hatte.

Der Nachtwächter Dries Andijvel, der auf dem Turm die Wache hielt, huschte alle Viertelstunden hinaus, blies eilig drei Töne in die vier Windrichtungen, kroch dann zurück in die warme, holzgetäfelte Kammer zum bullernden Kanonenöfchen und las weiter in seinem Liederbüchlein: »Der flämische Barde, hundert Lieder für fünf Groschen.« War eins dabei, von dem er die Weise kannte, dann kratzte er die auf einer alten Geige und sang das Lied durch seinen weißen Bart, daß es bis hoch ins rabenschwarze Gerüst des Turmes schallte. Ein kühles Gläschen Bier schmierte ihm jedesmal zur Belohnung die Kehle.

Trinchen Mutser aus dem »Verzuckerten Nasenflügel« saß in der Küche und sah traurig durch das Kreuzfensterchen in ihren Laden.

Ihr Herz war in einen Dornbusch gefallen. Trinchen Mutsers Herz war ganz durchstochen und durchbohrt, nicht weil all ihr Zuckerzeug heut am Sankt-Nikolaus-Abend ausverkauft war – ach nein! weil das große Schokoladenschiff stehengeblieben war.

Einen halben Meter war es hoch und so lang wie von hier bis dort! Wie wunderschön stand es da hinter den flaschengrünen Scheiben ihres Lädchens, lustig mit Silberpapier beklebt, verziert mit rosa Zuckerrosetten, mit Leiterchen aus weißem Zucker und mit Rauch in den Schornsteinen. Der Rauch war weiße Watte.

Das ganze Stück kostete soviel wie all die kleinen Leckereien, die Pfefferkuchenhähne mit einem Federchen am Hintern, die Knusperchen, die Schaumflocken, die Zuckerbohnen und die Schokoladenplätzchen zusammen. Und wenn das Stück, das Schiff aus Schokolade, das sich in rosa Zuckerbuchstaben als die »Kongo« auswies, nicht verkauft wurde, dann lag ihr ganzer Verdienst im Wasser, und sie verlor noch Geld obendrein.

Warum hat sie das auch kaufen müssen? Wo hat sie nur ihre Gedanken gehabt! So ein kostbares Stück für ihren bescheidenen kleinen Laden!

Wohl waren alle gekommen, um es sich anzusehn, Mütter und Kinder, sie hatte dadurch verkauft wie noch nie. Aber kein Mensch fragte nach dem Preis, und so blieb es stehen und rauchte immer noch seine weiße Watte, stumm wie ein toter Fisch.

Als Frau Doktor Vaes gekommen war, um Varenbergsche Hustenbonbons zu holen, da hatte Trinchen gesagt: »Sehen Sie nur mal, Frau Doktor Vaes, was für ein schönes Schiff! Wenn ich Sie wäre, dann würde ich Ihren Kindern nichts anderes zum Sankt Nikolaus schenken als dieses Schiff. Sie werden selig sein, wie im Himmel.«

»Ach«, sagte Frau Vaes abwehrend, »Sankt Nikolaus ist ein armer Mann. Die Kinder werden schon viel zu sehr verwöhnt, und außerdem gehen die Geschäfte von dem Herrn Doktor viel zu schlecht. Wissen Sie wohl, Trinchen, daß es in diesem Winter fast keine Kranken gibt? Wenn das nicht besser wird, weiß ich gar nicht, was wir anfangen sollen.« Und sie kaufte zwei Pfefferkuchenhähne auf einem Stäbchen und ließ sich tagelang nicht mehr sehen.

Und heute war Nikolausabend; aller Kleinkram war verkauft, nur die »Kongo« stand noch da in ihrer braunen Kongofarbe und rauchte einsam und verlassen ihre weiße Watte. Zwanzig Franken Verlust! Der ganze Horizont war schwarz wie die »Kongo« selber. Vielleicht könnte man sie stückweise verkaufen oder verlosen? Ach nein, das brachte noch nicht fünf Franken ein, und sie konnte das Ding doch nicht auf die Kommode stellen neben die anderen Nippsachen.

Ihr Herz war in einen Dornbusch gefallen. Sie zündete eine Kerze an für den heiligen Antonius und eine für Sankt Nikolaus und betete einen Rosenkranz, auf daß der Himmel sich des Schiffes annehmen möge und Gnade tauen. Sie wartete und wartete.

Die Stille wanderte auf und ab.

Um zehn Uhr machte sie die Fensterläden zu und konnte in ihrem Bett vor Kummer nicht schlafen.

Und es gab noch ein viertes Wesen in dem verschneiten Städtchen, das nicht schlief. Das war ein kleines Kind, Cäcilie; es hatte ein seidig blondes Lockenköpfchen und war so arm, daß es sich nie mit Seife waschen konnte, und ein Hemdchen trug es, das nur noch einen Ärmel hatte und am Saum ausgefranst war wie Eiszapfen an der Dachrinne.

Die kleine Cäcilie saß, während ihre Eltern oben schliefen, unter dem Kamin und wartete, bis Sankt Nikolaus das Schokoladenschiff von Trinchen Mutser durch den Schornstein herunterwerfen würde. Sie wußte, es würde ihr gebracht werden; sie hatte es jede Nacht geträumt, und nun saß sie da und wartete voller Zuversicht und Geduld darauf; und weil sie fürchtete, das Schiff könne beim Fallen kaputtgehen, hatte sie sich ihr Kopfkissen auf den Arm gelegt, damit es weich wie eine Feder darauf niedersinken könnte.

Und während nun die vier wachenden Menschen im Städtchen: der Dichter, der Turmwächter, Trinchen Mutser und Cäcilie, ein jedes mit seiner Freude, seinem Kummer oder seiner Sehnsucht beschäftigt, nichts sahen von der Nacht, die war wie ein Palast, öffnete sich der Mond wie ein runder Ofen mit silberner runder Tür, und es stürzte aus der Mondhöhle eine solche strahlende Klarheit hernieder, daß sie sich auch mit goldener Feder nicht beschreiben ließe.

Einen Augenblick lang fiel das echte Licht aus dem wirklichen

Himmel auf die Erde. Das geschah, um Sankt Nikolaus auf seinem weißen, schwer beladenen Eselchen und den schwarzen Knecht Ruprecht durchzulassen.

Aber wie kamen sie nun auf die Erde? Ganz einfach. Das Eselchen stellte sich auf einen Mondstrahl, stemmte die Beine steif und glitschte nur so herunter, wie auf einer schrägen Eisbahn. Und der schlaue Knecht Ruprecht faßte den Schwanz vom Eselchen und ließ sich ganz behaglich mitziehen, auf den Fersen hockend. So kamen sie ins Städtchen, mitten auf den beschneiten Großen Markt.

In Körben, die zu beiden Seiten des Eselchens hingen, dufteten die bunten Leckereien, die Knecht Ruprecht unter der Aufsicht von Sankt Nikolaus in der Konditorei des Himmels gebakken hatte. Und als man sah, daß es nicht reichte und der Zucker zu Ende ging, da hatte Knecht Ruprecht sich in Zivil geworfen, um unerkannt in den Läden, auch bei Trinchen Mutser, Süßigkeiten zu kaufen, von dem Geld aus den Sankt-Nikolaus-Opferstöcken, die er alle Jahre einmal in den Kirchen ausleeren durfte.

Mit all den Leckereien war er an einem Mondstrahl in den schönen Himmel hinaufgeklettert, und nun mußte das alles verteilt werden an die kleinen Freunde von Sankt Nikolaus.

Sankt Nikolaus ritt durch die Straßen, und bei jedem Haus, in dem ein Kind wohnte, gab er je nach der Artigkeit des Kindes dem Knecht Ruprecht Leckereien, welche dieser, mit Katzengeschmeidigkeit an Regenkandeln und Dachrinnen entlang kletternd und über die Ziegel krabbelnd, zum Schornstein brachte; da ließ er sie dann vorsichtig hinunterfallen durch das kalte zugige Kaminloch, gerade auf einen Teller oder in einen Holzschuh hinein, ohne die zerbrechlichen Köstlichkeiten auch nur etwas zu bestoßen oder zu schrammen.

Knecht Ruprecht verstand sich auf seine Sache, und Sankt Nikolaus liebte ihn wie seinen Augapfel.

So bearbeiteten sie das ganze Städtchen, warfen herab, wo zu werfen war, sogar hier und da eine harte Rute für rechte Taugenichtse.

»Da wären wir bis zum nächsten Jahr wieder mal fertig«, sagte der Knecht Ruprecht, als er die leeren Körbe sah. Er steckte sich ein Pfeifchen an und stieß einen erleichterten Seufzer aus, weil die Arbeit nun getan war.

»Was?« fragte Sankt Nikolaus beunruhigt. »Ist nichts mehr drin? Und die kleine Cäcilie? Die brave kleine Cäcilie? Schscht!« Sankt Nikolaus sah auf einmal, daß sie vor Cäciliens Haus standen, und legte mahnend den Finger auf den Mund. Doch das Kind hatte die warme, brummende Stimme gehört wie Hummelgesumm, machte große Augen unter dem goldenen Lockenkopf, glitt ans Fenster, schob das Gardinchen weg und sah Sankt Nikolaus, den wirklichen Sankt Nikolaus.

Das Kind stand mit offenem Munde staunend da. Und während es sich gar nicht fassen konnte über den goldenen Bischofsmantel, der funkelte von bunten Edelsteinen wie ein Garten, über die Pracht der Mitra, worauf ein diamantenes Kreuz Licht in die Nacht hineinschnitt wie mit Messern, über den Reichtum der Ornamente am Krummstab, wo ein silberner Pelikan das Rubinenblut pickte für seine Jungen, während sie die feine Spitze besah, die über den purpurnen Mantel schleierte, während sie Gefallen fand an dem guten weißen Eselchen, und während sie lachen mußte über die Grimassen von dem drolligen schwarzen Knecht, der die weißen Augen herumrollte, als ob sie lose wie Taubeneier in seinem Kopf lägen, während alledem hörte sie die zwei Männer also miteinander reden:

»Ist gar nichts mehr in den Körben, lieber Ruprecht?«

»Nein, heiliger Herr, so wenig wie in meinem Geldsäckel.«

»Sieh noch einmal gut nach, Ruprecht!«

»Ja, heiliger Herr, und wenn ich die Körbe auch ausquetsche, so kommt doch nicht soviel heraus wie eine Stecknadel.«

Sankt Nikolaus strich kummervoll über seinen schneeweißen Lockenbart und zwinkerte mit seinen honiggelben Augen.

»Ach«, sagte der schwarze Knecht, »da ist nun doch nichts mehr zu machen, heiliger Herr. Schreib der kleinen Cäcilie, daß sie im kommenden Jahr doppelt und dreimal soviel kriegen soll.«

»Niemals! Ruprecht! Ich, der ich im Himmel wohnen darf, weil ich drei Kinder, die schon zerschnitten und eingepökelt waren, wieder zum Leben gebracht und ihrer Mutter zurückgegeben habe, ich sollte nun diese kleine Cäcilie, das bravste Kind der ganzen Welt, leer ausgehen lassen und ihm eine schlechte Meinung von mir beibringen? Nie, Ruprecht! Nie!«

Knecht Ruprecht rauchte heftig, das brachte auf gute Gedanken, und sagte plötzlich:»Aber, heiliger Herr, nun hört mal zu! Wir haben keine Zeit mehr, um noch einmal zum Himmel zurückzukehren. Ihr wißt, für Sankt Peter ist der Himmel kein Taubenschlag. Und außerdem, der Backofen ist kalt und der Zucker zu Ende. Und hier in der Stadt schläft alles, und es ist Euch sowohl wie mir verboten, Menschen zu wecken, und zudem sind auch alle Läden ausverkauft.«

Sankt Nikolaus strich nachdenklich über seine von vier Falten durchzogene Stirn, neben der schon Löckchen glänzten, denn sein Bart begann dicht unter dem Rande seines schönen Hutes.

Ich brauche euch nicht zu erzählen, wie Cäcilie langsam immer bekümmerter wurde von all den Worten. Das reiche Schiff sollte nicht bei ihr stranden! Und auf einmal schoß es leuchtend durch ihr Köpfchen. Sie machte die Tür auf und stand in ihrem zerschlissenen Hemdchen auf der Schwelle. Sankt Nikolaus und Knecht Ruprecht fuhren zusammen wie die Kaninchen. Doch Cäcilie schlug ehrerbietig ein Kreuz, stapfte mit ihren bloßen Füßchen in den Schnee und ging zu dem heiligen Kinderfreund.

»Guten Tag, lieber Sankt Nikolaus«, stammelte das Kind.»Alles ist noch nicht ausverkauft... bei Trinchen Mutser steht noch ein großes Schokoladenschiff vom Kongo... wie sie die Läden vorgehängt hat, stand es noch da. Ich hab es gesehen!«

Von seinem Schreck sich erholend, rief Sankt Nikolaus erfreut: »Siehst du wohl, es ist noch nicht alles ausverkauft! Auf zu Trinchen Mutser! Zu Trinchen... aber ach!...«, und seine Stimme zitterte verzweifelt,»wir dürfen niemand wecken.«

»Ich auch nicht, Sankt Nikolaus?« fragte das Kind.

»Bravo!« rief der Heilige,»wir sind gerettet, kommt!«

Und sie gingen mitten auf der Straße, die kleine Cäcilie mit ihren bloßen Füßen voran, gerade nach der Eierwaffelstraße, wo Trinchen Mutser wohnte. In der Süßrahmbutterstraße wurde ihr Blick auf ein erleuchtetes Fenster gelenkt. Auf dem heruntergelassenen Vorhang sahen sie den Schatten von einem dürren, langhaarigen Menschen, der mit einem Büchlein und einer Pfeife in der Hand große Gebärden machte, und sein Mund ging dabei auf und zu.

»Ein Dichter«, sagte Sankt Nikolaus und lächelte.

Sie kamen vor Trinchen Mutsers Haus. Im Mondlicht konnten sie gut das Aushängeschild erkennen: »Zum verzuckerten Nasenflügel«.

»Weck sie rasch auf«, sagte Sankt Nikolaus. Und das Kindchen lehnte sich mit dem Rücken an die Tür und klopfte mit der Ferse gegen das Holz. Aber das klang leise wie ein Samthämmerchen. »Stärker«, sagte der schwarze Knecht. »Wenn ich noch stärker klopfe, wird's noch weniger gehen, denn mein Fuß tut mir weh«, sagte das Kind.

»Mit den Fäusten«, sagte Knecht Ruprecht. Doch die Fäustchen waren noch leiser als die Fersen.

»Wart, ich werd meinen Schuh ausziehen, dann kannst du damit klopfen«, sagte Knecht Ruprecht.

»Nein«, gebot Sankt Nikolaus, »kein Drehn und Deuteln! Gott ist heller um uns als dieser Mondschein und duldet keine Advokatenkniffe.« Und doch hätte der gute Mann sich gern einen Finger abgebissen, um Cäcilie befriedigen zu können.

»Ach! aber den Kerl mit den Affenhaaren auf dem Vorhang«, rief Knecht Ruprecht erfreut, »den darf ich rufen, der schläft nicht!«

»Der Dichter! Der Dichter!« lachte Sankt Nikolaus. Und nun gingen sie alle drei schnell zu dem Dichter Remoldus Keersmaeckers.

Und kurzerhand machte Knecht Ruprecht kleine Schneebälle, die er ans Fenster warf. Der Schatten stand still, das Fenster ging auf, und das lange Gestell des Dichters, der Verse von den Göttern und Göttinnen des Olymps hersagte, wurde im Mondschein sichtbar und fragte von oben: »Welche Muse kommt, um mir Heldengesänge zu diktieren?«

»Du sollst Trinchen Mutser für uns wecken«, rief Sankt Nikolaus, und er erzählte seine Not.

»Ja, bist du denn der wirkliche Sankt Nikolaus?« fragte Remoldus.

»Der bin ich!« Und darauf kam der Dichter erfreut herunter, jätete allen Dialekt aus seiner Sprache, machte Verbeugungen und redete von Dante, Beatrice, Vondel, Milton und anderen Dichtergestalten, die er im Himmel glaubte. Er stand zu Diensten.

Sie kamen zu Trinchen Mutser, und der Dichter stampfte und rammelte mit so viel Temperament an der Tür, daß das Frauenzimmer holterdiepolter aus dem Bett stürmte und erschrocken das Fenster öffnete.

»Geht die Welt unter?«

»Wir kommen wegen dem großen Schokoladenschiff«, sagte Sankt Nikolaus, weiter konnte er ihr nichts erklären, denn sie war schon weg und kam wieder in ihrer lächerlichen Nachtbekleidung, mit einem bloßen Fuß und einem Strumpf in der Hand, und machte die Türe auf.

Sie steckte die Lampe an und ging sofort hinter den Ladentisch, um zu bedienen. Sie dachte, es müsse der Bischof von Mecheln sein.

»Herr Bischof«, sagte sie stotternd, »hier ist das Schiff aus bester Schokolade, und es kostet fünfundzwanzig Franken.« Der Preis war nur zwanzig Franken, aber ein Bischof kann ja gern fünf Franken mehr bezahlen.

Aber nun platzte die Bombe! Geld! Sankt Nikolaus hatte kein Geld, das hat man im Himmel nun einmal nicht nötig. Knecht Ruprecht hatte auch kein Geld, das Kind hatte nur ein zerschlissenes Hemdchen an, und der Dichter kaute an seinem langen Haupt- und Barthaar vor Hunger – er war vier Wochen Miete schuldig.

Niedergeschlagen sahen sie einander an.

»Es ist Gott zuliebe«, sagte Sankt Nikolaus. Gerne hätte er seine Mitra gegeben, aber alles das war ihm vom Himmel geliehen, und es wäre Heiligenschändung gewesen, es wegzugeben.

Trinchen Mutser rührte sich nicht und betrachtete sie finster.

»Tu es dem Himmel zuliebe«, sagte Knecht Ruprecht. »Nächstes Jahr will ich auch deinen ganzen Laden aufkaufen.«

»Tu es aus lauter Poesie«, sagte der Dichter theatralisch.

Aber Trinchen rührte sich nicht, sie fing an zu glauben, weil sie kein Geld hatten, daß es verkleidete Diebe seien.

»Schert euch raus! Hilfe! Hilfe!« schrie sie auf einmal. »Schert euch raus! Heiliger Antonius und Sankt Nikolaus, steht mir bei!«

»Aber ich bin doch selbst Sankt Nikolaus«, sagte der Heilige.

»So siehst du aus! Du hast nicht mal einen roten Heller aufzuweisen!«

»Ach, das Geld, das alle Bruderliebe vergiftet!« seufzte Sankt Nikolaus.

»Das Geld, das die edle Poesie verpfuscht!« seufzte der Dichter Keersmaeckers.

»Und die armen Leute arm macht«, schoß es der kleinen Cäcilie durch den Kopf.

»Und ein Schornsteinfegerherz doch nicht weiß klopfen machen kann«, lachte Knecht Ruprecht. Und sie gingen hinaus.

In der Mondnacht, die still war von Frostesklarheit und Schnee, tönte das »Schlafet ruhig« hart und hell vom Turm.

»Noch einer, der nicht schläft«, rief Sankt Nikolaus erfreut, und sogleich steckte Knecht Ruprecht auch schon den Fuß zwischen die Tür, die Trinchen wütend zuschlagen wollte.

»Haltet ihr mir die Frau wach«, sagte der schwarze Knecht, »ich komme sofort zurück!« Und damit stieß er die Tür wieder auf, und zwar so heftig, daß Trinchen sich plötzlich in einem Korb voll Zwiebeln wiederfand.

Und während die andern aufs neue hineingingen, sprang Knecht Ruprecht auf das Eselchen, sauste wie ein Sensenstrich durch die Straßen, hielt vor dem Turm, kletterte an Zinnen, Vorsprüngen und Zieraten, Schiefern und Heiligenbildern den Turm hinauf bis zu Dries Andijvel, der gerade »Es wollt ein Jäger früh aufstehn« auf seiner Geige kratzte.

Der Mann ließ Geige und Lied fallen, aber Knecht Ruprecht erzählte ihm alles.

»Erst sehen und dann glauben!« sagte Dries. Knecht Ruprecht kriegte ihn am Ende doch mit hinunter, und zu zweit rasten sie auf dem Eselchen durch die Straßen nach dem »Verzuckerten Nasenflügel«.

Sankt Nikolaus fiel vor dem Nachtwächter auf die Knie und flehte ihn an, doch die fünfundzwanzig Franken zu bezahlen, dann solle ihm auch alles Glück der Welt werden.

Der Mann war gerührt und sagte zu dem ungläubigen, hartherzigen Trinchen: »Ich weiß nicht, ob er lügt, aber so sieht Sankt Nikolaus doch aus in den Bilderbüchern von unsern Kindern und im Kirchenfenster über dem Taufstein. Und wenn er's nun wirklich ist! Gib ihm doch das Schiff! Morgen werde ich dir's bezahlen...!«

Trinchen hatte großes Vertrauen zu dem Nachtwächter, der aus ihrer Nachbarschaft war. Und Sankt Nikolaus bekam das Schiff.

»Jetzt geh nur schnell nach Hause und leg dich schlafen«, sagte Sankt Nikolaus zu Cäcilie. »Wir bringen gleich das Schiff.«

Das Kind ging nach Hause, aber es schlief nicht, es saß am Kamin mit dem Kissen auf den Ärmchen und wartete auf das Niedersinken des Schiffes.

Der Mond sah gerade in das armselig-traurige Kämmerchen.

Ach, was sah Cäcilie da auf einmal!

Dort auf einem glitzernden Mondstrahl kletterte das Eselchen in die Höhe mit Sankt Nikolaus auf seinem Rücken, und Knecht Ruprecht hielt sich am Schwanz fest und ließ sich mitschleifen. Der Mond öffnete sich; ein sanftes, großes Licht fiel in funkelnden Regenbogenfarben über die beschneite Welt. Sankt Nikolaus grüßte die Erde, trat hinein, und wieder war da das gewöhnliche grüne Mondenlicht.

Die kleine Cäcilie wollte weinen. Knecht Ruprecht oder der gute Heilige hatten das Schiff nicht gebracht, es lag nicht auf dem Kissen.

Aber siehe! Was für ein Glück, das Schiff, die »Kongo«, stand ja da, in der kalten Asche, ohne Delle, ohne Bruch, strahlend von Silber, und rauchte für mindestens zwei Groschen weiße Watte aus beiden Schornsteinen! Wie war das möglich! Wie konnte das so in aller Stille geschehen...?

Ja, das weiß nun niemand, das ist die Findigkeit und die große Geschicklichkeit vom Knecht Ruprecht, und die gibt er niemand preis.

Gerhard Polt
Nikolausi

SOHN Nikolausi…

VATER Hehehe, der Kleine, hehe, nein, das ist nicht Nikolausi, das ist Osterhasi, hehehe hehe.

SOHN Nikolausi…

VATER Hehehe, nein, das ist nicht Nikolausi, weißt du, jetzt ist ja Frühling. Es ist ja jetzt nicht mehr Winter, hehehehe.

SOHN Nikolausi…

VATER He, nein, he, das ist Osterhasi, weißt du, Osterhasi mit den Öhrli, hehehe, der bringt Gaggi für das Bubele, hehehehe, jaja.

SOHN Nikolausi…

VATER He, nein, also nein, nein, weißt du, das handelt sich hier nicht um, äh, um, um Nikolausi, das ist Osterhasi, net, das ist ein Osterhasi, kein Nikolausi, gell?

SOHN Nikolausi…

VATER Ja also, nein, jetzt hör doch mal zu, net, wenn ichs dir scho sag, das ist, es handelt sich hier nicht um ein Nikolausi, sondern um ein Osterhasi net. Jetzt sieh das doch mal endlich ein.

SOHN Nikolausi…

VATER Ja also, ja Rotzbub frecher, ja wie soll ichs dir denn noch erklären, also sowas nein, gleich schmier ich dir eine, net.

SOHN Nikolausi…

VATER Ja Herrschaftszeitenmalefitz, jetzt widerspricht er ständig, net. Jetzt jetzt hör doch amal zu, wenn ich schon sag, äh äh Nik… äh O… ähäh, das ist Osterhasi, net…

SOHN Nikolausi…

VATER Na, das ist kein Nikolausi, net, jetzt, also, wenn einer mal sich in einen Gedanken förmlich hineinverrennt, dann ist er ja wie vernagelt, net.

SOHN Nikolausi…

VATER *schreit* Ja, also so, ja also du Rotzbub, net, das ist ein Osterhasi, das ist kein Nikolausi, Osterhasi, verstanden, O-ster-ha-si!!!

SOHN Nikolausi…

J. R. R. Tolkien
Die Briefe vom Weihnachtsmann

Für die Kinder von J. R. R. Tolkien war der Weihnachtsmann nicht nur deshalb so besonders wichtig und aufregend, weil er ihnen am Heiligen Abend immer die Strümpfe mit Gaben füllte – er schrieb ihnen auch jedes Jahr einen Brief. Darin erzählte er ihnen mit Worten und Bildern von seinem Haus und seinen Freunden und von all den lustigen oder schlimmen Dingen, die sich am Nordpol ereigneten. Der erste dieser Briefe kam 1920, als John, der Älteste, drei Jahre alt war, und dann folgten im Lauf von zwanzig Jahren, während der ganzen Kinderzeit auch der drei jüngeren Geschwister Michael, Christopher und Priscilla, die Briefe einander regelmäßig zu jedem Weihnachtsfest. Meist fand man den schneebestäubten Umschlag, der die Freimarken der Nordpolpost trug, am Morgen, nachdem der Weihnachtsmann dagewesen war, irgendwo im Haus, manchmal brachte ihn auch der Postbote; und Briefe, die die Kinder selbst an ihn schrieben, verschwanden einfach vom Kamin, wenn gerade niemand im Zimmer war.

Mit der Zeit wurde der Haushalt des Weihnachtsmanns immer größer, und während anfangs von kaum jemand anderem die Rede ist als vom Nordpolarbären, treten später Schnee-Elfen, Rote Zwerge, Schneemänner, Höhlenbären und auch die beiden Neffen des Polarbären auf, Paksu und Valkotukka, die eines Tages zu Besuch kamen und nie wieder wegwollten. Aber der wichtigste Helfer des Weihnachtsmanns blieb doch der Polarbär – der freilich auch meist daran schuld war, wenn durch irgendein Unheil die Weihnachtsvorräte durcheinandergerieten oder etwas davon fehlte.

1926

In diesem Jahr bin ich noch zittriger als sonst. Schuld ist der Nordpolarbär! Es war der lauteste Knall, den die Welt je gehört hat, und das riesigste Feuerwerk, das es überhaupt gibt. Der Nordpol ist davon richtig SCHWARZ geworden, und alle Sterne wurden durcheinandergeschüttelt. Der Mond ist in vier Stücke zerbrochen, und der Mann-im-Mond ist in meinen Küchengarten gefallen. Er hat erst mal eine ganze Portion von meiner Weihnachts-Schokolade aufgegessen, bis ihm angeblich nicht mehr schlecht war; dann ist er zurückgeklettert, um den Mond wieder zusammenzusetzen und die Sterne aufzuräumen. Danach stellte ich fest, daß die Rentiere sich losgemacht hatten. Sie rannten überall in der Gegend herum, rissen Zügel und Seile los und schleuderten die Geschenkpäckchen durch die Luft. Sie waren ja schon zum Aufbruch bepackt, müßt Ihr wissen – jaja, erst heute morgen ist das alles passiert; es war ein ganzer Schlitten voll Schokoladesachen, die ich immer frühzeitig nach England vorausschicke. Hoffentlich sind Eure Sachen nicht übel zugerichtet. Aber der Nordpolarbär ist doch wirklich ein Dummkopf, findet Ihr nicht? Und es tut ihm kein bißchen leid! Natürlich ist er es gewesen, wer sonst. Erinnert Ihr Euch, daß ich voriges Jahr seinetwegen habe umziehen müssen? Im Keller meines alten Hauses befindet sich aber noch der Hahn, mit dem man das Morgenrot-Feuerwerk anstellen kann. Der Nordpolarbär wußte genau, daß er ihn nie und nimmer anrühren darf. Ich drehe ihn auch nur an ganz besonderen Festtagen, wie zum Beispiel Weihnachten, auf. Polarbär sagt, er habe gedacht, der Hahn sei außer Betrieb, seit wir umgezogen sind – jedenfalls, heute kurz nach dem Frühstück hat er bei der Ruine herumgeschnüffelt (er hebt sich dort immer heimlich etwas zu essen auf) und sämtliche Nordlichter für zwei Jahre auf einmal angedreht. So was habt Ihr in Euerm ganzen Leben noch nicht gesehen oder gehört. Ich habe versucht, es zu malen, aber es gelingt mir nicht recht, ich bin noch zu aufgeregt; und Lichter, die immerzu sprudeln wie Brause, kann man ja auch nicht gut malen, nicht wahr?

Alles Liebe von Eurem Weihnachtsmann

1926.

1927

Es war so bitterkalt jetzt am Nordpol, daß der Nordpolarbär die meiste Zeit mit Schlafen zugebracht hat, statt sich wie sonst bei den Weihnachtsvorbereitungen nützlich zu machen. Der Nordpolturm ist kälter geworden als alles, was überhaupt in der Welt kalt ist, und als Nordpolarbär mit der Nase dagegenstieß, hat es ihm richtig die Haut abgerissen; deshalb ist auf dem Bild seine Nase mit rotem Flanell verbunden (aber der Verband ist verrutscht). Wieso hat er das bloß gemacht? Ich weiß es nicht, aber er steckt ja immer seine Nase dorthin, wo sie nicht hingehört – zum Beispiel in meine Schränke.

Es ist auch sehr dunkel hier gewesen, seit es Winter wurde. Die Sonne haben wir natürlich drei Monate lang nicht gesehen, aber diesmal gab es ja auch kein Nordlicht – Ihr erinnert Euch doch noch an das schreckliche Unglück im letzten Jahr? Bis Ende 1928 wird es nun kein Nordlicht mehr geben. Der Nordpolarbär hat seinen Vetter, den Großen Bären (mit dem er auch ein bißchen befreundet ist), dazu bewegen können, daß er extra hell für uns scheint, und in dieser Woche habe ich mir dazu einen Kometen gemietet, um Licht beim Packen zu haben. Aber so ganz das Richtige ist es nicht. Der Nordpolarbär ist in diesem Jahr auch nicht vernünftiger geworden: gestern hat er den Schneemann im Garten mit Schneebällen bombardiert und ihn über den Rand des Felsens geschubst, so daß er in meinen Schlitten hineinfiel, der unten stand; eine Menge Sachen sind dabei kaputtgegangen – Schneemann selber auch.

Lieber Weinachsmann

Als Sechsjährige schrieb die Buchhändlerin Hildegard Eggert 1942 dem Weihnachtsmann einen liebe- und verständnisvollen und sehr bescheidenen Brief.

Lieber Weinachsmann
Du weist jar das Krig ist
nicht war? Darum wünsche
ich mir nur ein Teler mit
2 Bonsches und 2 Kekse
also viele grüse deine

Hildegard

Weihnachtsgeister und -märchen

Die kleine Hexe und der Maronimann

Es war Winter geworden. Um das Hexenhaus heulte der Schneesturm und rüttelte an den Fensterläden. Der kleinen Hexe
machte das wenig aus. Sie saß nun tagaus, tagein auf der Bank
vor dem Kachelofen und wärmte sich den Rücken. Ihre Füße
steckten in dicken Filzpantoffeln. Von Zeit zu Zeit klatschte sie in
die Hände – und jedesmal, wenn sie klatschte, sprang eines der
Holzscheiter, die in der Kiste neben dem Ofen lagen, von selbst
in das Feuerloch. Wenn sie aber gerade einmal Appetit auf Bratäpfel hatte, so brauchte sie nur mit den Fingern zu schnalzen. Da
kamen sofort ein paar Äpfel aus der Vorratskammer gerollt und
hüpften ins Bratrohr.

Dem Raben Abraxas gefiel das. Er versicherte immer wieder
aufs neue: »So läßt sich der Winter ganz gut aushalten!«

Aber die kleine Hexe verlor mit der Zeit allen Spaß an dem
faulen Leben. Eines Tages erklärte sie mißmutig: »Soll ich vielleicht den ganzen Winter lang auf der Ofenbank sitzen und mir
den Rücken wärmen? Ich brauche mal wieder Bewegung und
frische Luft um die Nase. Komm, laß uns ausreiten!«

»Was!« rief Abraxas entsetzt. »Wofür hältst du mich eigentlich? Bin ich ein Eisvogel? Nein, diese Lausekälte ist nichts für
mich! Besten Dank für die Einladung! Bleiben wir lieber daheim
in der warmen Stube!«

Da sagte die kleine Hexe: »Na schön, wie du willst! Von mir aus
kannst du zu Hause bleiben, dann reite ich eben allein. Vor der
Kälte ist mir nicht bange, ich werde mich warm genug anziehen.«

Die kleine Hexe zog sieben Röcke an, immer einen über den
anderen. Dann band sie das große wollene Kopftuch um, fuhr in
die Winterstiefel und streifte sich zwei Paar Fäustlinge über. So
ausgerüstet, schwang sie sich auf den Besen und flitzte zum
Schornstein hinaus.

Bitter kalt war es draußen! Die Bäume trugen dicke, weiße
Mäntel. Moos und Steine waren unter dem Schnee verschwunden. Hie und da führten Schlittenspuren und Fußstapfen durch
den Wald.

Die kleine Hexe lenkte den Besen zum nächsten Dorf. Die Höfe waren tief eingeschneit. Der Kirchturm trug eine Pudelmütze von Schnee. Aus allen Schornsteinen stieg der Rauch auf. Die kleine Hexe hörte im Vorüberreiten, wie die Bauern und ihre Knechte in den Scheunen das Korn droschen: Rum-pum-pum, rum-pum-pum.

Auf den Hügeln hinter dem Dorf wimmelte es von Kindern, die Schlitten fuhren. Auch Skifahrer waren darunter. Die kleine Hexe sah ihnen zu, wie sie um die Wette bergab sausten. Kurze Zeit später kam auf der Straße ein Schneepflug gefahren. Dem folgte sie eine Weile nach; dann schloß sie sich einem Schwarm Krähen an, der zur Stadt flog.

Ich will in die Stadt hineingehen, dachte sie, um mich ein wenig warm zu laufen. Inzwischen war es ihr nämlich trotz der sieben Röcke und zwei Paar Fäustlingen jämmerlich kalt geworden.

Den Besen brauchte sie diesmal nicht zu verstecken, sie schulterte ihn. Nun sah sie aus wie ein ganz gewöhnliches altes Mütterchen, das zum Schneeräumen ging. Niemand, der ihr begegnete, dachte sich etwas dabei. Die Leute hatten es alle eilig und stapften mit eingezogenen Köpfen an ihr vorüber.

Gar zu gern hätte die kleine Hexe wieder einmal einen Blick in die Schaufenster der Geschäfte geworfen. Aber die Scheiben waren ganz mit Eisblumen bedeckt. Der Stadtbrunnen war zugefroren, und von den Wirtshausschildern hingen lange Eiszapfen.

Auf dem Marktplatz stand eine schmale, grün gestrichene Holzbude. Davor stand ein eisernes Öfchen; und hinter dem Öfchen stand, mit dem Rücken zur Bude, ein kleines, verhutzeltes Männlein. Das trug einen weiten Kutschermantel und Filzschuhe. Den Kragen hatte es hochgeklappt, und die Mütze hatte es tief ins Gesicht gezogen. Von Zeit zu Zeit nieste das Männlein. Die Tropfen fielen dann stets auf die glühende Ofenplatte und zischten.

»Was machst du da?« fragte die kleine Hexe das Männlein.

»Siehst du das nicht? Ich haptschi! – ich brate Maroni.«

»Maroni? Was ist das?«

»Kastanien sind es«, erklärte das Männlein. Dann hob es den Deckel vom Öfchen und fragte sie: »Möchtest du welche? Zehn Pfennig die kleine Tüte und zwanzig die große. Ha-a-ptschi!«

Der kleinen Hexe stieg der Duft der gerösteten Kastanien in die Nase. »Ich möchte ganz gern einmal davon kosten, aber ich habe kein Geld mit.«

»Dann will ich dir ausnahmsweise ein paar umsonst geben«, sagte das Männlein. »Bei dieser Bärenkälte wirst du was Warmes vertragen können. Haptschi!«

Das Männlein schneuzte sich in die Finger. Dann langte es eine Handvoll Kastanien aus dem Bratrohr und tat sie in eine Tüte von braunem Packpapier. Die gab es der kleinen Hexe und sagte:

»Da, nimm sie! Aber bevor du sie in den Mund steckst, mußt du sie abschälen.«

»Danke schön«, sagte die kleine Hexe und kostete. »Hm, die sind gut!« rief sie überrascht; und dann meinte sie:

»Weißt du, dich könnte man fast beneiden! Du hast eine leichte Arbeit und brauchst nicht zu frieren, weil du am warmen Ofen stehst.«

»Sage das nicht!« widersprach das Männlein. »Wenn man den ganzen Tag in der Kälte steht, friert man trotzdem. Da hilft auch das eiserne Öfchen nichts. Daran verbrennt man sich höchstens die Finger, wenn man die heißen Maroni herausholt. – Haptschi! – Aber sonst? Meine Füße sind ein Paar Eiszapfen, sage ich dir! Und die Nase erst! Ist sie nicht rot wie eine Christbaumkerze? Den Schnupfen werde ich nicht mehr los. Es ist zum Verzweifeln!«

Wie zur Bekräftigung nieste das Männlein schon wieder. Es nieste so herzzerreißend, daß die Holzbude wackelte und der Markt davon widerhallte.

Da dachte die kleine Hexe: Dem können wir abhelfen! Warte mal... Und sie murmelte einen Zauberspruch, aber heimlich. Dann fragte sie:

»Ist dir noch immer kalt an den Zehen?«

»Im Augenblick nicht mehr«, sagte das Männlein. »Ich glaube, die Kälte hat etwas nachgelassen. Ich merke es an der Nasenspitze. Wie kommt das nur?«

»Frag mich nicht«, sagte die kleine Hexe, »ich muß jetzt nach Hause reiten.«

»Nach Hause – *reiten*?!«

»Habe ich etwas von reiten gesagt? Du wirst dich verhört haben.«

»Muß wohl so sein«, sprach das Männlein. – »Auf Wiedersehen!«

»Auf Wiedersehen«, sagte die kleine Hexe. »Und danke schön!«

»Bitte sehr, bitte sehr, keine Ursache!«

Bald danach kamen zwei Buben über den Marktplatz gelaufen, die riefen: »Schnell, schnell, Herr Maronimann! Jedem von uns für ein Zehnerl!«

»Jawohl, bitte schön, zweimal für ein Zehnerl!«

Der Maronimann griff in das Bratrohr.

Aber zum erstenmal in seinem ganzen langen Maronimannleben verbrannte er sich an den heißen Kastanien nicht die Finger. Er verbrannte sie sich überhaupt nie mehr. Und es fror ihn auch nie mehr an den Zehen. Und auch an der Nase nicht. Der Schnupfen war für alle Zeiten wie weggeblasen. Und wenn er doch einmal wieder niesen wollte, so mußte der gute Maronimann eine Prise Schnupftabak nehmen.

Hans Christian Andersen
Der Tannenbaum

Draußen im Walde stand ein niedlicher Tannenbaum. Er hatte einen guten Platz; Sonne konnte er bekommen, Luft war genug da, und ringsumher wuchsen viele größere Kameraden, Tannen und Fichten. Der kleine Tannenbaum wünschte aber so sehnlich, größer zu werden! Er dachte nicht an die warme Sonne und an die frische Luft, er kümmerte sich nicht um die Bauernkinder, die dort umhergingen und plauderten, wenn sie herausgekommen waren, um Erdbeeren und Himbeeren zu sammeln. Oft kamen sie mit einem ganzen Topf voll oder hatten Erdbeeren auf einen

Strohhalm gereiht, dann setzten sie sich neben den kleinen Tannenbaum und sagten: »Nein, wie niedlich klein der ist!« Das mochte der Baum gar nicht hören.

Im folgenden Jahre war er um einen langen Trieb größer, und das Jahr darauf um noch einen, denn an den Tannenbäumen kann man immer an den vielen Trieben, die sie haben, sehen, wie viele Jahre sie gewachsen sind.

»Oh, wäre ich doch so ein großer Baum wie die andern!« seufzte das kleine Bäumchen; »dann könnte ich meine Zweige so weit umher ausbreiten und mit der Krone in die weite Welt hinausblicken! Die Vögel würden dann Nester in meinen Zweigen bauen, und wenn der Wind wehte, könnte ich so vornehm nicken, grade wie die andern dort!«

Er hatte gar keine Freude am Sonnenschein, an den Vögeln und an den roten Wolken, die morgens und abends über ihn hinsegelten.

War es dann Winter, und der Schnee lag glitzernd weiß ringsumher, so kam häufig ein Hase angesprungen und setzte geradewegs über das Bäumchen weg – oh, das war so ärgerlich! – Aber zwei Winter vergingen, und im dritten war der Baum so groß, daß der Hase um ihn herumlaufen mußte. Oh, wachsen, wachsen, groß und alt werden, das ist doch das einzig Schöne in dieser Welt, dachte der Baum.

Im Herbste kamen immer Holzhauer und fällten einige der größten Bäume; das geschah jedes Jahr, und der junge Tannenbaum, der nun ganz gut gewachsen war, bebte dabei; denn die großen prächtigen Bäume fielen mit Knacken und Krachen zur Erde, die Zweige wurden ihnen abgehauen, die Bäume sahen ganz nackt, lang und schmal aus; sie waren fast nicht mehr zu erkennen. Aber dann wurden sie auf den Wagen gelegt, und Pferde zogen sie davon, aus dem Walde hinaus.

Wo sollten sie hin? Was stand ihnen bevor?

Im Frühjahr, als die Schwalben und Störche kamen, fragte der Baum sie: »Wißt ihr nicht, wohin sie geführt wurden? Seid ihr ihnen nicht begegnet?«

Die Schwalben wußten nichts, aber der Storch sah nachdenklich aus, nickte mit dem Kopfe und sagte: »Ja, ich glaube wohl!

Mir begegneten viele neue Schiffe, als ich aus Ägypten geflogen kam; auf den Schiffen waren prächtige Mastbäume! Ich wage zu behaupten, daß sie es waren; sie rochen nach Tanne; ich kann vielmals grüßen; die tragen den Kopf hoch, sehr hoch!«

»Oh, wäre ich doch auch groß genug, um über das Meer hinfahren zu können! Wie ist das eigentlich, dieses Meer, und wie sieht es aus?«

»Ja, das zu erklären, ist zu weitläufig«, sagte der Storch, und damit ging er fort.

»Freue dich deiner Jugend!« sagten die Sonnenstrahlen, »freue dich deines frischen Wachstums, des jungen Lebens, das in dir ist!« Und der Wind küßte den Baum, und der Tau weinte Tränen über ihn; aber das verstand der Tannenbaum nicht.

Als es auf die Weihnachtszeit zuging, wurden ganz junge Bäume gefällt, Bäume, die oft nicht einmal so groß oder im gleichen Alter mit diesem Tannenbaum waren, der weder Rast noch Ruh hatte, sondern immer davonwollte. Diese jungen Bäume, und es waren gerade die allerschönsten, behielten immer ihre Zweige; sie wurden auf Wagen gelegt, und Pferde zogen sie davon, aus dem Walde hinaus.

»Wohin sollen die?« fragte der Tannenbaum. »Sie sind nicht größer als ich, da war sogar einer, der war viel kleiner! Warum behielten sie alle ihre Zweige? Wo fahren sie hin?«

»Das wissen wir! Das wissen wir!« zwitscherten die Sperlinge. »Unten in der Stadt haben wir durch die Fensterscheiben gesehen! Wir wissen, wohin sie fahren! Oh, sie gelangen zur größten Pracht und Herrlichkeit, die man sich nur denken kann! Wir haben in die Fenster geguckt und gesehen, daß sie mitten in der warmen Stube aufgepflanzt und mit den schönsten Sachen, vergoldeten Äpfeln, Honigkuchen, Spielzeug und vielen hundert Lichtern geschmückt werden.«

»Und dann –?« fragte der Tannenbaum und bebte in allen Zweigen. »Und dann? Was geschieht dann?« »Ja, mehr haben wir nicht gesehen! Das war unvergleichlich.« –

»Ob ich wohl auch bestimmt bin, diesen strahlenden Weg zu gehen?« jubelte der Tannenbaum. »Das ist noch besser, als über das Meer zu ziehen! Wie leide ich an der Sehnsucht! Wäre es doch Weihnachten! Nun bin ich groß und ausgewachsen, wie die andern, die im vorigen Jahre fortgeführt wurden! – Oh, wäre ich erst auf dem Wagen! Wäre ich doch in der warmen Stube mit all der Pracht und Herrlichkeit! Und dann –? Ja, dann kommt etwas noch Besseres, noch Schöneres, warum würden sie mich sonst so schmücken! Es muß etwas noch Größeres, etwas noch Herrlicheres kommen –! Aber was? Oh, ich leide! ich sehne mich! Ich weiß selbst nicht, wie mir ist!«

»Freue dich unser!« sagten die Luft und das Sonnenlicht; »freue dich deiner frischen Jugend im Freien!«

Aber er freute sich durchaus nicht und wuchs und wuchs; Winter und Sommer stand er grün, dunkelgrün stand er da; die Leute, die ihn sahen, sagten: »Das ist ein schöner Baum!« Und zur Weihnachtszeit wurde er von allen zuerst gefällt. Die Axt hieb tief durch sein Mark; der Baum fiel mit einem Seufzer zu Boden; er fühlte einen Schmerz, eine Ohnmacht; er konnte gar nicht an irgendein Glück denken, er war betrübt, von der Heimat scheiden zu müssen, von dem Fleck, auf dem er emporgeschossen war; er wußte ja, daß er die lieben alten Kameraden, die kleinen Büsche und Blumen ringsumher, nie mehr sehen würde, ja vielleicht nicht einmal die Vögel. Die Abreise war durchaus nicht angenehm.

Der Baum kam erst wieder zu sich selbst, als er, im Hofe mit anderen Bäumen abgeladen, einen Mann sagen hörte: »Der ist prächtig! Wir brauchen nur diesen!«

Nun kamen zwei Diener in vollem Staat und trugen den Tannenbaum in einen großen schönen Saal. Ringsherum an den Wänden hingen Bilder, und neben dem großen Kachelofen standen hohe chinesische Vasen mit Löwen auf den Deckeln; da gab es Schaukelstühle, seidene Sofas, große Tische voller Bilderbücher und Spielzeug für hundertmal hundert Taler – wenigstens sagten das die Kinder. Und der Tannenbaum wurde in ein großes, mit Sand gefülltes Faß gestellt; aber niemand konnte sehen, daß es ein Faß war, denn es wurde rundherum mit grünem Zeug behängt und stand auf einem großen bunten Teppich! Oh, wie der Baum bebte! Was wird nun wohl vorgehen? Die Diener und die Fräulein schmückten ihn; an einen Zweig hängten sie kleine Netze, ausgeschnitten aus farbigem Papier; jedes Netz war mit Zuckerwerk

Aber sie schleppten ihn zur Stube hinaus, die Treppe hinauf auf den Boden, und hier, in einem dunklen Winkel, wo kein Tageslicht schien, stellten sie ihn hin. »Was soll das bedeuten!« dachte der Baum. »Was soll ich hier wohl tun? Was bekomme ich hier wohl zu hören?« Und er lehnte sich an die Mauer und dachte und dachte. – Und er hatte Zeit genug, denn es vergingen Tage und Nächte, niemand kam herauf; und als endlich jemand kam, so geschah es nur, um einige große Kästen in den Winkel zu stellen. Nun stand der Baum ganz versteckt; man mußte glauben, daß er völlig vergessen war.

»Nun ist es Winter draußen!« dachte der Baum. »Die Erde ist hart und mit Schnee bedeckt, die Menschen können mich nicht pflanzen; deshalb soll ich wohl bis zum Frühjahr hier im Schutze stehen! Wie wohlbedacht das ist! Wie gut doch die Menschen sind! – Wäre es hier nur nicht so dunkel und schrecklich einsam! – Nicht einmal ein kleiner Hase! – Es war doch so niedlich da draußen im Walde, wenn der Schnee lag und der Hase vorbeisprang; ja, selbst als er über mich hinwegsprang; aber damals konnte ich es nicht leiden. Hier oben ist es doch schrecklich einsam!«

»Piep, piep!« sagte da eine kleine Maus und huschte hervor; und dann kam noch eine kleine. Sie beschnüffelten den Tannenbaum, und dann schlüpften sie zwischen seine Zweige.

»Es ist eine greuliche Kälte!« sagten die kleinen Mäuse. »Sonst ist es hier gut sein! Nicht wahr, du alter Tannenbaum?«

»Ich bin gar nicht alt!« sagte der Tannenbaum; »es gibt viele, die weit älter sind als ich!«

»Wo kommst du her?« fragten die Mäuse, »und was weißt du?« Sie waren so gewaltig neugierig. »Erzähle uns doch von dem schönsten Ort auf Erden! Bist du dort gewesen? Bist du in der Speisekammer gewesen, wo Käse auf den Brettern liegen und Schinken unter der Decke hängen, wo man auf Talglicht tanzt, mager hineingeht und fett herauskommt?«

»Das kenne ich nicht!« sagte der Baum. »Aber den Wald kenne ich, wo die Sonne scheint und wo die Vögel singen!« Und dann erzählte er alles aus seiner Jugend, und die kleinen Mäuse hatten früher so etwas nie gehört, und sie horchten auf und sagten: »Nein, wieviel du gesehen hast! Wie glücklich du gewesen bist!«

»Ich?« sagte der Tannenbaum und dachte über das nach, was er selbst erzählte. »Ja, es waren im Grunde ganz fröhliche Zeiten!« – Aber dann erzählte er vom Weihnachtsabend, wo er mit Kuchen und Lichtern geschmückt war.

»Oh!« sagten die kleinen Mäuse, »wie glücklich du gewesen bist, du alter Tannenbaum!«

»Ich bin gar nicht alt!« sagte der Baum. »Erst diesen Winter bin ich aus dem Walde gekommen! Ich bin in meinem allerbesten Alter. Ich bin nur so schnell gewachsen.«

»Wie schön du erzählst!« sagten die kleinen Mäuse. Und in der nächsten Nacht kamen sie mit vier andern kleinen Mäusen, die sollten den Baum auch erzählen hören, und je mehr er erzählte, desto deutlicher erinnerte er sich selbst an alles und dachte: »Es waren doch ganz fröhliche Zeiten! Aber sie können wiederkommen, noch einmal wiederkommen. Klumpe-Dumpe fiel die Treppen herunter und erhielt doch die Prinzessin; vielleicht kann ich auch eine Prinzessin bekommen!« Und dann dachte der Tannenbaum an eine kleine niedliche Birke, die draußen im Walde wuchs; das war für den Tannenbaum eine wirkliche schöne Prinzessin.

»Wer ist Klumpe-Dumpe?« fragten die kleinen Mäuse.

Und dann erzählte der Tannenbaum das ganze Märchen; er konnte sich jedes einzelnen Wortes entsinnen; und die kleinen Mäuse waren nahe daran, vor lauter Freude bis in die Spitze des Baumes zu springen. In der folgenden Nacht kamen noch viel mehr Mäuse, und am Sonntag sogar zwei Ratten; aber die sagten, die Geschichte sei nicht hübsch, und das betrübte die kleinen Mäuse, denn nun hielten sie auch weniger davon.

»Kennen Sie nur die eine Geschichte?« fragten die Ratten.

»Nur die eine!« sagte der Baum; »die hörte ich an meinem glücklichsten Abend, aber damals dachte ich nicht daran, wie glücklich ich war.«

»Das ist eine höchst jämmerliche Geschichte! Kennen Sie keine mit Speck und Talglicht? Keine Speisekammergeschichte?«

»Nein!« sagte der Baum.

»Na, dann bedanken wir uns!« antworteten die Ratten und gingen zu den Ihrigen zurück.

Die kleinen Mäuse blieben zuletzt auch weg, und da seufzte der Baum: »Es war doch ganz hübsch, als sie um mich herum saßen, die flinken kleinen Mäuse, und zuhörten, wie ich erzählte! Nun ist auch das vorbei! – Aber ich werde daran denken, mich zu freuen, wenn ich wieder hervorgeholt werde!«

Aber wann geschah das? – Ja! es war eines Morgens, da kamen Leute und rumorten auf dem Boden; die Kästen wurden weggesetzt, der Baum wurde hervorgezogen; sie warfen ihn freilich ziemlich hart auf den Fußboden, aber ein Diener schleppte ihn sogleich zur Treppe hin, wo das Tageslicht schien.

»Nun beginnt das Leben wieder!« dachte der Baum; er fühlte die frische Luft, den ersten Sonnenstrahl – und nun war er draußen im Hofe. Alles ging so geschwind; der Baum vergaß völlig, sich selbst zu betrachten; da war so vieles ringsumher zu sehen. Der Hof stieß an einen Garten, und alles blühte darin; die Rosen hingen so frisch und duftend über das kleine Gitter, die Lindenbäume blühten, und die Schwalben flogen umher und sagten: »Quirre-virre-vit, mein Mann ist kommen!« Aber es war nicht der Tannenbaum, den sie meinten.

»Nun werde ich leben!« jubelte er und breitete seine Zweige weit aus; aber ach, die waren alle vertrocknet und gelb; und er lag da im Winkel zwischen Unkraut und Nesseln. Der Stern von Goldpapier saß noch oben in der Spitze und glänzte im hellen Sonnenschein.

Im Hofe spielten ein paar der munteren Kinder, die zur Weihnachtszeit den Baum umtanzt hatten und so froh über ihn gewesen waren. Eins der kleinsten lief hin und riß den Goldstern ab.

»Sieh, was da noch an dem häßlichen alten Tannenbaum sitzt!« sagte es und trat auf die Zweige, so daß sie unter seinen Stiefeln knackten.

Und der Baum sah auf all die Blumenpracht und Frische im Garten, er sah sich selbst und wünschte, daß er in seinem dunklen Winkel auf dem Boden geblieben wäre; er gedachte seiner frischen Jugend im Walde, des lustigen Weihnachtsabends und der kleinen Mäuse, die so munter die Geschichte von Klumpe-Dumpe angehört hatten.

»Vorbei! vorbei!« sagte der arme Baum. »Hätte ich mich doch gefreut, als ich es noch konnte! Vorbei! vorbei!«

Und der Knecht kam und hieb den Baum in kleine Stücke; ein ganzes Bündel lag da; hell flackerte es auf unter dem großen Braukessel; und er seufzte so tief, und jeder Seufzer war wie ein kleiner Schuß; darum liefen die Kinder, die dort spielten, herbei und setzten sich vor das Feuer, blickten hinein und riefen: »Piff! Paff!« Aber bei jedem Knall, der ein tiefer Seufzer war, dachte der Baum an einen Sommertag im Walde, oder an eine Winternacht da draußen, wenn die Sterne funkelten; er dachte an den Weihnachtsabend und an Klumpe-Dumpe, das einzige Märchen, das er gehört hatte und zu erzählen wußte, und dann war der Baum verbrannt.

Die Knaben spielten im Hofe, und der kleinste hatte den Goldstern auf der Brust, den der Baum an seinem glücklichsten Abend getragen hatte; nun war er vorbei, und mit dem Baum war es vorbei und mit der Geschichte auch; vorbei, vorbei – und so geht es mit allen Geschichten!

Wilhelm Raabe
Weihnachtsgeister

Quand les gens d'esprit se mêlent d'être bêtes, ils le sont énormément.
Paul de Kock

»Eine noch wohl konditionierte Kinderpuppe!« rief der heisere Aktionator. – »Ein Groschen!« bot eine Weiberstimme kreischend und hell. – »Noch sechs Pfennige!« ließ sich ein anderer Liebhaber von einem Winkel des Gemaches aus vernehmen. – »Zwei Groschen!« sagte ich, stieß den Stock emphatisch auf den Boden und blies eine Rauchwolke nach dem in Frage stehenden Gegenstand hin.

Alle Augen der versammelten Menschheit richteten sich sogleich auf den zuletzt Bietenden und erkannten, daß die Stimme von einem kleinen, ziemlich wohlbeleibten Individuum ausgehe, welches ein Buch Konzeptpapier zur Ergötzung des »amusablen« Deutschland, wie der Schriftsteller E. T. A. Hoffmann vom Halleschen Kirchhof zu Berlin sagen würde, unter dem linken Arm trug, eine Zigarre im Munde, einen Hakenstock in der rechten Hand führte und durchaus nicht aussah, als ob es irgendeinen nützlichen Gebrauch von einer ziemlich zerzausten und abgegriffenen Puppe machen könne.

»Zwei Groschen zum ersten – zum zweiten und zum – keiner mehr!« schrie der Auktionator; der Hammer fiel nieder, und ich, Karl Theodor Hinkelmann, war der glückliche Besitzer des im Katalog unter Numero 726 aufgeführten Kinderspielzeugs, welches mir gegen Erlegung der Kaufsumme auch sogleich eingehändigt wurde. – »Vortrefflich!« sagte ich, umspannte mit dem Daumen und Zeigefinger die Taille der jungen, mit Kleie gefüllten Dame, ließ sie, den Kopf voran, in die Tasche gleiten (ich führe sehr große Taschen und gewöhnlich auch mancherlei darin) und verließ die Versammlung.

Hier wird es nötig sein, die Erklärung abzugeben, daß ich selten eine öffentliche Versteigerung in meiner Nachbarschaft versäume, daß mich nichts mehr beschäftigen und erregen kann als die Analysierung aller der verschiedenartigen Anhängsel des menschlichen Daseins, die bei einer derartigen Gelegenheit zum Vorschein kommen. Wahrlich nicht, um nach Rokokoschnurrpfeifereien zu suchen, dränge ich mich bei einer solchen Auktion unter das Volk! Was haftet alles an diesen Lumpen und Lappen, an diesen abgenutzten, ärmlichen Gerätschaften, an diesem alten Lehnstuhl zum Beispiel, an jener halb zertrümmerten Wiege, an dieser Schachtel mit verblaßten, zerknitterten Papierblumen! Welch ein Buch ließe sich darüber schreiben!

Ich trat in die Gasse hinaus. Es schlug vier Uhr, und die Nacht sank bereits langsam herab auf die große Stadt.

Ein grauer, eintöniger Himmel lag über den Dächern, und es schneite. Es war aber kein eigentliches munteres Gestöber, wo das weiße Gewimmel in der Luft den Emporschauenden fast schwindlig macht und lustig alle Gedanken mit hineinzieht in den tollen, wirbelnden Tanz. Nein, die luftigen, flaumartigen

Flocken schwebten in der kalten, grauen, stillen Luft wie unschlüssig, ob sie sich niederlassen sollten zur hart gefrorenen Erde oder nicht. Einzeln kamen sie, senkten sich, erhoben sich wieder, als ob sie sich eines Bessern besännen, gingen seitwärts weiter, um dann doch endlich irgendwo an einer Dachtraufe, an einem Häuservorsprung, an einer Nasenspitze lebenssatt sich aufzuhängen. Es war ein mürrisches, spleenartiges, hypochondrisches Wesen, und doch verkündete der verbesserte gregorianische Kalender den – vierundzwanzigsten Dezember, und die schönste Nacht der Christenheit lauschte schon ins Land herein! –

Die Menschen in den Gassen gebärdeten sich aber auch ganz anders als die Schneeflocken in der Luft. Sie hatten es gar eilig und wimmelten durcheinander wie ein aufgestörter Ameisenhaufen. Die Läden waren geputzt und funkelten im Schein der Lichter und Lampen, und manch ein Hagestolz, welcher in seinem Kaffeehause sein Journal hatte fallenlassen, nahm dasselbe nicht wieder auf, sondern kratzte sich mißmutig und verdrießlich hinter dem Ohr und dachte an mancherlei, was ihn durchaus nichts anging.

An der nächsten Straßenecke blieb ich stehen und schaute in das lustige Gewühl. Auch ich seufzte. – »Ich kenne auch einen Narren!« sagte ich zu mir selbst. »Einen gewaltigen Esel kenne ich!« –

Ach, meine Damen, ich habe mancherlei Unangenehmes durchgemacht, aber so wie gestern war mir mein Butterbrot doch noch nicht auf die »gute« Seite gefallen. Schwerer als päpstlicher Bann und kaiserliche Acht und Aberacht lag es auf mir! Sechs junge, schöne, liebenswürdige Fräulein und eine schriftstellernde Mutter hatten ihren Fluch über mich ausgesprochen; die angenehmste Weihnachtseinladung hatte ich verwirkt, unwiderruflich verwirkt. Ich will die Geschichte erzählen, denn

Wenn der Mensch in seiner Qual verstummt,
Gab mir ein Gott, zu sagen, wie ich leide!

Ich war gestern zum Tee eingeladen von dem Geheimen Rat von Weißvogel, oder vielmehr von der Frau Geheimerätin, und knüpfte daran die Hoffnung, für heute abend zum Weihnachtsbaum ebenfalls eingeladen zu werden. (Der Geheimerat führt einen sehr guten Burgunder.) Ich hatte also meinem Frack und Hut ein anständiges Ansehen gegeben, um die deutsche Journalistik so gut als möglich zu repräsentieren, und verfügte mich mit dem Vorsatz, ungeheuer liebenswürdig und interessant zu sein, nach der Bürostraße Numero sechsundneunzig. Mit gewohnter Grazie trat ich in den Salon der Frau Geheimerätin ein, wo ein allgemeines, von allen Seiten geraunntes Pst! Pst! mich empfing. Da mir in der Wärme des geheizten Zimmers die Brillengläser – ich bin sehr kurzsichtig – sogleich beschlugen, so war mir natürlich nichts lieber, als daß ich nun mit Anstand einige Augenblicke an der Tür stehenbleiben konnte, um erst den Duft von meinen Sehinstrumenten verziehen zu lassen. Während dies allmählich geschah, horchte ich der Stimme der Frau Geheimerätin, welche las – deklamierte:

> »Waldvogel sang's im Lindenbaum,
> Schön Blümchen klang es nach im Traum,
> Die Stern am Himmel grüßten es,
> Die leisen Winde küßten es,
> Und überall, allüberall,
> Von Berg und Wies und Wasserfall,
> Trug es zurück der Widerhall,
> Der Widerhall!« – – –

Ich schrak zusammen, zentnerschwer fiel es mir auf die Seele. Himmel, die »Amalasuntha« der Gnädigen! Ihr neuestes Opus! Alle Teufel, das habe ich ja ganz vergessen! Bei allen Mächten, wenn *Weitenweber* darüber geraten ist! Der Hut fiel mir fast aus der Hand; hatte ich doch gestern das Rezensionsexemplar von der gnädigen Frau erhalten und dabei ein schmeichelhaftes, zierliches Billett, und ich Unglückseliger hatte in der Zerstreuung das niedliche, vergoldete Büchlein voll süßen Unsinns auf den Haufen schriftstellerischer Erzeugnisse geworfen, welche mein

Freund Weitenweber von Zeit zu Zeit unter der Überschrift »Allotria« tot macht. – Himmel und Hölle, wenn der Mensch für die Weihnachtsfeiertage Geld gebraucht und losgewütet hätte!

Meine Brille war unterdessen klar geworden, und ich konnte einen Blick wie ein erschreckter Hase auf die Versammlung werfen. Da saßen sie, Marie, Johanne, Albine, Theodore, Ida, Sophie, die liebreizenden Töchter einer dichtenden Geheimerätin, wie es schien, pflichtgemäß, töchterlich, ganz in jenen Seelenzustand versunken, welchen die empfindsamen Germanen vor ungefähr sechzig Jahren »angenehme Schwärmerei« nannten! – Zwei junge Juristen, drei Sekondeleutnants und ein ältlicher Theologe standen in einer Gruppe, wie ein Monument des passiven Widerstandes, und die übrige Gesellschaft drängte sich ebenfalls pflichtschuldigst um die vorlesende Dichterin, die eben ihr Buch zuklappte und in scheuer Selbstzufriedenheit den Blick erhob. Ein bewunderndes Stuhlrücken und Rauschen von seidenen Gewändern entstand, Seufzer, leise Ausrufe, zwei juristische, drei militärische und ein theologisches Bravo – der Geheimerat schaute etwas verdrießlich durch die Tür des Nebenzimmers, in welchem er eben die Spieltische zurechtgerückt hatte, – ich trat schüchtern vor.

»Ah, Herr Doktor Hinkelmann!« flüsterte mit holder Stimme die Gnädige. »Warum so spät?« – Ich machte meine Verbeugung, und sie trat näher. »Haben Sie meiner auch freundlich gedacht?« raunte die Gnädige, mich beiseite ziehend. »Ich bin sehr gespannt auf die heutige Zeitung, Sie böser Kritiker!« – Es überlief mich heiß und kalt. O Weitenweber! Weitenweber!

Ein Bedienter erschien jetzt in der Tür. »Die gnädige Frau haben befohlen, daß ich die Zeitung –«– »Jawohl, jawohl, Johann! Schnell, geben Sie, geben Sie!« Ich hielt mich an der nächsten Stuhllehne. Die Gesellschaft, die Töchter drängten sich um die Dichterin, deren Auge lächelnd die feuchten Bogen überlief. Jetzt! – Ach! – Ihre Augenbrauen zogen sich zusammen, die Hände, welche die Blätter hielten, zitterten – sie stieß einen Schrei der Entrüstung aus – zerknittert sank der unglückselige Wisch zu Boden.

»Mein Herr!« – »Gnädige Frau, ich – ich –« O Weitenweber,

Weitenweber! – Die Visitenkarten an den Spiegeln liefen schwarz an; der Geheimerat hatte die Zeitung aufgehoben und verbarg das Gesicht zwischen den Bogen – ich kann nicht beweisen, daß man mich hinausgeworfen hat, aber –!

»Das kommt davon!« brummte ich, als ich mich wieder auf der Straße fand, »das kommt davon, wenn sich Caliban in das schöne, heitere, ewig blaue Feenreich der Poesie und der Damenwelt wagt! O Weitenweber, Weitenweber!« – Wahrlich, es ist nicht angenehm, unter den Fußtritten Ariels und seiner losen Schar zu liegen! Was half es mir, daß mir der Geheimerat auf den Vorplatz hinaus folgte, mich umarmte, mir einen Kuß auf jede Backe drückte und mir zwanzigmal sein: »Brav gemacht! Brav gemacht, lieber Doktor, liebster, bester, teuerster, einzigster Freund!« zuflüsterte? Was half es mir, daß er mich mit Austern stopfen, in Burgunder ersäufen wollte, – sein Haus konnte er mir doch nicht wieder öffnen! O Marie, Johanne, Albine! O Theodore, Ida und Sophie! – O Weitenweber, Weitenweber! – – –

Da stand ich nun an der Straßenecke in dem Schneegestöber, welches jetzt heftiger geworden war. Der Lampenwärter kam und zündete die Gaslaterne neben mir an; in allen Stockwerken der Häuser flammten die Christbäume auf, und alles, was nur noch einen Weihnachtsgedanken im Herzen beherbergte, suchte ihn hervor aus dem vergessensten Winkel und begann seine Weihnachtsfeier. Von allen Kirchen der Stadt läuteten die Glocken das schönste Fest der Christenheit ein; mir ward gar wehmütig zumute, und unwillkürlich faßte ich nach der Puppe in meiner Rocktasche, zog sie heraus, drückte mich dichter an die Hauswand, an welcher ich lehnte, und betrachtete sie, während die Menge ununterbrochen an mir vorüberströmte und mit ihrem Getöse doch nicht ganz den Kinderjubel um die Weihnachtsbäume in allen den verschiedenen Wohnungen der Gasse übertäuben konnte.

Das Ding schaute mich aus seinen grellen, blauen Augen gar sonderbar an; die Stumpfnase hatte bereits beträchtlich Schaden erlitten, und aus einem Beine des unglücklichen Wesens rieselte die Kleie mir leise auf die Hand. »Ach, du armes Ding«, sagte ich, »auch du hast schon fröhlichere Weihnachtsabende als den heutigen, den du in meinem Besitze zubringen wirst, verlebt. Was meinst du, gehen wir nach Hause oder fallen wir in eine Kneipe?«

Da die Puppe nicht antwortete, so zählte ich die Knöpfe meines Rockes ab. Sie entschieden für die Kneipe, und so schob ich behutsam meine Begleiterin wieder in die Tasche und setzte meinen Weg durch die Straßen einsam fort, widerborstig gegen das Fatum, meiner – Wohnung zu. Bald genug war dieselbe erreicht, und niedergeschlagen stieg ich die dunkeln, steilen Stufen empor und horchte auf jedem Treppenabsatz ein wenig den hellen Kinderstimmen, welche fast hinter jeder Tür hervordrangen; der Weihnachtsabend stand ja in seiner schönsten Blüte! – In meinem Zimmer angekommen, sank ich auf den nächsten Stuhl und stützte den Kopf mit beiden Fäusten auf meinen Schreibtisch, wie ein Brahmane, der das mystische Om ausgesprochen hat und sich in den Zustand der höchsten irdischen Seligkeit versetzen will.

Ich kam jedoch nicht zur völligen Auflösung ins Nichtsein; ein Frösteln, welches mich überlief, erinnerte mich, daß ich mein Feuer nicht erlöschen lassen dürfe. Ich schob also neues Holz in den Ofen, und diese Beschäftigung erheiterte mich etwas. Ach, das Brummen und Knattern des Ofens, der tanzende Schein auf dem Fußboden und an den Wänden müssen einem solchen einsamen Gesellen, wie ich bin, oft vielerlei ersetzen; – ich trat an das Fenster und schaute hinaus in die Nacht über die weißen Dächer. Ach, es war doch ein noch fröhlicherer Lichtschein, der aus dem Fenster der mir gegenüberliegenden Häuserreihe fiel! Fröhlicheres Geräusch erschallte dort hinter den niedergelassenen Vorhängen, als mein Ofen liefern konnte.

»Ich will arbeiten!« sagte ich, zündete meine Lampe an, zog einige Bogen Konzeptpapier hervor und setzte mich an meinen Schreibtisch. Meiner Puppe aber bereitete ich mit Hülfe einiger Bände von Meusels Gelehrtem Deutschland einen Sitz dicht vor mir. Ich tunkte die Feder ins Dintenfaß, schaute in das Licht – eine Minute – zwei – drei – eine Viertelstunde! – »Beim Teufel!« rief ich aufspringend, »ich wollte, ich könnte bis zum nächsten Alltage die Zeit verschlafen!« Dabei brachte ich eine gar anmutige marmorartige Verzierung auf dem vor mir liegenden weißen Bogen hervor und warf die Feder fort.

Ein Schritt auf der Treppe ließ mich aufhorchen. Er näherte sich. – »Das fehlte mir grade noch!« rief ich unwillkürlich aus, »Weitenweber! Na, *du* kommst mir eben recht!« – Ich hatte den Edeln seit seiner Untat noch nicht wieder gesehen. – Die Tür öffnete sich langsam, und auf der Schwelle erschien wirklich in Lebensgröße mein Freund Theobul Raimund Weitenweber, ein Individuum, welches wahrlich einer Personalbeschreibung würdig ist.

Mein Freund ist lang und hager wie ein Laternenpfahl, mit dem er noch die Ähnlichkeit hat, daß auch er erst bei einbrechender Nacht anfängt aufzuflackern und gasartig zu leuchten. Sein Haar ist von unbestimmter Farbe und stets kurz geschoren, seinen Spitzbart aber läßt er wachsen je länger, je lieber, und spielt derselbe ein wenig ins Rötliche. Dreht sich mein Freund um, so braucht er zu diesem einfachen Manöver wenigstens eine halbe Minute, setzt er sich nieder, so nimmt er genau die Stellung des Memnonsbildes in der Wüste an. Mein Freund führt einen Stock, der aber nur dann die Erde berührt, wenn ihn sein Herr in einem Winkel absetzt, sonst kommt er selten unter der linken Achsel seines Begleiters fort. Mein Freund Weitenweber trägt grauweiße Unaussprechliche, die unten in ein paar schiefgelaufene Stiefel enden, welche man unwillkürlich mit versteinerten antediluvianischen Mammutsfußstapfen in Verbindung bringt, einen weißgrauen Rock mit großen Knöpfen und einen eingedrückten, weißgrauen Hut, in welchem sich ein buntes, seidenes, unheimliches Taschentuch aufhält. Handschuh sind meinem Freunde etwas Unbekanntes, und alle denkenden Menschen, welche ihm auf seinen Wegen durchs Leben und durch die Gassen begegnen, bleiben, wenn sie es auch noch so eilig haben, stehen und blicken ihm verwundert nach. Mein Freund Weitenweber aber schaut niemand nach; abgemessenen Schrittes bewegt er sich, die spitze Nase hoch in den Lüften, die grauen, wie faules Holz glimmenden Augen halb geschlossen, die Unterlippe vorgeschoben, seinem jedesmaligen Bestimmungsort zu. –

»Guten Abend!« sagte diese Kreatur, welche mir die Salontüre der Frau Geheimerätin von Weißvogel vor der Nase zugeschlagen hatte. – »Guten Abend, Weitenweber! Du hast mir eine schöne Geschichte eingerührt; ich wollte –« – »Weiß, was du wolltest«, sagte mein Freund mit einem Seufzer und zog aus seiner Rocktasche eine Flasche, deren Hals er mir zu fassen gab.

»Weitenweber, du hast mir einen großen Verdruß bereitet!« – Gravitätisch zog das stoische Geschöpf eine zweite Flasche hervor und stellte sie auf den Tisch. – »Ich werde nie wieder zu Gnaden angenommen werden – ach, Marie, ach, holde Sophie!« – Wo kriegte der Mensch alle die Flaschen her? Zwei andere machten ihre Erscheinung, und eine fünfte beschloß den Reigen. Gegen die Taschen meines Freundes sind die meinigen gar nichts.

»Weitenweber, ich habe wahrhaftig Mühe, dir diese Geschichte zu verzeihen. Sie hätten mich ganz gewiß auf heute abend eingeladen. O Albine, Johanne, Theodore! Wie angenehm hätte ich den Weihnachtsabend hinbringen können!« – »Ja, es soll Weihnachten sein!« sprach Weitenweber mit seiner Grabesstimme, nahm langsam den Hut ab, zog einen Stuhl an den Tisch, setzte vorsichtig seine edle Kopfbedeckung darunter, als könne es niemals einen sicherern, bessern Platz dafür geben, stellte seinen Wanderstab hinter den Ofen, kam zu dem Tisch zurück und saß nach zwei Minuten lotrecht mir gegenüber.

»Wirf die Bücher vom Tisch, Hinkelmann«, sagte er und brachte aus seinen Taschen jetzt auch noch mehrere Zitronen und eine löschpapierne Düte mit gestoßenem Zucker zum Vorschein. Es waren wundersame Taschen! – »Mische den Stoff, Hinkelmann!« – Ich wußte nicht, ob ich lachen oder ob ich wütend werden sollte, holte aber doch meine geborstene Suppenschale hervor, welche mir als Punschbowle diente, und schob den Teekessel in den Ofen.

Während ich mich damit beschäftigte, sah mein Freund starr auf die Puppe, welche noch immer auf Meusels Gelehrtem Deutschland vor ihm lag. Von Zeit zu Zeit berührte er vorsichtig mit der Spitze des Zeigefingers ihre eingedrückte Nase und gähnte gewaltig dabei, bis er sich plötzlich erhob, zum Fenster hinschritt, die Arme übereinanderschlug und hinausstarrte, wie ich vor einer halben Stunde hinausgestarrt hatte. Unterdessen fing das Wasser im Kessel an zu singen und zu sprudeln, und ich bekam zu viel zu tun, um mich ganz meinem langen Freund widmen zu können. Ich hörte nur, daß er von Zeit zu Zeit etwas vor sich hinmurmelte, bis ich endlich mit zwei gefüllten, dampfenden Gläsern zu ihm hintrat und ihm das eine reichte. Er nahm es, hielt es in die Höhe, stieß ein dumpfes Geknurr aus, goß den Inhalt hinunter, seufzte, gab das Glas mir zurück und sprach: »Mehr Rum!«

Ich verbesserte den Stoff, und einen Augenblick später saßen wir einander gegenüber, die dampfende Schale in unserer Mitte. – Meusels Gelehrtes Deutschland nebst allen andern Büchern und Schreibgerätschaften war in die fernsten Winkel geflogen; die Puppe aber blieb neben unsern Gläsern liegen. Von der Gasse drang fröhlich das Geräusch der Weihnacht bis zu uns empor; im Hause jubelte bald nah, bald fern eine Stimme auf, und Weitenweber fing an, seinen Spitzbart zu drehen, welches ein Zeichen größter Behaglichkeit bei ihm ist.

»Die Frau Geheimerätin von Weißvogel ist –« – »Eine Gans und soll mir mit ihrer Gänseblümchenpoesie vom Leibe bleiben. Fülle mein Glas, Hinkelmann!« – Ich kam dem Gebote nach, vernachlässigte aber auch mich selbst nicht. – »Nun kannst du noch einen Klotz in den Ofen werfen und mir einen Stuhl unter die Füße schieben. – So! – Nun unterhalte mich!«

Jetzt konnte ich nicht mehr. Ein ungeheures Gelächter verjagte alle Grillen und bösen Geisterchen, welche sich verschworen zu haben schienen, mich an diesem Abend zu quälen. Was aller Geist und Witz, der sich in dieser großen Stadt aufhalten soll und aufhält, nicht gekonnt haben würde, das brachten jetzt das unerschütterliche Phlegma und die kolossale Unverschämtheit meines edlen Freundes zuwege.

»Auf dein Wohl! Auf dein Wohl, Theobul!« rief ich ganz erheitert und stürzte ein Glas Punsch hinunter. – »Mein Wohl liegt mir sehr am Herzen«, versetzte Weitenweber, kam meinem Beispiele nach und schob mir sogleich das geleerte Glas wieder zu. – »Ich danke dir, daß du gekommen bist, Weitenweber!« sprach ich, indem ich es füllte. – »Der Mensch besteht aus Leib und

Seele, die edelste Kraft der letzteren aber ist die Vernunft!« sagte mein Freund, ohne eine Miene zu verziehen. »Ich bin ein sehr vernünftiges Wesen.«

»Der Weihnacht Gruß!« rief ich, das Glas erhebend. – »Der Weihnacht Gruß!« wiederholte mein Freund, ergriff die Puppe, welche neben ihm lag, betrachtete sie eine Zeitlang und fuhr fort: »Da liegt Mysterium magnum – das große Geheimnis –, wie Jakob Böhme sagt. Wie bist du an diese Puppe gekommen?« – Ich erzählte es. – »Und du langweiltest dich an diesem Weihnachtsabend? Du, welcher du behauptest, ein Dichter zu sein?« – Ich sah seufzend auf meinen wachsenden Körperumfang, aber Weitenweber fuhr fort: »Jakob Böhme sagt auch noch: ›Liebe Brüder zu Babel, tanzet doch nicht also von außen ums Mysterium!‹ – Fülle die Gläser, Hinkelmann, nochmals der Weihnacht Gruß!«

Das aschfahle Gesicht meines Freundes rötete sich ein wenig, seine Augen gewannen allmählich einen stärkern Glanz; es zuckte um seinen Mund. »Es ist mancherlei Art der Stimmen in der Welt, und derselben ist doch keine undeutlich – sagt der Apostel Paulus. Horch, was die Stadt spricht, Hinkelmann! Der Weihnacht Gruß! Der Weihnacht Gruß! – Sei so gut und fülle die Gläser, Vortrefflichster!« – Es geschah. – »Elf Uhr! Nun schlafen die Kinder über ihren Freuden, ihren Puppen und bunten Bildern und goldenen Früchten ein und liegen traumlos in ihren Bettchen – dein Glas ist leer, Hinkelmann! –, die Erwachsenen aber sorgen und jubeln noch fort, und wenn ihnen der Schlaf kommt, kommen mit demselben die Träume, das Irrlichtervolk des Geistes. Viele träumen auch wachenden Auges, und ich gehöre zu ihnen. Gebt mir Weihnachtsträume, gebt mir einen Weihnachtstraum, ihr geheimen Mächte, die ihr die Menschen führt auf ihren Wegen! Auf dein Wohl, Hinkelmann, – und fülle die Gläser!«

Wahrlich, ich hatte die Gläser schon so oft gefüllt, daß mir ganz seltsam zumute ward. Was fiel dem Tische, der Punschschale, den Stühlen ein? Niemals in meinem Leben hatte ich eine solche krampfhafte Lebendigkeit an meinem Freunde Weitenweber gesehen. Er wackelte von einer Seite auf die andere, ward klein und groß, und wenn er trank, geschah es oft aus zwölf Gläsern zugleich. – Zwölf Uhr! verkündigte feierlich die Glocke der Marienkirche. Ein blauer Nebel lag vor meinen Augen. –

»Diese Welt ist ein großes Wunder!« sagte Weitenweber. »Wir wollen über die Weihnachtswelt wandern, Karl Theodor Hinkelmann. Fülle die Gläser! Diese Puppe soll uns führen! Ich erkenne eine alte Bekannte in ihr – holla, spiritus viarum – daemon ambulatoris! Erwache, Liebchen!«

Ja, fülle einmal einer die Gläser! Wenn sie nur nicht so gewakkelt hätten! Und noch dazu mußte ich auf das Wunder achten, welches sich vor meinen Augen begab. Was hatte mein Freund Weitenweber mit meiner Puppe angefangen? Ich sah, wie sie den einen Arm ausstreckte, dann den andern – sie gähnte – dehnte sich – richtete sich auf – sah lächelnd umher – erhob sich ganz und stand aufrecht neben der Punschschale, machte einen zierlichen Knicks und darauf eine Handbewegung, die nichts anderes sagen konnte als: »Meine Herren – me voilà!« –

Bei Gott, das war nicht mehr Leder und Kleie und bunte Läppchen, das war nicht mehr ein von Kinderhändchen abgegriffener Holzkopf mit eingedrückter Nase! Elfenhaft-lebendig, in zierlicher Schönheit stand das kleine Wesen da und lehnte an einem Stäbchen, welches funkelte, als sei es aus einem Sonnenstrahl geschnitzt. Mit offenem Munde sah ich auf meinen Freund, welcher mit unbeweglicher Miene dasaß, als ob die Geschichte ganz in der Ordnung sei. Das einzige, womit er das Wunder bezeugte, war ein gewaltiger Seufzer und eine noch gewaltigere Wolke Zigarrendampfes.

Das kleine Wesen drohte ihm lächelnd und sagte: »Was hab ich doch für Not mit dir! Zur Verzweiflung bringst du mich noch durch dein Gesicht. Nun sei artig und stelle mir den Herrn da vor!« – »Herr Karl Theodor Hinkelmann«, sprach mein Freund, auf mich zeigend, »ein Poet von Kopfzerbrechens Gnaden!« – »Freut mich ungemein«, schob die Elfe ein, mein Freund Weitenweber aber fuhr fort: »Hat sich bis jetzt mehr der Feld- und Waldpoesie gewidmet und mit Morgenröten, Blumenduft und Maikäfern gehandelt, wird aber jetzt zu fett dazu.« – »Es gibt auch in Feld und Wald Geschwister von mir«, sagte die Kleine. »Ich liebe die frische Luft, die von den Wäldern und Wiesen da draußen in mein Häuser- und Gassenreich dringt; ich liebe das Wasser, ich liebe die Blumen, wenn sie in der Scherbe vor den Fenstern zu blühen versuchen!«

»Und darf ich fragen, mit wem ich die Ehre habe –?« fragte ich jetzt und hielt mich mit beiden Händen an meinem Stuhl, weil ich erwartete, er würde im nächsten Augenblick mit mir davonfliegen. – »Wir haben keinen Namen, wir sind ein großes Geschlecht«, versetzte mit silberhellem Stimmchen die Kleine. »Wir in den Gassen, wir sind die Geister der Gassen – der da kennt uns!« – »Ja, ich kenne euch«, sprach mein Freund Weitenweber.

»Wir wohnen in der Kellerwohnung und in der Dachstube, wir schweben durch die glänzenden Ballsäle und sitzen zu Häupten der Kranken in den Hospitälern. Im Königspalast, in den Kirchen, in den Gefängnissen sind wir zu finden; wir begleiten den Sarg und den Taufzug und den Brautwagen, wir sind überall, wir erscheinen in tausenderlei Gestalten; aber wenige, wenige erblicken uns. – Was verlangst du von mir, Theobul Weitenweber?« Und die Puppe erhob ihren Stab gegen meinen langen Freund. – »Zeige uns deine Wunder! Laß deine Zauber walten, führe uns durch die Weihnachtswelt!«

»Ihr wollt die Heilige Nacht sehen? Ei, ich will euch wohl führen – aber du weißt, Weitenweber, meine Bilder sind bunt, und der Herr (die Elfe zeigte auf mich) sieht aus, als würde er sie aufschreiben und drucken lassen, und – dann fällt alle Schuld auf mich.« – Weitenweber nickte und schnippte die Asche von seiner Zigarre und sagte: »Laß ihn! Narrenhände beschmieren Tisch und Wände. Wenn wir beiden uns nur verstehen. Uff – ›ich bin der Allernärrischste, und Menschenverstand ist nicht bei mir‹ – Sprüche Salomonis, dreißigstes Kapitel, zweiter Vers.«

Das Püppchen lächelte und streckte seinen Stab in den Dampf, der noch schwach aus der Punschschale aufstieg. Sogleich verdichtete sich dieser, wallte massenhafter empor zur Decke und senkte sich dann langsam wieder herab, alles um uns her erfüllend. Die Lampe erlosch, aber ein helles Licht ging jetzt von dem kleinen Zauberwesen aus, welches in der Mitte des Nebels schwebte und seinen Stab langsam über dem Köpfchen schwang.

Plötzlich tauchte es aus der Nacht auf, verschwunden war meine Punschschale, verschwunden meine Stube, die Stühle rutschten unter uns weg – wir befanden uns in einem geräumigen, behaglich ausgestatteten Gemache, in dessen Mitte auf einmal ein ziemlich großer Christbaum mit erloschenen Lichtern stand. Keine Menschenseele war zugegen. Eine tiefe Stille herrschte ringsumher. Der Tisch, auf welchem der geputzte Baum stand, war mit Kinderspielzeug der verschiedensten Art bedeckt.

»Sie sind zu Bett gegangen«, sagte unsere kleine Führerin. »Soll der Zauber beginnen, Freund Weitenweber?« – Ich schaute mich nach meinem Freunde um; er stand weitbeinig da, die Hände in den Taschen, die Zigarre im Munde. Er nickte.

Die Elfe setzte sich leuchtend in die höchsten Zweige der Weihnachtstanne und lehnte sich an den Goldstern auf der Spitze und sah nachdenklich uns an. »Sie sind zu Bett, die Kinder, die Alten, die Freudigen, die Betrübten – ach, sie schlafen nicht alle –, aber die große Stadt ist still, so still, wie in diesem Augenblick der Platz da draußen im Walde, wo dieser Baum gewachsen ist. Meine Brüder und Schwestern, die dort wohnen, haben zu dieser Zeit weniger zu tun als wir, deren Reich die Gassen sind. Der Frühling schläft noch in den braunen Knospenhülsen an Busch und Baum wie meine Kinder in der Stadt in ihren Bettchen; die Käfer, die Schmetterlinge schlafen. Meine Geschwister da draußen haben jetzt nur für die braven Burschen, die Hasen, und die frommen Rehe zu sorgen und darauf zu achten, daß die herabsinkenden Schneeflocken die Gräser und Blumen und die junge Saat auf den Feldern hübsch zudecken, bis der Frühling alles aufweckt. Da draußen ist alles still; aber die große Stadt hat einen unruhigen Schlaf! Sie hat auch böse, böse Träume! Es schleichen Gestalten in den Gassen, finstern Herzens; es zählen die Kranken auf ihrem Schmerzenslager die Stunden, und die Verbrecher in den Kerkern rasseln mit ihren Ketten, und die Liebe ist noch wach und der Haß und das Glück und das Elend! Wir haben viel, viel zu tun in der großen Stadt!«

»Werde nicht gleich elegisch, Kleine, du weißt, das kann ich

nicht vertragen!« sagte Weitenweber. »Zeige uns die Weihnacht!« – »Was ich sagte, gehört dazu.« – »Was du sagst, ver-
stimmt mich. Ich liebe die Heiterkeit.« – Die Elfe brach in ein
helles Gelächter aus, das wie ein silbernes Glöckchen klang, und
schaukelte sich auf ihrem Zweige.

»Er liebt die Heiterkeit! Er liebt die Heiterkeit! Nun so hört!
Vor kurzer Zeit war hier ein fröhliches Getöse. Dort hinter jener
Tür lauschte ungeduldig pochenden Herzens eine Kinderschar,
während hier der Vater und die Mutter diese Weihnachtstanne
schmückten und die ältere Tochter alle die Puppen und Pferde
und Trompeten und Trommeln und die andern Geschenke ord-
nete. ›Horch, wie sie trappeln!‹ sprach lachend der Vater. ›Bist
du bald fertig, Marie?‹ – ›Gleich, dieser Honigkuchenmann will
durchaus nicht festhängen. So, endlich!‹ – ›Hier Richards Trom-
mel, hier die Puppen für die Mädchen, hier Eduards Harlekin!‹
rief freudig die Mutter. ›Alter, nun kannst du die Lichter anzünden!‹ Im nächsten Augenblick flammte der Baum in voller
Pracht; das Weihnachtsglöckchen erschallte, und die Kinder
stürzten jubelnd herein. Ich war dabei, ich gab acht, daß alles
glücklich von statten ging.« –

»Ja, ich hörte den Spektakel, als ich die Treppe hinaufstieg«,
bemerkte Weitenweber. »Ich mußte stehenbleiben, denn meine
Taschen zogen mich fast zu Boden.« – »Hei, es war ein schöner
Abend, und es kostete nachher Mühe genug, die Kinder zu Bett
zu bringen. Aber nun schlafen sie, und wir haben das Reich und
die Herrschaft. Nun sollen die Geister erwachen.«

Ihren Zauberstab schwingend, umschwebte die Elfe, welche
mit zwei Groschen wahrhaftig billig genug bezahlt war, die geputzte Tanne, berührte hier einen vergoldeten Apfel, dort einen
bunten Zuckermann, dort ein seltsamliches Tiergebild. Das um-
herliegende Spielzeug berührte sie ebenfalls – die Bleisoldaten in
ihrer Schachtel, die Puppen, die Nußknacker, die Kobolde in ihren Schnupftabaksdosen. Und unter ihrem Zauberstabe ward alles lebendig. Ein Klingen und Singen ging durch das Gemach;
die goldenen Früchte und Figuren schaukelten sich an ihren
Zweigen, die Bleisoldaten marschierten heran, die Püppchen
hüpften herzu, und nur Eduards Harlekin fehlte, ihn hatte sein

glücklicher Besitzer mit zu Bett genommen und hielt ihn gar fest mit seinen kleinen Händen, so daß er dem Zauber nicht Folge leisten konnte.

»'s ist die Möglichkeit!« sagte Weitenweber. »Was meinst du dazu, Hinkelmann? Schauderhafter Unsinn!« – Ich meinte gar nichts, der Kopf schwindelte mir. – »Nun sollen sie erzählen, wo sie herkommen!« rief die Elfe. »Hört ihr wohl, ihr da zwischen den grünen Zweigen?« Die Äpfel und Nüsse schaukelten sich stärker, die Puppen knicksten, die Honigkuchenherren und -damen schlugen in die Hände, bis auf einen griesgrämigen Patron, der sie in den Taschen stecken ließ und die Beine wie ein X ausspreizte.

»Beginne du!« sprach die Elfe, einen dickbackigen Apfel berührend, dessen gesunde, rote Naturfarbe schon wieder bedeutend durch das aufgelegte Schaumgold lugte.

Der Apfel drehte sich sogleich unzählige Male an seinem Faden nach links, hielt dann einen Augenblick ein, besann sich, drehte sich dann ebenso lange nach rechts, kam endlich zur Ruhe und begann: »Ich komme vom Lande. In meiner Jugend war ich eine Blüte, weiß und rot und duftend. Hunderttausende meiner Geschwister schaukelten sich um mich her. Ich war schön und wußte es; Bienen, Käfer und Schmetterlinge sagten es mir oft genug. Ach, wo sind meine Blütenblätter geblieben? Der Wind trug sie von dannen, fort über den Garten, auf die staubige Heerstraße. Sonnenschein und Regen habe ich genossen; Tausende meiner Geschwister habe ich sterben und vergehen sehen. Ich dachte auch zu sterben! Aber Sonnenschein und Regen stärkten mich, der Sturm konnte mir nichts anhaben; ich wuchs und gedieh, meine Wangen fingen an zu glühen. Nun bin ich hier, und ich weiß nicht, ob ich wache oder träume! Man hat mir Glanz gegeben. – Wer sagt mir, wo ich bin? Wer sagt mir, ob ich wache oder träume?«

Weitenweber seufzte: »Ich nicht!« – »Ja, wer sagt mir, ob ich wache oder träume!« rief ich. – Die Elfe aber berührte, als der Apfel schwieg, seinen Nachbar, einen mißgünstig aussehenden gelben Honigkuchenkerl, mit einer bittern Mandel als Herz, und sagte: »Nun erzähle du!«

»Wer hat Ihnen das Recht gegeben, mich zu belästigen?«
schnarrte dieser. »Respekt, ich bin eine Standesperson, ein
Staatsbürger erster Klasse! Lassen Sie mich in Ruhe!« – »Hei«,
rief die Elfe, »du warst es, der sich gestern nicht aufhängen lassen
wollte, du wolltest, als ich euch erweckte, die Hände nicht aus der
Tasche ziehen!« – »Gute Nacht!« schnarrte der süße Staatsbürger erster Klasse und drehte uns die Schattenseite zu. – »Höflichkeit ist eine schöne Tugend!« bemerkte Weitenweber. »Darf ich
Ihnen meine Visitenkarte einhändigen?« – »Ich bin süß, das
weiß ich«, sagte der Honigkuchenherr, noch einmal über die
Achsel schauend. »Ich habe die Kritik nicht zu fürchten.« –
»Schlafen Sie wohl, Brummbär!« rief ärgerlich meine Puppe.
»Mögen Sie so bald als möglich verzehrt werden!« – »Es gibt
auch noch hohle Zähne und schlechte Magen, das tröstet mich!«
sagte gähnend der süße Mann. –

»Laßt ihn, laßt ihn!« riefen jetzt zwei Puppen, von denen die
eine wie eine Balldame, die andere wie eine Bäuerin angetan war.
»Wir wollen euch unsere Geschichten erzählen!« Und die Bäuerin begann: »Ich komme aus einer engen, dunkeln Gasse. Da
befindet sich in einem hohen Hause ein kleines Stübchen. Da bin
ich geboren. Am Fenster stehen fünf Blumentöpfe mit Schling-
pflanzen. Die grünen Blätter winden sich in jedem Topfe über
und um ein kleines Holzkreuz, auf welchem jedem ein Name geschrieben ist. Eine alte Frau sitzt am Fenster mit der Brille auf
der Nase und näht. Ihr verdanken wir das Leben. Ein kleines
Mädchen, ihre Enkelin, sitzt ihr zu Füßen und reicht ihr die bunten Zeugstückchen zu oder fädelt ihr die Nadel ein. Die alte Frau
hatte vor wenig Jahren noch eine zahlreiche Familie – jetzt lebt
nur sie und das kleine Mädchen noch allein. Auf jedem Kreuz-
chen in den Blumenscherben steht der Name eines der Gestorbe-
nen. Die alte Frau kann nicht mehr hinausgehen durch die weite
Stadt zu dem Kirchhofe vor dem Tore, sie hat sich einen kleinen
Kirchhof in ihrem Fenster angelegt. Das große Gesangbuch liegt
auf dem kleinen Tischchen vor ihr, die alte Katze schnurrt zur
Seite der Enkelin, welche mit leiser Stimme ein Schullied singt.
Die Bratäpfel tanzen singend im Ofen, und von Zeit zu Zeit sucht
einer das Weite und rollt hinab auf den Fußboden und hin über

den weißen Sand. Das ist jedesmal ein großes Ereignis in dem kleinen Zimmer. Das Kind springt lachend dem Flüchtling nach, der Kater macht schnurrend einen Buckel, die Großmutter aber hält mit ihrer Arbeit ein und schiebt die Brille auf die Stirn. Ist das nicht wie ein Blick in ein Märchen? Wir –«

»Wir sind aber nicht in dem kleinen Stübchen bei der Großmutter und dem Kinde, der Katze und den Bratäpfeln geblieben!« fiel hier die Balldame der Bäuerin ins Wort. »Wir sind endlich hinausgelangt in die große Welt, hinaus auf den Weihnachtsmarkt. Ei, das war etwas anderes! Da waren Lichter und Glanz, da war Leben, Hunderttausende von Menschen! Ich bin für die große Welt geboren, ich trage Krinoline. Deshalb bekam ich auch meinen Platz ganz vorn an, den besten Platz, von welchem aus ich das ganze Getümmel überschauen konnte. Wie die Leute mich anstarrten! Ei, meine schönen, weißen Schultern gefielen ihnen. Ich saß in dem ersten Rang, und der Käufer kam bald genug, eigentlich viel zu früh für mich; ich wäre gern noch an meinem Platz geblieben; ich bin für die große Welt geboren.«

Ein gewaltiger Seufzer Weitenwebers unterbrach hier die Sprecherin. Mein Freund hatte seine Brieftafel hervorgezogen und notierte sehr eifrig die Rede der Balldame, wobei die Zigarre sich in seinem linken Mundwinkel taktmäßig auf und ab bewegte.

»Ach, wer doch auch für die große Welt geboren wäre!« ließ sich jetzt eine Stimme vernehmen, welche aus der Tiefe grabesähnlich hervorkam. Unsere kleine Elfe schaute von ihrem Zweige verwundert nieder, und ebenso taten alle Puppen und Püppchen; nur der Staatsbürger erster Klasse rührte sich nicht.

Auch ich sah mich nach dem Sprechenden um, mein Freund Weitenweber aber entdeckte ihn zuerst. Stöhnend klappte er seine lange Gestalt zusammen, bildete aus seinen unendlichen Beinen zwei spitze Winkel, legte die Hände auf die Knie und blickte ernsthaft und schweigend auf einen seltsamen schwarzen Burschen, welcher wehmütig und vergessen unten am Stamm der Weihnachtstanne stand. Er schien aus getrockneten Pflaumen zusammengesetzt zu sein, der Kopf bestand aus schlecht bemaltem Ton, die Haare glichen einem Büschel Schweinsborsten. Er hatte eine Art Besen in der Rechten, und mit der Linken setzte er eben eine Leiter an den Stamm der Weihnachtstanne, um daran hinaufzuklettern in die grünen, geschmückten Zweige.

»Seht mal den! Seht mal den! O welch eine Nase! O welche Augen! O welches Haar! Seht seine Beine!« erklang es von allen Ästen. – »Laßt ihn!« rief die Elfe, ihren Stab ausstreckend. – »Er wird meine Robe beschmutzen«, sagte die Balldame, ängstlich hin und her trippelnd. – »Werft ihn hinunter; er riecht so übel!« riefen die Marzipane, und der Lebkuchenmann wachte plötzlich auf aus seiner Erstarrung und schnarrte: »Schlagt ihn auf den Kopf, schlagt ihn auf den Kopf! Was will der Proletarier hier oben?«

»Kehren, kehren, kehren!« rief der schwarze Pflaumenbursche unten und faßte die ersten grünen Zweige und schwang triumphierend seinen Besen. Alles rettete sich vor ihm so hoch als möglich hinauf, und nur die kleine Bäuerin blieb auf ihrem Platze. »Sie fürchten sich vor mir; sie wollen nichts von mir wissen; – ich will kehren, kehren, kehren!« sagte der schwarze Mann; aber die Elfe flatterte zu ihm hin, faßte mit ihrem weißen Händchen seine drohend aufgehobene Pfote und sang: »Laß sie, laß sie! Störe die Heilige Nacht nicht! Es sind Freunde hier, erzähle deine Geschichte!«

Der schwarze Bursche kauerte demütig nieder auf dem Zweige, welchen er erreicht hatte, und begann: »Aus einer dunkeln, feuchten Kellerwohnung komme ich; am hellsten Tage fällt kein Sonnenstrahl hinein. Im Sommer läuft das Wasser in Tropfen von den schwarzen Wänden, und im Winter überziehen sich dieselben mit weißem Reiffrost. Da bin ich geboren. Als ich meine Geburtsstätte verließ, lag auf dem Strohlager im Winkel unter einem Stück grober Sackleinwand eine Leiche, und viele, viele hungrige Kinder kauerten verschüchtert umher. Am Tisch saß ein starker, kräftiger, aber bleicher und hohlwangiger Mann beim Schimmer einer elenden Lampe. Die Hand, die einen Stier niedergeschlagen hätte, bog den Draht, reihte die welken, schmutzigen Früchte auf, welche meine Glieder bilden. –

In dem Schneewind da draußen, in der kalten Winternacht, auf den eisigen Steinen sitzt ein armes kleines Kind, und vor ihm stehen meine Brüder in Reih und Glied aufmarschiert. O kauft sie, kauft sie, sie kosten nicht viel! Ihr seid gütig, ihr seid barmherzig, ihr scheut nicht das Ausgeben des Geldes, nur das Stehenbleiben und Suchen nach dem Geld scheut ihr. O kauft meine Brüder! Die Hand, die nach den Kupferpfennigen greift, ist bald wieder gewärmt; der Schnee, den der Nordwind über die Stadt treibt, ist schneidend; meine Brüder frieren, und das kleine Kind hat weder Schuh noch Strümpfe in der Winternacht.« –

»Die bewaffnete Macht werde ich aufrufen!« schrie der Honigkuchenmann. – »Angetreten!« rief eine dünne Stimme. »Schultert's Gewehr! Marsch! Marsch!«, und die Bleisoldaten rückten klirrend heran. Aber die Elfe berührte den süßen Kerl mit ihrem Stabe, und er mußte sich zufriedengeben, auch die Bleisoldaten hielten es für angemessen, sich still in ihrer Schachtel in den Hinterhalt zu legen. Weitenweber aber kratzte sich hinter dem Ohre und schnitt Gesichter wie ein Besessener.

»Christ ist geboren! Christ ist geboren!« rief die Elfe. »Hört ihr die Glocken in der Stillen Nacht? Christ ist geboren! Christ ist geboren! Hört ihr die Stimmen im Himmel, die Stimmen auf Erden? Christ ist geboren! Friede im Himmel und auf Erden und den Menschen ein Wohlgefallen!« – »Et nunc et semper et in saecula saeculorum!« sang Weitenweber mit heiserer Stimme. »Wenn es nur schon so wäre!«

»Christ ist geboren! Christ ist geboren!« rief die Elfe aufs neue und erhob den Stab. Das Reich der Puppen war blitzschnell in die Dunkelheit, in das Nichts zurückgesunken. Graue Wolken umgaben uns, und wir wurden von ihnen getragen, und die Elfe schwebte in unserer Mitte. Ihre Gestalt ward größer und größer, ihre kindlichen Züge wurden ernst, behielten aber ihre unsägliche Schönheit. – Ein feierlicher Gesang, Orgelklänge und Glockengeläute ertönten leise, leise unter unsern Füßen und wie aus weiter Ferne. –

»Wir schweben über der Weihnachtserde, aber wir sehen sie nicht. Das einzelne ist vergangen!« sagte mein Geist, in dem mehr steckte, als ich bei seinem Einkauf vermutete. »Horcht, die katholische Kirche!«

>»A solis ortus cardine
Ad usque terrae limitem
Christum canamus principem
Natum Maria virgine.«

erklang es, jetzt anschwellend, jetzt verhallend, wie aus Hundert-
tausenden von Kirchen nah und fern. – »Horcht, die protestanti-
sche Kirche!« rief die Elfe, und näher, voller, kräftiger brauste es
auf:

>»Vom Himmel hoch, da komm ich her,
Ich bring euch gute neue Mär,
Der guten Mär bring ich so viel,
Davon ich singen und sagen will!«

»Christ ist geboren! Christ ist geboren!« sang die Elfe. »Der Morgen kommt, der Morgen kommt! Seht da!« – Aus dem Nebelmeer
unter uns tauchte es auf: Türme, Kuppeln, Dächer, weißbe-
schneit, erschienen. Lichter blitzten hier und dort. Die Orgelklänge, der Gesang verhallte, aber ein dumpfes, unbestimmtes
Rauschen drang zu uns empor. Ein trübes Chaos, lag die große
Stadt zu unsern Füßen, überdeckt von dem dunkel wallenden
Wolkenschleier.

»Der Morgen kommt, der Morgen kommt! Friede allen Betrübten, allen Bekümmerten!« sang die Elfe. – »Seht, die Krähen
flattern um die Kirchtürme! Horcht, die Gassen rufen mich!
Dort kommt das Licht!« – Ein roter Schein zuckte im Osten empor.

»Ich scheide, ich scheide!« rief die Elfe. »Gruß dem Christ-
morgen!« – Sie zog den weißen Wolkenschleier, der sie umgab,
über ihrem Haupt zusammen, die Umrisse ihrer Gestalt wurden
unbestimmter – sie war verschwunden.

»Weitenweber!« schrie ich entsetzt. Die Wolken, welche mich
bis jetzt getragen hatten, wichen unter meinen Füßen, kopfüber
schoß ich pfeilschnell herab auf das Häusermeer, grade auf eine
fatale Kirchturmspitze zu – schrille, scheußliche Stimmen schlugen an mein Ohr. »Weitenweber!« schrie ich. »Hülfe!« – Die

Krähen um den Turm der Marienkirche fuhren krächzend auseinander, ich schlug nieder auf die Spitze der Wetterfahne und erwachte.

Tiefe Dunkelheit umgab mich, nichts rührte sich. Ich tastete mit zitternder Hand umher und fand, daß ich auf dem Fußboden saß. Hinter mir hatte ich die Lehne meines umgefallenen Stuhles. Eine geraume Zeit hindurch starrte ich verblüfft in die Nacht, bis sich allmählich meine fünf Sinne wieder zusammenfanden. Ein glühender Punkt in der Dunkelheit zog meine Aufmerksamkeit auf sich. Ein tiefer Seufzer ließ sich vernehmen. – »Weitenweber!« rief ich.

Der glühende Punkt bewegte sich ein wenig. – »Was gibt's?« fragte die grabesähnliche Stimme meines Freundes. – »Was ist aus der Lampe geworden?« – »Ausgegangen vor einer Stunde.« – »Weitenweber!« – »Nun?« – »Ich glaube, ich bin mit dem Stuhl umgefallen!« – »Scheint so.« – – »Ach – Weitenweber!« – »Bist du nicht bald fertig?« – »Ich habe einen seltsamen Traum gehabt.« – »So? Freut mich ungemein! Es mag schönes Zeug gewesen sein! Daß du dich nicht unterstehst, ihn zu Papier zu bringen; – hast dem ›Chamäleon‹ grade genug Abonnenten verjagt! Der Stoff ist zu Ende – oh!«

Ich erhob mich taumelnd und renkte meine Glieder ein wenig wieder ein. Dann gelang es mir, nach Überwindung mancher Schwierigkeiten, Licht anzuzünden. Wahrhaftig, ich befand mich in meinem Zimmer, und an meinem langen Freund war auch durchaus keine Veränderung zu bemerken. Berge von Zigarrenasche und Wolken von Zigarrendampf umgaben ihn; übrigens steckten seine Hände noch immer in den Hosentaschen, streckten sich seine Beine noch immer so weit als möglich in die Unendlichkeit hinaus. Sein Hut stand noch immer unter seinem Stuhl. –

Ich kann es nicht leugnen, der Blick, welchen ich auf die Puppe neben der leeren Punschbowle warf, war etwas scheu und mißtrauisch. – Ich seufzte, Weitenweber seufzte. –

Schöne Damen, bittet für uns! –

Glühwein, Grog und Geistertee

GLÜHWEIN

Man nehme:

1 Liter Rotwein
Zucker nach Geschmack
1 Zimtstange
2 Nelken und
eine in Streifen geschnittene unbehandelte Zitronenschale, er-
hitze das Ganze bis knapp vor dem Siedepunkt und serviere es
heiß.

GROG

Man gebe braunen Würfel-Kandis in ein Glas und gieße heißes
Wasser hinzu. Sobald sich der Kandis aufgelöst hat, fügt man
angewärmten Rum, Obstler, Weinbrand oder Whisky hinzu.
Auf 3 Teile Wasser rechnet man 1 Teil Alkohol. Eine Zitronen-
scheibe ins Glas gelegt rundet das Ganze ab.

GEISTER-TEE

In ein Teeglas einige Stückchen Kandis geben und dann heißen,
starken schwarzen Tee darübergießen. Man füge ein Gläschen
Himbeergeist dazu und setze als i-Tüpfelchen ein Sahnehäub-
chen obendrauf.

Charles Dickens
Ein Weihnachtslied in Prosa

Marleys Geist

Marley war tot; damit wollen wir anfangen. Darüber gibt's nicht den leisesten Zweifel. Sein Totenschein war vom Geistlichen, vom Notar, vom Leichenbestatter und vom Hauptleidtragenden unterzeichnet. Scrooge hatte unterschrieben, und Scrooges Name war an der Börse gut für alles, wozu er ihn hergab. Der alte Marley war so tot wie ein Türnagel.

Wohlgemerkt, ich will damit nicht behaupten, daß ich aus eigener Erfahrung wüßte, was an einem Türnagel so ganz besonders tot ist. Ich für meine Person wäre eher geneigt, einen Sargnagel als das toteste Stück Eisen zu betrachten, das im Handel ist. Allein das Gleichnis bewahrt die Weisheit unserer Ahnen auf, und meine unheilige Hand soll nicht daran rütteln, sonst ist's aus mit unserem Land. Man wird mir daher erlauben, mit Nachdruck zu wiederholen, daß Marley so tot war wie ein Türnagel.

Wußte Scrooge, daß er tot war? Natürlich wußte er's. Wie konnte es anders sein? Scrooge und er waren ja – ich weiß nicht, wie viele Jahre lang – Geschäftspartner gewesen. Scrooge war Marleys einziger Testamentsvollstrecker, sein einziger Nachlaßverwalter, sein einziger Rechtsnachfolger, sein einziger Haupterbe, sein einziger Freund und sein einziger Leidtragender. Und selbst Scrooge war von diesem traurigen Ereignis nicht so furchtbar erschüttert, daß er versäumt hätte, sich selbst am Begräbnistag als geschickter Geschäftsmann zu erweisen und ihn mit einem guten Schnitt zu begehen.

Die Erwähnung von Marleys Begräbnis bringt mich auf den Punkt zurück, von dem ich ausgegangen bin. Es besteht kein Zweifel, daß Marley tot war. Dies muß man begriffen haben, sonst ist nichts Wunderbares an der Geschichte, die ich erzählen will. Wenn wir nicht vollkommen überzeugt wären, daß Hamlets Vater vor Beginn des Stücks gestorben ist, so wäre sein nächtliches Umherwandeln im Ostwind auf dem Wall seines Schlosses um nichts merkwürdiger, als wenn irgendein anderer Herr in mittlerem Alter nach Einbruch der Dunkelheit an irgendeinem windigen Ort – sagen wir zum Beispiel auf dem St. Pauls-Kirchhof – plötzlich hervorträte, um die müde Seele seines Sohnes wachzurütteln.

Scrooge ließ den Namen des alten Marley nie übermalen. Jahre nachher stand noch über der Tür des Warenhauses zu lesen »Scrooge & Marley«. Die Firma war als Scrooge & Marley bekannt. Leute, die im Geschäftsleben Neulinge waren, nannten Scrooge manchmal Scrooge, manchmal Marley; er hörte auf beide Namen. Für ihn war beides dasselbe.

Aber er mahlte geizig alles aus bis aufs letzte, dieser Scrooge! Ein erpresserischer, blutsaugerischer, schäbiger Filz, ein raffgierig zupackender alter Sünder war er! Hart und scharf wie ein Kiesel, aus dem der Stahl nie einen edlen Funken geschlagen hat, versteckt, verschlossen und einsam wie eine Auster. Seine innere Kälte ließ seine alten Gesichtszüge einfrieren, seine spitze Nase absterben, machte seine Wangen runzelig, seinen Gang steif, seine Augen rot und seine dünnen Lippen blau, ja sie brach hämisch in seiner schnarrenden Stimme durch. Rauhreif lag auf seinem Haupt, seinen Augenbrauen und seinem Stoppelkinn. Er trug seine Eisluft überall mit sich herum, durchkältete damit selbst in den Hundstagen sein Kontor und ließ es auch am Christfest um keinen Grad auftauen.

Äußere Hitze oder Kälte berührten Scrooge wenig. Keine Hitze konnte ihn erwärmen, kein Winterwetter ihn erkälten. Kein Wind war schneidender als er, kein Schneefall unbarmherziger, kein Platzregen unaufhaltsamer. Schlimmes Wetter wußte nicht, wie ihm beikommen. Der heftigste Regen, Schnee, Hagel und Schloßen konnten sich nur in einer Hinsicht eines Vorteils über ihn rühmen: sie zeigten sich oft sehr freigebig, er nie.

Niemand hielt ihn je auf der Straße an, um ihn mit freudigem Blick zu fragen: »Lieber Scrooge, wie geht es Ihnen? Wann werden Sie mich besuchen?« Kein Bettler bat ihn um eine Kleinigkeit, kein Kind fragte ihn, wieviel Uhr es sei, kein Mann oder Weib erkundigte sich je im Leben bei Scrooge nach dem Weg zu diesem oder jenem Ort. Selbst die Blindenhunde schienen ihn zu kennen, denn sobald sie ihn kommen sahen, zogen sie lieber ihre

Herren in Torwege und Höfe hinein und wedelten mit dem Schwanz, als wollten sie sagen: Blinder Mann, kein Auge ist immer noch besser als ein böses!

Aber was kümmerte das Scrooge? Gerade so hatte er's gern. Die volkreichen Pfade des Lebens zu meiden und jedem menschlichen Mitgefühl warnend zuzurufen, es solle fernbleiben, das war für ihn, wie man so sagt, ein »gefundenes Fressen«.

Einmal – von allen schönen Tagen im Jahr gerade am Heiligen Abend – saß der alte Scrooge geschäftig in seiner Schreibstube. Das Wetter draußen war schneidend kalt, unfreundlich und obendrein neblig, und er konnte hören, wie im Hof draußen die Leute keuchend auf und ab gingen, mit den Händen gegen die Brust schlugen und mit den Füßen auf die Pflastersteine stampften, um sich zu erwärmen. Die Glocken der City hatten eben erst drei Uhr geschlagen, aber es war schon ganz dunkel – es war den ganzen Tag über nicht hell gewesen –, und die Lichter flackerten hinter den Fenstern der benachbarten Kontore wie rote Schmutzflecken auf der zum Greifen dicken braunen Luft. Der Nebel drang durch jede Ritze und jedes Schlüsselloch und war draußen so dicht, daß die Häuser gegenüber wie ein Spuk wirkten, obwohl der Hof zu den besonders schmalen gehörte. Wenn man sah, wie sich die trübe Wolke langsam senkte und alles verdüsterte, so hätte man glauben können, Mutter Natur wohne nebenan und braue jetzt eben in großem Stil.

Die Tür zu Scrooges Kontor stand offen, damit er ein Auge auf seinen Schreiber haben könne, der in einer jämmerlich engen Zelle nebenan, einer Art Schacht, Briefe kopierte. Bei Scrooge brannte nur ein kümmerliches Feuer, aber das des Schreibers war noch viel kleiner, so daß es wie eine einzige Kohle aussah. Doch konnte er nicht nachlegen, denn die Kohlenkiste stand in Scrooges eigener Stube, und jedesmal, wenn der Schreiber mit der Schaufel hereinkam, kündigte ihm sein Herr an, daß sie sich wohl bald trennen müßten. Dann zog der Schreiber sein weißes Halstuch in die Höhe und versuchte, sich an der Kerze zu erwärmen; da er jedoch nur über wenig Einbildungskraft verfügte, mißlang ihm stets dieser Versuch.

»Fröhliche Weihnachten, Oheim! Gott segne Sie!« rief eine

muntere Stimme. Sie gehörte Scrooges Neffen, der so rasch auf ihn zukam, daß dies das erste Zeichen seiner Anwesenheit war.

»Pah!« rief Scrooge, »Possen!«

Sein Neffe hatte sich durch das rasche Gehen in Nebel und Frost so erhitzt, daß er förmlich glühte; sein Gesicht war hübsch in seiner Röte, seine Augen glänzten, und sein Atem dampfte noch.

»Wie, Oheim, Weihnachten ein Possen?« rief Scrooges Neffe; »das ist doch sicherlich nicht Ihr Ernst?«

»Ganz mein Ernst«, versetzte Scrooge. »Fröhliche Weihnachten! Was für ein Recht hast du, fröhlich zu sein? Was für einen Grund hast du, zufrieden zu sein? Du bist doch arm genug.«

»Ei, Oheim!« versetzte der Neffe munter, »was für ein Recht haben Sie, verdrossen zu sein? Was für einen Grund haben Sie, mürrisch zu sein? Sie sind doch reich genug!«

Da Scrooge in der Eile keine bessere Antwort zur Hand hatte, gab er wiederum ein »Pah!« zurück und ließ »Possen!« darauf folgen.

»Nicht ärgern, Oheim!« rief der Neffe.

»Was soll ich denn tun«, entgegnete der Oheim, »solange ich in einer solchen Welt voll Narren lebe? Fröhliche Weihnachten! Zum Henker mit den fröhlichen Weihnachten! Was ist Weihnachten denn schon anderes als eine Zeit, da man ohne Geld in der Tasche Rechnungen bezahlen soll? Eine Zeit, da man sich um ein Jahr älter und um keine Stunde reicher fühlt? Eine Zeit, da du in deinen Büchern Bilanz machen mußt und jeden Posten in allen zwölf Monaten des Jahres als Soll zu spüren bekommst? Wenn es nach mir ginge«, setzte er entrüstet hinzu, »müßte jeder Dummkopf, der mit ›Fröhliche Weihnachten‹ im Munde herumläuft, mit seinem eigenen Pudding gekocht und mit einem Stechpalmenzweig durchs Herz begraben werden. Ja, das sollte er!«

»Oheim!« hielt ihm der Neffe vor.

»Neffe!« erwiderte der Oheim böse, »feiere Weihnachten auf deine Weise und laß mich's auf meine feiern.«

»So feiern Sie's!« wiederholte der Neffe. »Aber Sie tun's ja doch nicht.«

»Das überlaß nur mir!« meinte der Alte. »Wohl bekomm's dir! Es hat dir stets viel Gutes gebracht!«

»Es gibt viele Dinge, kann ich wohl sagen, aus denen ich Nutzen hätte ziehen können und doch nicht gezogen habe«, versetzte der Neffe; »Weihnachten gehört auch dazu. Aber ich habe die Weihnachtszeit, wenn sie herankam, ganz abgesehen – soweit das bei einem Wesensbestandteil möglich ist – von der Verehrung, die wir ihrem geheiligten Namen und Ursprung schulden, sicherlich stets als gute Zeit angesehen, als eine menschenfreundliche, angenehme Zeit voll Wohlwollen und Vergebung, als die einzige Zeit im Kalenderjahr, die ich kenne, in der Männer und Frauen gleichmäßig bereit scheinen, ihre verschlossenen Herzen frei zu öffnen und an ärmere Menschen zu denken, als ob sie wirklich Reisegefährten zum Grab hin wären und nicht Geschöpfe anderer Art mit anderer Wegrichtung. Und deshalb, Oheim, glaube ich, obwohl mir die Weihnachtszeit nie einen Schatz von Gold oder Silber in die Tasche gebracht hat, daß sie mir Gutes getan hat und Gutes tun wird, und sage: Gott segne sie!«

Der Schreiber im Kasten nebenan gab unwillkürlich seinen Beifall zu erkennen. Da ihm aber sogleich das Ungehörige seines Betragens bewußt wurde, schürte er rasch das Feuer und erstickte dabei den letzten schwachen Funken für immer.

»Noch ein Ton von Euch«, knurrte Scrooge, »und Ihr könnt Weihnachten damit feiern, daß Ihr Euren Posten los seid!« Und wieder zu seinem Neffen gewandt, fügte er hinzu: »Du bist ja ein unwiderstehlicher Redner; ich wundere mich, daß du nicht ins Parlament eintrittst.«

»Zürnen Sie nicht, Oheim! Bitte, speisen Sie morgen bei uns.«

Scrooge sagte, ihn solle eher ... ja, so sagte er. Er sprach den Satz in seiner ganzen Länge zu Ende: erst wolle er dieses letzte erlebt haben.

»Aber warum nur«, rief Scrooges Neffe. »Warum?«

»Warum hast du geheiratet?« fragte Scrooge.

»Weil ich liebte.«

»Weil du liebtest!« brummte Scrooge, als ob dies das einzige sei, was ihm noch lächerlicher vorkomme als fröhliche Weihnachten. »Guten Abend!«

»Nein, Oheim! Sie haben mich ja auch nie besucht, ehe sich das zutrug. Warum geben Sie es als Grund dafür an, daß Sie jetzt nicht kommen?«

»Guten Abend!« rief Scrooge.

»Ich brauche nichts von Ihnen; ich fordere nichts von Ihnen, warum können wir nicht gute Freunde sein?«

»Guten Abend!« rief Scrooge.

»Es tut mir von Herzen leid, Sie so hartnäckig zu finden. Wir haben nie einen Zwist gehabt, zu dem ich Veranlassung gegeben hätte. Aber ich habe dem Weihnachtsfest zu Ehren diesen Versuch unternommen und will an meiner Weihnachtsstimmung auch festhalten. Darum: fröhliche Weihnachten, Oheim!«

»Guten Abend!« rief Scrooge.

»Und ein glückliches Neujahr!«

»Guten Abend!« rief Scrooge.

Trotzdem verließ der Neffe das Zimmer ohne ein zorniges Wort. Bei der äußeren Tür blieb er stehen, um dem Schreiber seinen Weihnachtsgruß zu sagen, der, sosehr ihn auch fror, doch wärmer war als Scrooge, denn er gab ihn herzlich zurück.

»Da ist noch so ein Narr«, murmelte Scrooge, der zugehört hatte, »mein Schreiber, der fünfzehn Schilling wöchentlich bekommt, Weib und Kind hat und von fröhlichen Weihnachten schwatzt. Da möchte man wirklich ins Tollhaus verschwinden.«

Während der Verrückte den Neffen hinausbegleitete, hatte er zwei andre Leute hereingelassen. Es waren stattliche Herren von gutem Aussehen, die nun, ihre Hüte abgenommen, in Scrooges Kontor standen; sie trugen Bücher und Papiere in Händen und machten ihm eine Verbeugung.

»Scrooge und Marley, wenn ich nicht irre?« sagte einer der Herren mit einem Blick in seine Listen; »habe ich die Ehre mit Mr. Scrooge oder mit Mr. Marley?«

»Mr. Marley ist schon seit sieben Jahren tot«, antwortete Scrooge; »gerade heute nacht vor sieben Jahren ist er gestorben.«

»Wir zweifeln nicht, daß seine Freigebigkeit von seinem überlebenden Partner würdig weitergeführt wird«, sagte der Herr, indem er seine Vollmacht vorwies.

Seine Behauptung traf wirklich zu, denn sie waren zwei ver-

wandte Geister gewesen. Bei dem unheilkündenden Wort »Freigebigkeit« schauderte Scrooge zusammen, schüttelte den Kopf
und gab die Vollmacht zurück.

»In dieser festlichen Zeit des Jahres, Mr. Scrooge«, hub der
Herr an, indem er eine Feder zur Hand nahm, »ist es noch wün-
schenswerter als sonst, daß wir, so gut es geht, für die Armen und
Verwahrlosten sorgen; sie haben gerade in dieser Jahreszeit
schwer zu leiden. Vielen Tausenden fehlt es am gewöhnlichsten
Lebensbedarf, Hunderttausende vermissen auch die geringste
Behaglichkeit, Sir!«

»Gibt's keine Gefängnisse?« fragte Scrooge.

»Gefängnisse genug!« versetzte der Herr und legte die Feder
wieder weg.

»Und die Arbeitshäuser?« fuhr Scrooge fort; »bestehen sie
wohl noch?«

»Ja, noch immer!« entgegnete der Herr; »ich wünschte, ich
könnte nein sagen.«

»Die Tretmühle und das Armengesetz sind also noch in
Kraft?« fragte Scrooge weiter.

»Beide in voller Wirksamkeit, Sir.«

»Oh«, meinte Scrooge, »nach dem, was Sie zuerst sagten,
fürchtete ich, es sei etwas vorgefallen, das ihren nützlichen Gang
hemme; ich bin froh, das Gegenteil zu hören.«

»In der Überzeugung«, erwiderte der Herr, »daß diese Ein-
richtungen den Menschen schwerlich christliche Freude an Leib
und Seele vermitteln können, sind einige von uns bemüht, einen
Geldbetrag aufzubringen, mit dem wir den Armen Speise und
Trank und Mittel zur Erwärmung verschaffen wollen. Wir haben
diesen Zeitpunkt gewählt, weil gerade jetzt Mangel schmerzlich
und Überfluß freudig empfunden wird. Was darf ich für Sie
zeichnen?«

»Nichts!« versetzte Scrooge.

»Sie wünschen ungenannt zu bleiben?«

»Ich wünsche allein gelassen zu werden!« sagte Scrooge.
»Wenn Sie wissen wollen, was ich wünsche, meine Herren, so ist
dies meine Antwort. Ich selbst mache mir zu Weihnachten auch
keine guten Tage und kann nichts dazu beitragen, sie Müßiggän-

gern zu verschaffen. Ich helfe bereits, die vorerwähnten Anstalten zu unterhalten – sie kosten genug, und wem es schlimm geht, der mag sich dorthin wenden.«

»Viele können nicht dorthin gehen; und viele würden lieber sterben.«

»Wenn sie lieber sterben«, versetzte Scrooge, »so sollen sie es nur tun und so die überflüssige Bevölkerung vermindern. Außerdem – Sie entschuldigen – verstehe ich davon nichts.«

»Aber Sie könnten es verstehen«, bemerkte der Herr.

»Das ist nicht meine Sache«, erwiderte Scrooge. »Es genügt, wenn ein Mann seine eigene Sache versteht; er braucht sich nicht mit denen anderer zu befassen. Die meinen nehmen mich ganz in Anspruch. Guten Abend, meine Herren!«

Da die Fremden einsahen, daß es nutzlos sei, ihr Vorhaben weiterzuverfolgen, entfernten sie sich. Scrooge ging mit gehobener Meinung von sich selbst und in besserer Laune als gewöhnlich wieder an die Arbeit.

Inzwischen hatten Nebel und Dunkelheit so zugenommen, daß Leute mit brennenden Fackeln umherliefen und sich anboten, vor den Wagenpferden herzugehen und sie ihren Weg zu führen. Der alte Turm einer Kirche, deren brummende Glocke sonst schlau aus einem gotischen Fenster in der Mauer auf Scrooge herunterguckte, wurde unsichtbar, und sie schlug die Stunden und Viertelstunden nun in den Wolken mit einem zitternden Nachklang, als ob ihr die Zähne im erfrorenen Kopf klapperten. Die Kälte nahm immer mehr zu. Auf der Hauptstraße an der Ecke des Hofes hatten einige Arbeiter, die die Gasröhren ausbesserten, in einem Kohlenbecken ein großes Feuer angezündet, um das sich ein Haufen zerlumpter Männer und Jungen drängte, die ihre Hände wärmten und vor der Glut beglückt mit den Augen blinzelten. Am Pumpbrunnen, der verlassen stand, froren die Tropfen rasch und verwandelten sich in menschenfeindliches Eis. Der Lichtschein aus den Läden, in denen Stechpalmenzweige und -beeren in der Lampenhitze der Schaufenster knisterten, rötete die bleichen Gesichter der Vorübergehenden. Der Geflügel- und der Spezereienhandel wurden zum hellen Vergnügen: eine prächtige Veranstaltung, von der man schier unmöglich glauben konnte, daß so langweilige Dinge wie Kauf und Verkauf etwas mit ihr zu tun haben sollten. Der Oberbürgermeister in der mächtigen Mansionhouse-Feste gab seinen fünfzig Köchen und Kellnern Befehl, ein Weihnachtsmahl zu rüsten, wie es eines Oberbürgermeisters würdig ist; und selbst der armselige Schneider, den er am vorigen Montag wegen Trunkenheit und Rauflust auf der Straße um fünf Schilling bestraft hatte, rührte in seiner Dachstube den Pudding für morgen, während sein hageres Weib mit dem Säugling ausging, um Fleisch zu kaufen.

Noch nebliger und noch kälter wurde es. Durchdringend, beißend, bohrend kalt! Wenn der gute heilige Dunstan die Nase des Teufels nur mit einem Hauch solchen Wetters berührt hätte, statt seine gewöhnlichen Waffen zu gebrauchen, dann hätte dieser erst kräftig aufgeheult! Der Eigentümer einer winzigen jungen Nase, die von der gierigen Kälte so benagt und angeknabbert war wie Knochen von Hunden, beugte sich gerade zu Scrooges Schlüsselloch, um ihn mit einem Weihnachtslied zu erfreuen; allein beim ersten Vers:

> Gott sei mit Euch, mein edler Herr,
> Mög Euch kein Trübsal treffen

griff Scrooge so heftig nach seinem Lineal, daß der Sänger bestürzt entwich und das Schlüsselloch dem Nebel und der dem Hausherrn noch verwandteren Kälte überließ.

Endlich kam die Stunde des Geschäftsschlusses. Widerwillig stieg Scrooge von seinem Schreibstuhl und teilte dadurch diese Tatsache wortlos dem in seinem Schacht harrenden Schreiber mit. Dieser blies sogleich seine Kerze aus und setzte seinen Hut auf.

»Sie werden vermutlich morgen den ganzen Tag frei haben wollen?« fragte Scrooge.

»Wenn's Ihnen recht ist, Sir!«

»Ist mir nicht recht«, antwortete Scrooge, »und gehört sich nicht. Wenn ich Ihnen dafür eine halbe Krone abzöge, so wette ich, fühlten Sie sich schlecht behandelt.«

Der Schreiber lächelte matt.

»Und doch«, fuhr Scrooge fort, »halten Sie mich nicht für schlecht behandelt, wenn ich Ihnen für einen ganzen Tag Geld ohne Arbeit verabreiche.«

Der Schreiber bemerkte, daß dies ja nur einmal im Jahr vorkomme.

»Eine schlechte Ausrede, um einem an jedem 25. Dezember das Geld aus der Tasche zu stehlen!« murrte Scrooge und knöpfte seinen Überrock bis zum Kinn zu. »Aber ich nehme an, daß Sie den ganzen Tag haben müssen. Seien Sie dafür übermorgen um so zeitiger hier.«

Der Schreiber versprach das, und Scrooge zog grollend ab. Das Kontor war im Nu geschlossen. Der Schreiber, dem die langen Enden seines weißen Schals um die Beine baumelten, da er sich mit keinem Überrock brüsten konnte, lief Cornhill hinunter, wobei er am Ende einer Kette von Knaben zu Ehren des Weihnachtsabends wohl zwanzigmal schlitterte, und eilte dann, so schnell er konnte, nach Camden-Town nach Hause, um mit den Seinen Blindekuh zu spielen.

Scrooge nahm sein melancholisches Mahl in dem gewohnten düsteren Wirtshaus ein und ging endlich, nachdem er alle Zeitungen gelesen und den Rest des Abends über seinem Abrechnungsbuch gebrütet hatte, zum Schlafen nach Hause. Er wohnte in den Räumen, die einst seinem verstorbenen Partner gehört hatten. Es war eine düstere Zimmerreihe in einem finsteren Bauwerk auf einem Hinterhof. In diesem Hof schien das Gebäude so wenig zu suchen zu haben, daß man sich der Vorstellung kaum erwehren konnte, es habe sich als junges Häuschen beim Versteckspiel mit andern Häusern dort hineinverkrochen und nicht mehr herausgefunden. Nun war es alt und trübselig genug, denn niemand als Scrooge bewohnte es, und alle anderen Zimmer waren als Kontore vermietet. Der Hof war so finster, daß Scrooge, dem jeder Stein darin bekannt war, den Weg fast mit den Händen suchen mußte. Nebel und Frost lasteten so dick und schwer auf dem alten schwarzen Torweg, daß es schien, als ob der Genius des Wetters in traurigem Nachdenken auf der Schwelle sitze.

Sicher ist, daß an dem Türklopfer außer seiner Größe nichts bemerkenswert war. Ebenso sicher ist, daß ihn Scrooge, seit er das Haus bewohnte, jeden Morgen und Abend gesehen hatte; daß Scrooge von dem, was man Phantasie nennt, ebensowenig besaß wie sonst wer in der City von London, selbst – was viel heißen will – den Gemeinderat nebst Aldermen und Zünften mit eingeschlossen. Ebenso müssen wir festhalten, daß Scrooge, seit er an diesem Nachmittag zum letztenmal seines seit sieben Jahren verstorbenen Geschäftsgenossen Erwähnung getan, keinen Gedanken mehr an Marley gewendet hatte. Und nun soll mir ein Mensch, wenn er es kann, erklären, wie es geschah, daß Scrooge, als er seinen Hausschlüssel ins Türschloß steckte, in dem Türklopfer, ohne daß mit ihm eine plötzliche Veränderung vor sich gegangen war, nicht einen Türklopfer, sondern Marleys Gesicht erblickte!

Ja, Marleys Gesicht. Es war nicht in undurchdringliche Schatten gehüllt wie die übrigen Gegenstände auf dem Hof, sondern hatte ein unheimliches Leuchten an sich wie ein verfaulter Hummer in einem dunklen Keller. Es war nicht böse oder wild, sondern schaute ihn an, wie Marley zu tun pflegte: mit der gespenstigen Brille, die auf seine gespenstige Stirn hinaufgeschoben war. Sein Haar war seltsam gesträubt, als hätte keuchender Atem oder heiße Luft es emporgeweht, und obwohl die Augen weit offen waren, fehlte ihnen doch alle Bewegung. Dies und die bleiche Farbe machten das Gesicht entsetzlich, allein seine Schrecklichkeit schien außerhalb des Gesichts zu liegen, gar nicht in dessen Macht.

Als Scrooge starr auf diese Erscheinung blickte, war es wieder ein Türklopfer.

Wollten wir behaupten, er sei nicht erschrocken gewesen, oder sein Blut habe nichts von dem grausigen Schauder empfunden, der ihm seit seiner Kindheit fremd geworden war – es wäre nicht wahr. Aber er legte seine Hand wieder an den Schlüssel, den er hatte fahren lassen, drehte ihn im Schloß um, trat ins Haus und zündete seine Kerze an.

Er zauderte allerdings einen Augenblick, ehe er die Türe schloß, und guckte zuerst vorsichtig dahinter, als erwarte er halb und halb, durch den Anblick von Marleys Kopf erschreckt zu werden, der steif in den Flur hereinrage. Doch war auf der Rückseite der Tür nichts zu erblicken als die Schrauben und Schraubenköpfe, die den Türklopfer festhielten. Darum machte er nur »Puh! Puh!« und knallte die Tür zu. Dieser Knall hallte wie ein Donnerschlag durch das Haus. Jedes Zimmer im oberen Stock und jedes Faß im Keller des Weinhändlers darunter schienen ihr eigenes Echo zu haben; Scrooge war aber nicht der Mann, der sich von Echos ins Bockshorn jagen ließ. Er verriegelte die Tür und schritt über den Flur und die Treppe hinauf, sogar langsam: im Gehen putzte er noch seine Kerze.

Man kann nicht gut sagen, daß sich eine sechsspännige Kutsche über eine gute alte Treppenflucht hinauf- oder durch eine schlechte junge Parlamentsakte hindurchbefördern lasse; ich wage aber doch auszusprechen, daß man über diese Treppe ohne Mühe einen Leichenwagen hätte führen können, auch der Breite nach, die Deichsel gegen die Wand und die Tür gegen das Geländer. An Breite hätte es nicht gefehlt, ja es wäre noch Raum übriggeblieben. Vielleicht war dies der Grund, weshalb Scrooge einen Leichenzug im Dunkel vor sich herfahren zu sehen glaubte. Ein halbes Dutzend Gaslampen von der Straße draußen hätte diesen Hausflur nicht übermäßig erhellt, und so kann man sich vorstellen, daß er bei Scrooges Lichtchen ziemlich finster war.

Scrooge stieg hinauf, ohne sich darum zu kümmern. Dunkelheit ist billig, und das liebte Scrooge. Ehe er aber seine schwere Zimmertür von innen schloß, schritt er durch seine Zimmer, um zu sehen, ob alles in Ordnung sei. Er hatte das Gesicht noch lebhaft genug im Gedächtnis, um das für wünschenswert zu halten.

Wohnzimmer, Schlafzimmer, Rumpelkammer – alles, wie es sich gehörte. Niemand unter dem Tisch, niemand unter dem Sofa, ein kleines Feuer auf dem Herd, Löffel und Tasse griffbereit und die kleine Pfanne mit Haferschleim – Scrooge hatte nämlich Schnupfen – auf dem Kaminsims. Niemand unter dem Bett, niemand im Wandschrank, niemand im Schlafrock, der in verdächtiger Stellung an der Wand hing! Auch die Rumpelkammer war wie sonst: ein altes Feuergitter, altes Schuhwerk, zwei Fischkörbe, ein alter Koffer, ein Waschtisch auf drei Beinen und ein Schüreisen.

Befriedigt schlug Scrooge die Tür zu und schloß sich selber ein, sogar zweimal, was sonst nicht seine Gewohnheit war. So gegen jede Überraschung geschützt, legte er seine Halsbinde ab, zog Schlafrock und Pantoffeln an, stülpte sich die Nachtmütze über und setzte sich ans Feuer, um seinen Haferschleim auszulöffeln.

Das Feuer war wirklich sehr klein, ein Nichts in einer so kalten Nacht. Er mußte sich dicht davorsetzen und sich darüberbeugen, um aus dieser Handvoll Feuerung eine Spur Wärme zu gewinnen. Der Kamin war uralt, vor langen Jahren von irgendeinem holländischen Handelsherrn erbaut und ringsum mit seltsamen holländischen Backsteinen bepflastert, die Bilder aus der Heiligen Schrift darstellen sollten. Da sah man Kain und Abel, Pharaos Tochter, die Königin von Saba, Engelsboten, die auf Wolken wie Federbetten vom Himmel niederstiegen, Abraham, Belsazar, Apostel, die auf Marktschiffen in See stachen: hunderterlei Figuren, die Scrooges Gedanken fesseln konnten; und doch kam dieses Gesicht Marleys, der schon sieben Jahre tot war, wie des alten Propheten Stab und verschlang das Ganze.

Wenn jeder der blanken Ziegel zunächst leer, aber imstande gewesen wäre, aus den wirren Gedankenfetzen Scrooges irgendeine Abbildung auf seine Oberfläche zu zaubern, so wäre wohl auf jedem der Kopf des alten Marley erschienen.

»Possen!« sagte Scrooge und schritt im Zimmer auf und nieder.

Nachdem er dies mehrmals getan hatte, setzte er sich wieder. Als er den Kopf im Stuhl zurücklehnte, blieb sein Auge zufällig an einer Glocke hängen, einer abgegriffenen Glocke, die im Zimmer hing und zu einem längst vergessenen Zweck mit einer Kammer im obersten Stockwerk des Hauses in Verbindung stand. Zu seinem großen Erstaunen und mit seltsamer, unerklärlicher Angst gewahrte er beim Hinsehen, daß sie zu schwingen begann; erst schwang sie so sanft, daß sie kaum einen Ton von sich gab, bald aber schwoll sie laut an, und mit ihr klangen alle Glocken im Haus.

Dies mochte eine halbe oder auch eine ganze Minute gedauert

haben; ihm aber schien es eine Stunde zu sein. Die Glocken hörten zusammen auf, wie sie zusammen begonnen hatten. Ihnen folgte von tief unten herauf ein klirrendes Geräusch, als zöge jemand eine schwere Kette über die Fässer im Keller des Weinhändlers hin. Scrooge erinnerte sich, gehört zu haben, daß Gespenster in Spukhäusern immer Ketten schleppen sollen.

Die Kellertür flog mit dumpfem Knall auf, und nun hörte er drunten im Hausflur den Lärm immer lauter werden, dann die Treppe heraufkommen und endlich gerade auf seine Tür zusteuern.

»Immer noch Possen«, murmelte Scrooge. »Ich kann's nicht glauben.«

Dennoch wechselte er die Farbe, als »es« ohne Zögern durch die schwere Tür kam und vor seinen Augen das Zimmer betrat. Bei seinem Einzug flackerte die ersterbende Flamme auf, als riefe sie: Ich kenn ihn, Marleys Geist! und sank wieder zusammen.

Ja, es war dasselbe Gesicht, ganz dasselbe: Marley mit seinem Zopf, wie gewöhnlich in Weste, engen Hosen und Schaftstiefeln; deren Quasten sträubten sich gleich dem Zopf, den Rockschößen und dem Haupthaar. Die Kette, die er nachschleppte, war um die Mitte seines Leibes geschlungen. Sie war lang, ringelte sich wie ein Schweif und war zusammengesetzt – Scrooge betrachtete sie nämlich genau – aus Geldkassetten, Schlüsseln, Vorlegschlössern, Hauptbüchern, Urkunden und schweren Börsen aus Stahldraht. Der Körper war durchsichtig, so daß Scrooge, als er ihn ins Auge faßte, durch seine Weste hindurch die beiden Knöpfe auf dem Rücken des Rockes sehen konnte.

Scrooge hatte oft sagen hören, Marley habe kein Herz im Leibe, aber er hatte es bis jetzt nie geglaubt.

Ja, er glaubte es nicht einmal jetzt. Obwohl er dem Gespenst durch und durch schauen konnte und es vor sich stehen sah, obwohl er sich von seinen Augen, die kalt wie der Tod waren, durchschauert fühlte und sogar das Gewebe des zusammengefalteten Taschentuchs bemerkte, das es um Kopf und Kinn geknüpft trug und das er vorher nicht an ihm bemerkt hatte, war er doch immer noch ungläubig und wehrte sich gegen seine eigenen Sinne.

»Was gibt's?« rief Scrooge scharf und eisig wie immer. »Was hast du mit mir zu schaffen?«

»Viel!« Marleys Stimme – ganz zweifellos.

»Wer bist du?«

»Frag lieber, wer ich war!«

»Wer warst du also?« forschte Scrooge mit erhobener Stimme. »Du bist recht wunderlich – für ein Gespenst.« Er wollte schon sagen »als Gespenst«, setzte aber »für« ein, weil es ihm passender schien.

»Zu Lebzeiten war ich dein Partner, Jakob Marley.«

»Kannst du – kannst du dich setzen?« fragte Scrooge mit einem zweifelnden Blick.

»Gewiß.«

»So tu's!«

Scrooge stellte diese Frage, weil er nicht wußte, ob ein so durchsichtiges Gespenst imstande sei, einen Stuhl einzunehmen, und fühlte, daß seine etwaige Unfähigkeit eine sehr unangenehme Erklärung nötig mache. Aber der Geist nahm auf der entgegengesetzten Seite des Kamins Platz, als wäre er ganz daran gewöhnt.

»Du glaubst nicht an mich!« bemerkte der Geist.

»Nein«, antwortete Scrooge.

»Welchen Beweis meiner Echtheit möchtest du haben außer dem Zeugnis deiner Sinne?«

»Ich weiß es nicht«, erwiderte Scrooge.

»Warum mißtraust du deinen Sinnen?«

»Weil eine Kleinigkeit sie verwirren kann«, versetzte Scrooge. »Eine kleine Magenverstimmung macht sie zu Betrügern. Du kannst einen unverdauten Bissen Fleisch, ein wenig Senf, eine Käserinde, ein Stückchen halbrohe Kartoffel zum Ursprung haben. Was du auch seist – eher stammst du doch aus der Speisekammer als aus der Grabkammer!«

Scrooge war nicht gewohnt, Witze zu machen, und fühlte sich auch jetzt keineswegs zum Scherzen aufgelegt. In Wahrheit versuchte er nur launig zu sein, um sich abzulenken und die Furcht niederzukämpfen. Denn die Stimme des Gespenstes durchwühlte ihm selbst das Mark in den Knochen.

Nur einen Augenblick diesen starren, erloschenen Augen

stumm gegenüberzusitzen würde ihn, das fühlte er, verrückt machen. Auch lag etwas Grauenhaftes darin, daß das Gespenst etwas wie Höllenluft um sich hatte. Scrooge fühlte sie zwar nicht selbst, aber es war sicherlich der Fall; denn obgleich der Geist vollkommen regungslos dasaß, wurden doch Haar, Quasten und Rockflügel wie von dem heißen Luftstrom eines Ofens stets bewegt.

»Siehst du diesen Zahnstocher?« fragte Scrooge, indem er aus den eben genannten Gründen rasch wieder das Wort nahm, um, sei es auch nur für eine Sekunde, den eisigen Blick des Gespenstes von sich abzuwenden.

»Ja«, versetzte der Geist.

»Du blickst ja nicht darauf hin!« rief Scrooge.

»Aber ich sehe ihn trotzdem«, versicherte der Geist.

»Nun denn«, versetzte Scrooge, »ich brauche ihn nur zu verschlucken, um für den Rest meines Lebens von einer Legion von Kobolden verfolgt zu werden, die sämtlich meine eigenen Geschöpfe sind. Possen! sag ich dir, lauter Possen!«

Bei diesen Worten stieß das Gespenst einen gräßlichen Schrei aus und rasselte mit seinen Ketten so greulich betäubend, daß sich Scrooge an seinem Stuhl festhalten mußte, um nicht in Ohnmacht zu sinken. Aber um wieviel größer ward noch sein Schrecken, als das Gespenst die Binde, die es um den Kopf trug, abnahm, als sei sie ihm im Zimmer zu warm, und sein Unterkiefer auf die Brust herabsank.

Scrooge fiel auf die Knie nieder und schlug die Hände vors Gesicht.

»Gnade!« rief er. »Schreckliche Erscheinung, warum quälst du mich?«

»Mensch mit dem weltlichen Sinn!« versetzte der Geist, »glaubst du an mich oder nicht?«

»Ich glaube«, rief Scrooge, »ich muß glauben. Aber warum wandeln Geister auf der Erde und warum kommen sie zu mir?«

»Es wird von jedem Menschen gefordert«, antwortete das Gespenst, »daß seine Seele umherwandere unter den andern Menschen und große, weite Reisen tue; und macht er sie bei Lebzeiten nicht, so wird er verdammt, es nach dem Tod zu tun. Er ist verurteilt, durch die Welt zu wandern und – weh mir! – mit anzusehen, was er nicht mehr genießen darf, aber auf Erden hätte genießen und zu seinem Glück hätte wenden können.«

Wieder stieß das Gespenst einen Schrei aus, klirrte mit seiner Kette und rang seine Schattenhände.

»Du trägst Fesseln?« fragte Scrooge zitternd; »sag mir warum.«

»Ich trage die Kette, die ich in meinem Leben geschmiedet habe«, antwortete der Geist; »ich habe sie Glied um Glied und Elle um Elle geschmiedet, sie mir aus freien Stücken umgelegt und sie freiwillig getragen. Sind dir ihre Glieder fremd?«

Scrooge zitterte immer mehr.

»Willst du wissen«, fuhr der Geist fort, »wie schwer und lang die starke Kette ist, die du selbst trägst? Vor sieben Weihnachtsabenden war sie ebenso schwer und ebenso lang wie diese. Seither hast du noch an ihr gearbeitet; es ist eine gewichtige Kette geworden.«

Scrooge sah um sich her zu Boden, als erwarte er, sich von fünfzig oder sechzig Klaftern Eisenkette umgeben zu finden; allein, er vermochte nichts zu sehen.

»Jakob!« rief er bittend, »alter Jakob Marley! Sag mir mehr! Sprich mir Trost zu, Jakob!«

»Ich kann keinen geben«, versetzte der Geist; »er kommt aus anderen Bereichen, Ebenezer Scrooge, und wird von anderen Boten andersgearteten Menschenkindern gereicht. Auch darf ich dir nicht sagen, was ich sagen möchte; nur noch ein wenig mehr als dies ist mir erlaubt. Ich darf nicht ruhen, nicht bleiben, nirgendwo zögern. Nie hat mein Geist die Schwelle unseres Kontors überschritten. Versteh mich wohl! Bei Lebzeiten überschritt mein Geist nie die engen Grenzen unserer Geldwechslerhöhle, und mühsame Reisen stehen mir bevor!«

Scrooge hatte die Gewohnheit, wenn er nachdenklich wurde, die Hände in die Hosentaschen zu stecken; als er jetzt des Geistes Worte erwog, machte er es ebenso, aber ohne den Blick zu heben noch sich von den Knien aufzurichten.

»Du mußt aber recht langsam gewesen sein, Jakob«, bemerkte Scrooge im Geschäftston, wenn auch demütig und rücksichtsvoll.

»Langsam?« wiederholte der Geist.

»Sieben Jahre tot, und die ganze Zeit auf Reisen?« murmelte Scrooge.

»Die ganze Zeit«, bestätigte der Geist. »Ohne Rast, ohne Frieden, unaufhörlich von Gewissensbissen gequält.«

»So reist du schnell?« fragte Scrooge weiter.

»Auf den Schwingen des Windes«, versetzte der Geist.

»Da hättest du in sieben Jahren große Strecken zurücklegen können!« meinte Scrooge.

Als der Geist das hörte, stieß er abermals einen Schrei aus und klirrte mit seiner Kette so entsetzlich durch die Totenstille der Nacht, daß der Nachtwächter das Recht gehabt hätte, ihn wegen nächtlicher Ruhestörung anzuzeigen.

»Oh!« rief das Gespenst, »gefangen, gebunden, doppelt in Eisen bist du und weißt nicht, daß für diese Erde Jahrhunderte unausgesetzten Leidens der unsterblichen Wesen in die Ewigkeit versinken müssen, ehe alles Gute erfüllt ist, das sie aufnehmen kann. Weißt nicht, daß jede christliche Seele, die in ihrem kleinen Kreis, wie immer er sei, mildtätig wirkt, ihr irdisches Leben zu kurz findet für die ausgedehnten Möglichkeiten, nützlich zu sein. Weißt nicht, daß keine noch so lange Reue die versäumten Gelegenheiten eines Lebens aufwiegen kann! So einer war ich! Oh, so war ich!«

»Aber du bist stets ein guter Geschäftsmann gewesen, Jakob«, stotterte Scrooge, der nun anfing die Worte auf sich selbst zu beziehen.

»Geschäftsmann?« schrie das Gespenst und rang aufs neue die Hände. »Die Menschheit war mein Geschäft. Die allgemeine Wohlfahrt war meine Aufgabe; Liebe, Erbarmen, Nachsicht und Wohlwollen wären mein Beruf gewesen. Meine Handelsgeschäfte waren nur ein Tropfen Wasser im unermeßlichen Ozean meiner Aufgabe!«

Er hielt seine Kette auf Armeslänge vor sich hin, als ob sie die Ursache seines vergeblichen Kummers wäre, und schleuderte sie dann mit Wucht wieder auf den Boden.

»Um diese Zeit des ablaufenden Jahres«, fuhr das Gespenst fort, »leide ich am meisten. Warum wandelte ich auch durch das

86

Gewühl der Mitmenschen mit gesenkten Augen und erhob sie nie zu dem segensvollen Stern, der die drei Weisen zu einer armen Herberge führte? Gab es nicht ärmliche Hütten genug, zu denen sein Licht mich hätte leiten können?«

Scrooge erschrak nicht wenig, als er das Gespenst so sprechen hörte, und begann heftig zu zittern.

»Höre mich!« rief der Geist; »meine Zeit ist fast um.«

»Ich will ja«, versetzte Scrooge; »aber sei nicht hart zu mir, Jakob! Sprich klar und offen, ich bitte dich!«

»Wie es kommt, daß ich dir in sichtbarer Gestalt erscheine, vermag ich nicht zu sagen. Ich habe so manchen lieben Tag unsichtbar an deiner Seite gesessen.«

Das war kein angenehmer Gedanke. Scrooge schauderte und wischte sich den Schweiß von der Stirn.

»Dies ist kein leichter Teil meiner Buße«, fuhr der Geist fort. »Heute abend bin ich gekommen, um dir warnend zu sagen, daß du noch Aussicht und Hoffnung hast, meinem Los zu entgehen – eine Aussicht und Hoffnung, die ich dir verschaffe, Ebenezer.«

»Du warst mir stets freundlich gesinnt; ich danke dir«, sprach Scrooge.

»Es werden dich noch drei Geister heimsuchen!« fuhr das Gespenst fort.

Scrooges Gesicht zog sich beinahe so in die Länge wie das des Gespenstes.

»Ist das die Aussicht und Hoffnung, von der du sprachst, Jakob?« fragte er mit wankender Stimme.

»Allerdings!« war die Antwort.

»Ich – ich glaube das nicht«, meinte Scrooge.

»Ohne ihren Besuch«, widersprach der Geist, »hoffst du vergeblich den Pfad zu meiden, den ich jetzt wandle. Erwarte den ersten morgen, wenn die Glocke eins schlägt.«

»Könnten nicht alle auf einmal kommen, damit es vorüber ist?« fragte Scrooge.

»Erwarte den zweiten in der nächsten Nacht um die gleiche Stunde, den dritten dann in der darauffolgenden Nacht, wenn der letzte Glockenschlag der Mitternacht ausgezittert hat.

Achte darauf, mich nie wiederzusehen, und denk um deines Heiles willen an das, was zwischen uns vorgefallen ist!«

Nach diesen Worten nahm das Gespenst sein Tuch vom Tisch und band es sich wie zuvor um den Kopf. Scrooge merkte das an dem knirschenden Ton, den seine Zähne hervorbrachten, als die Kinnladen durch die Binde zusammengeschlagen wurden; er wagte es, seine Augen wieder zu erheben, und sah, daß sein übernatürlicher Besucher die Kette um den Arm gewunden hatte und ihm aufrecht gegenüberstand.

Die Erscheinung schritt rückwärts von ihm fort, und bei jedem Schritt, den sie tat, öffnete sich das Fenster etwas mehr, so daß es weit offen war, als es der Geist erreichte. Er winkte Scrooge, näher zu kommen, was dieser auch tat; als sie zwei Schritte auseinander waren, hielt Marleys Geist seine Hand empor, um ihn zu warnen, noch näher zu kommen.

Scrooge blieb stehen, nicht so sehr aus Gehorsam wie aus Überraschung und Furcht; denn als das Gespenst die Hand erhob, vernahm er ein wirres Getöse in der Luft, unzusammenhängende Töne von Wehklagen und Reue, unaussprechlich betrübtes, zerknirschtes Jammern. Nachdem das Gespenst kurze Zeit zugehört hatte, stimmte es in die schwermütige Klage ein und schwebte in die düstere, kalte Nacht hinaus.

Scrooge folgte ihm in verzweifelter Neugier ans Fenster und blickte hinaus.

Die Luft war mit Gespenstern erfüllt, die in ruheloser Hast klagend hin und her schwebten. Jedes trug Ketten wie Marleys Geist, manche – das mochten wohl verbrecherische Behörden gewesen sein – waren aneinandergeschmiedet, keines war frei von Fesseln. Viele hatte Scrooge zu ihren Lebzeiten gekannt. Mit einem alten Geist in weißer Weste, der eine ungeheure eiserne Kasse am Knöchel trug, war er ganz vertraut gewesen; dieser schrie jämmerlich, weil er einem elenden Weib nicht beistehen konnte, das er mit einem Kind tief unten auf einer Türschwelle hocken sah. Die Pein aller bestand offensichtlich darin, daß sie sich sehnten, menschliches Elend zu mildern, und doch die Kraft dazu für immer verloren hatten.

Ob diese Gebilde in Nebel zerflossen oder ob sie der Nebel

verhüllte, konnte Scrooge nicht sagen; aber sie und ihre geisterhaften Stimmen verschwanden gleichzeitig, und die Nacht wurde wieder, wie sie bei seiner Heimkehr gewesen war.

Scrooge schloß das Fenster und untersuchte die Tür, durch die der Geist eingetreten war; sie war doppelt verschlossen, wie er es mit eigener Hand getan hatte, und die Riegel waren unversehrt. Er versuchte zu sagen: Possen! hielt aber bei der ersten Silbe inne. Und da er wegen der überstandenen Aufregung oder wegen der Mühen des Tages oder wegen seines Einblicks in die Welt des Unsichtbaren oder wegen der trübseligen Unterhaltung mit dem Gespenst oder wegen der späten Stunde sehr ruhebedürftig war, ging er sofort zu Bett, ohne sich auszukleiden, und fiel augenblicklich in tiefen Schlaf.

Lord Dunsany
Das Weihnachtsessen

Es war am Weihnachtsabend im Billardklub, und das Gespräch drehte sich um Gespenster.

»Haben Sie schon mal ein Gespenst gesehen, Jorkens?« fragte einer. »Ein Gespenst?« meinte Jorkens. »Nicht so einfach, das zu sagen. Gespenster haben so etwas Verschwommenes an sich, und dann erscheinen sie ja auch immer bei undeutlicher Beleuchtung.« – »Haben Sie denn mal etwas gesehen, was beinah wie ein Gespenst aussah?« fragte Terbut.

»O ja«, sagte Jorkens, »allerdings! Ich bin noch heutigentags überzeugt, daß es eins war. Aber ganz sicher ist man da nie. Es war, wie ich mich erinnere, an einem Weihnachtstag, und die Aussicht auf ein gutes Weihnachtsessen war, wie's mir damals ging, recht schwach, um es milde auszudrücken. Erwägungen finanzieller Art, auf die ich hier nicht näher eingehen möchte, machten es mir nur zu klar, daß von Weihnachtsessen keine Rede sein konnte. Wenigstens nicht, was man in damaligen Zeiten unter Weihnachtsessen verstand. Höchstens ein kleines Hammelkotelett und ein bißchen Käse. Mehr in der Art wie heutzutage.

Ich hatte aber mein altes Gewehr, und ich kannte ein Moor, eine richtige Sumpfwildnis, wo niemand jagte. Und in der Nähe lag ein Dörfchen, Egrindune hieß es – ich weiß nicht, ob Sie es kennen? Und in dem Dorf war das Wirtshaus *Zum Grünen Mann*. Ich dachte also, wenn ich im Moor ein paar Wildenten fände, könnte ich mir eine im Wirtshaus braten lassen und die übrigen gegen andre Sachen eintauschen. Vielleicht wäre sie zäh gewesen, aber das war mir damals ganz egal. Ich nahm mir also für eine Nacht ein Zimmer im *Grünen Mann*. Das gestattete die finanzielle Lage – das und nicht mehr. Ich trank ein Gläschen mit dem Wirt, um ein wenig zu horchen, und er erzählte von den Enten, die's dort im Moor geben soll. Aber vor allem erzählte er mir von einem Gespenst, das in der Gegend spukt und sich manchmal im Schloß Egrindune zeigt, weil einer von den früheren Lord Egrindunes im fünfzehnten Jahrhundert ihm mal etwas zuleide getan hatte. Der alte Lord Egrindune stand während des Krieges zwischen Lancaster und York auf der verkehrten Seite, wie das Gespenst behauptete. Und nun spukte es jedes Jahr zu Weihnachten auf Schloß Egrindune, denn zu der Zeit sei ihm Unrecht geschehen, behauptete es. Und seitdem, erzählte der Wirt, hält jeder Lord Egrindune zu Weihnachten für das Gespenst einen Platz an der Weihnachtstafel frei. Ich rief: ›Einen Platz an der Weihnachtstafel! Wenn ich doch das Gespenst wäre!‹ – ›Ein naßkalter Beruf‹, meinte der Wirt und berichtete, daß das Gespenst im Sumpf hause, in jener Wildnis, die ich im Auge hatte.«

»Am Weihnachtstag wollten Sie jagen?« fragte Terbut. »Gott behüte!« antwortete Jorkens. »Sie sagten doch, Sie hätten Ihre Flinte und wollten auf Enten gehen?«

»Das ist doch nicht dasselbe wie schießen«, rief Jorkens. »Man kann doch keinen Menschen als Mörder verurteilen, bloß weil er ein Gewehr bei sich trägt! Sie als Rechtsanwalt müßten das eigentlich wissen, Terbut. – Nein, ich bekam keine Ente zu Gesicht – also bitte, Schluß mit Ihren leichtfertigen Verdächtigungen! Ich bekam keine zu Gesicht. Ganz in der Ferne hörte ich sie wohl, als es dunkler und kälter wurde, aber ich kam nicht zu Schuß. Ich blieb noch, nachdem alle kleineren Vögel schon im Nest waren, nachdem auch die Raben zurück waren und nachdem alle Enten eingefallen waren – aber keine in meiner Nähe, wohlverstanden! Ich blieb, weil ich hungrig war. Ich blickte westwärts, und es war nur noch ein ganz klein bißchen hell am Himmel, und überhaupt kein Büchsenlicht mehr. Also kam ich aus meinem Schilfdickicht hervor und streckte meine Beine, die mir vor Kälte ganz steif geworden waren. Nein, eine Ente habe ich nicht bekommen. Aber ich sah das Gespenst. Wenigstens hatte ich den Eindruck. Es war eine graue Gestalt, die mit der hereinbrechenden Nacht immer größer und dichter wurde. Zuerst sah ich nur die Umrisse, und sie stimmten genau mit dem überein, was mir der Wirt erzählt hatte. Und da man Gespenster ja immer zuerst ansprechen muß, fragte ich, was es da mache. Es gab zur Antwort, daß es zu dieser Jahreszeit in Schloß Egrindune zu spuken pflege. Es sprach mit einer dünnen, zischelnden Stimme, die fast unterging im Klagen der Rohrdommeln und anderen Geräuschen in jener gottverlassenen Gegend.

›Warum spuken Sie dort?‹ fragte ich.

›Wegen einer alten Untat‹, schnarrte die Stimme. Übrigens hatte das Gespenst eine merkwürdige Gewohnheit: unter dem linken Arm trug es seinen Kopf. Warum, weiß ich nicht. Eigentümlich, so mit einem Menschen oder was es sonst war, zu sprechen. Aber schließlich ist in der Dämmerung an solchen trübseligen Orten alles seltsam, wenn man da ganz allein ist und nur die Stimmen der Öde um einen herum.

›Und was machen Sie hier?‹ fragte das Gespenst. Es zu verstehen oder zu erkennen war gar nicht so einfach, aber wenn man Auge, Gehör und Einbildungskraft anstrengte, dann ging's.«

»Einbildungskraft?« fragte Terbut höhnisch.

»Natürlich«, antwortete Jorkens. »Man sieht ja fast nichts. Ich erwiderte also: ›Ich suche mir etwas zu essen.‹ – Und da sagte es: ›Gehen Sie doch nach Schloß Egrindune! Sagen Sie, Sie seien mein Freund, dann bekommen Sie ein gutes Weihnachtsessen. Mir halten sie dort immer einen Platz frei – schon seit Jahrhunderten.‹

›Um wieviel Uhr wird dort gegessen?« fragte ich. ›Acht Uhr fünfzehn‹, antwortete es. Das konnte ich gerade noch schaffen. ›Aber was soll ich nur sagen?‹ wandte ich ein. ›Sagen Sie nur, ein

Freund vom dritten Lord Egrindune habe Sie geschickt. Das verstehen sie.‹

›Freund? Wissen Sie denn, wer das ist?‹ fragte ich, denn ich wollte natürlich ganz sicher gehen, ehe ich da so zum Essen hereinschneite.

›Tja, Freund ist vielleicht nicht gerade der richtige Ausdruck‹, sagte das Gespenst. ›Aber sie verstehen's schon.‹ – ›Was für ein Band bestand denn zwischen Ihnen?‹ – ›Schändlicher Mord!‹ rief das Gespenst.

Bedenken Sie aber bitte, daß ich Ihnen hier nur die Ansicht des Gespenstes wiedergebe. Wahrscheinlich nichts als ein Vorurteil. Solche Gespenster reiten nämlich ewig auf einem einmal gefaßten Vorurteil herum. Die Familie Lord Egrindunes ist vermutlich ganz andrer Ansicht. Reizende Leute übrigens.

Schön, ich ging also von dannen, so schnell ich konnte, um mein Weihnachtsessen zu bekommen. Ein kleiner Wind hatte sich aufgemacht, und das Gespenst verlor sich in Nebelschleiern und Sumpfgeraune und Schilfraschlen. Ich kam unangefochten aus dem Moor heraus, obwohl es schon sehr dunkel war, und ging zurück zum *Grünen Mann*. Zum Glück hatte ich meinen Frack mitgebracht. Man kann nie wissen, ob man ihn nicht doch mal braucht. Im *Grünen Mann* hatten sie einen alten Wagen, der brachte mich gerade noch rechtzeitig zum Essen nach Schloß Egrindune.

Ich läutete, und der Hausmeister erschien, und ich sagte: ›Ein Freund vom dritten Lord hat mich geschickt.‹ – ›Wollen Sie – etwa – behaupten –‹, stotterte er. ›Ja‹, sagte ich. ›Dann –‹, stammelte er. ›Er hat mir seinen freien Platz überlassen‹, sagte ich. ›Wie sah er aus?‹ fragte er. Ich beschrieb ihn. ›Wie er leibt und lebt!‹ rief der Hausmeister und führte mich in den Salon.

Da saßen sie alle, der siebzehnte Lord Egrindune und seine Familie, und warteten aufs Essen, und der Hausmeister meldete: ›Ein Herr, den der Freund vom dritten Lord geschickt hat!‹

Wir gingen ins Eßzimmer, und da war der freie Platz. Man konnte sich gar nicht täuschen, es war ein alter verblichener Gobelinstuhl, auf dem seit Jahrhunderten keiner mehr gesessen hatte. Ich ging geradewegs darauf zu und setzte mich, und Lady

Egrindune und eine ihrer Töchter setzten sich rechts und links von mir. Wir unterhielten uns über die Jagd dort, aber eigentlich interessierten sie sich nur für eine einzige Sache, und sowie ich das merkte, erzählte ich ihnen alles, was ich wußte. ›Sah Ihr Freund sehr beleidigt aus?‹ fragte Lady Egrindune. Das war das einzige, was sie interessierte. Nun bekam ich ja ein wirklich ausgezeichnetes Weihnachtsessen, und ich will es Ihnen nicht näher beschreiben, denn es macht melancholisch, wenn man heutzutage an solche Essen zurückdenkt. Jedenfalls hätte es nicht besser sein können, und sie waren auch alle sehr liebenswürdig. Darum sagte ich, daß das Gespenst nicht allzu beleidigt ausgesehen habe – eher so, als ob es bald alles vergeben und vergessen würde. ›Bald?‹ riefen Lady Egrindune und ihre Tochter wie aus einem Munde. ›Nun, ich meine, was Gespenster bald nennen.‹ – ›Wie bald?‹ fragte Lady Egrindune. ›Vielleicht so etwa in hundert Jahren‹, meinte ich.

Da waren sie alle hocherfreut, denn für einen Fluch sind hundert Jahre natürlich eine Kleinigkeit, vor allem, wo ihre Familie schon seit fünfhundert Jahren darunter zu leiden hatte. Sie freuten sich so, daß sie mich nach dem Essen baten, ob ich nicht noch länger bei ihnen bleiben wolle, es sei bestimmt ein Gastzimmer frei. Aber ich antwortete, daß mein Freund mich vielleicht abholen käme, und solche Leute brechen gewöhnlich früh auf. Vor dem ersten Hahnenschrei aus dem Bett, das sei mir denn doch zu früh. Also bedankte ich mich, verabschiedete mich von allen und ging wieder in den *Grünen Mann.*«

JAMES POWELL
Mord im Spielzeugladen

In der ersten Stunde des Weihnachtstages können Tiere sprechen und wird Spielzeug lebendig, vorausgesetzt, kein menschliches Wesen ist in der Nähe.

Einige Minuten nachdem der letzte Glockenschlag um Mitternacht über der schneebedeckten Stadt verklungen war, konnte man an dem Schaufenster des Kaufhauses McTammany's, in dem die Haushaltswaren ausgestellt waren, einen Mann einen Welsh Corgi mit Namen Owen Glendower an der Leine vorbeiführen sehen.

Austin W. Metcalfe, wie dieser junge Mensch sich nannte, hatte ein rundes Gesicht, von dem neben der Brille wenig mehr zu sehen war als eine kurze, dickbauchige Pfeife, deren Handhabung er noch nicht ganz beherrschte. Ein burgunderfarbener Schal war ordentlich um seinen Hals gelegt, und seine Hände und Füße steckten in schaffellgefüttertem Leder. Jeder Knopf seines dunkelblauen Mantels war zugeknöpft. Er bewegte sich mit statiöser Gelassenheit, die ihm, nachdem er zum zweiten Direktionsassistenten des Metropolitan Spielwarenmuseums aufgestiegen war, angemessen schien.

Mit anderen Worten, Metcalfe war – was auch Owen Glendower ohne zu zögern zugegeben hätte – ein junger eingebildeter Schnösel. Der Hund warf einen bekümmerten Blick über seine Schulter hinweg nach hinten. Der arme, linkische Metcalfe brauchte wirklich Schliff. Der Hund hoffte, daß irgendein Mädchen verrückt genug wäre, um Gefallen an ihm zu finden und die Sache zu übernehmen, bevor es zu spät war. Neulich hatte Metcalfe eine getroffen, die genau die Richtige zu sein schien. Owen Glendower hatte seine bemerkenswerte Kraft der Gedankenübertragung eingesetzt, um ein Telefongespräch anzuregen. (Die Hälfte aller guten Ideen, die Menschen haben, verdanken sie ihren Haustieren. Woher die andere Hälfte kam, wußte Owen Glendower nicht.) Aber die junge Trantüte hatte sich nicht gerührt. Der Hund drehte seinen Kopf wieder nach vorne und murmelte einem Hydranten etwas zu.

Obwohl der Wind stärker wurde, wartete Metcalfe geduldig in dem Schneetreiben, überzeugt, daß er ein freundliches und – darin war er sicher – geliebtes Herrchen war. Er hätte gern länger bei diesem Gedanken verweilt, aber erneut ging seine Pfeife aus, und er kämpfte damit, sie wieder anzuzünden.

Zur selben Zeit erfreuten sich, keine drei Meter um die Ecke von ihrem Standort entfernt, die Bewohner des größten Spielzeugfensters von McTammany's einer Modenschau. Die Dick-

and-Jane-Puppen führten ihre umfangreiche Garderobe einem dankbaren Publikum von Fröschen mit Rüschenkrägen, Schweinen in Kleidern und einer Vielzahl von Robotern vor. Die metallenen Faksimiles der Menschheit summten, piepten und blinkten ihre Anerkennung, was angesichts der Tatsache, daß Batterien im Preis nicht inbegriffen waren, höchst verwunderlich anmutete.

Als Owen Glendower fertig war, hustete er, um das Spielzeug zu warnen, in seinen Bewegungen zu verharren, und führte dann den jungen Mann um die Ecke. Nun konnte das ganze Fenster sehen, womit ein aufrechter Corgi das ganze Jahr über fertig werden mußte. Metcalfe hatte das Fenster schon viele Male zuvor gesehen. Das Museum hatte für die Feiertage seine bekannte Spielwarenausstellung und die ganz persönliche Kreation unseres jungen Mannes, »Eine viktorianische Weihnacht«, an McTammany's ausgeliehen. Metcalfe kam jeden Tag, um sein Werk, das im Nebenfenster ausgestellt war, zu bewundern. Doch er blieb immer zuerst hier stehen. Die antiken Spielsachen hatten den Vergleich jedoch nicht zu fürchten.

Owen Glendower, der die Weihnachtsfeier der Spielsachen nicht länger unterbrechen wollte, hustete erneut und setzte seinen Weg zu Metcalfes Fenster fort. Der Entwurf des jungen Mannes stellte ein viktorianisches Wohnzimmer dar, in dessen Mitte sich ein Kamin aus Alabaster befand. Links davon stand ein Weihnachtsbaum, der mit leuchtendem, bemaltem Holzschmuck behangen war und auf dessen Spitze ein singender Engel thronte.

Vor dem Baum stand eine Spieldose mit einer Ballerina auf Zehenspitzen und ein blau-gelber Schachtelteufel. Auf dem Kaminvorleger war ein Kasperltheater mit zwei schönen Handpuppen aufgebaut. Die rechte Seite des Kamins nahm ein grasgrüner Ohrensessel mit passendem Kniekissen ein, auf dem ein äußerst elegantes viktorianisches Puppenhaus stand, dessen porzellanene Hausherrin einen pflaumenblauen Reifenrock trug. Am Fuße des Kniekissens stand, mit gezogenem Säbel, ein grimmig grinsender Nußknacker-Husarenrittmeister, der eine Formation von Spielzeugsoldaten in scharlachroten Mänteln und Bärenfellmützen anführte.

So zumindest hatte Metcalfe die Ausstellung aufgebaut. Aber in dieser Nacht mußten andere Hände am Werk gewesen sein. Die Soldaten waren verschwunden, der Husarenrittmeister bildete mit den restlichen Spielfiguren einen Kreis vor dem Schachtelteufel, und alle blickten hinunter auf Mariechen, die auf einem türkischen Teppich lag, eine schlaffe und seltsam leblose Figur, die irgendwie nicht wie eine Handpuppe ohne Hand darin aussah.

Es gab noch weitere Unheimlichkeiten. Der Schachtelteufel war aus seiner Dose herausgesprungen und wippte auf seiner Feder. Manchmal allerdings wurde der Schließmechanismus durch Vibrationen, die von dem Verkehr auf der Straße verursacht wurden, ausgelöst. Dann schien der Husarenrittmeister zu erstarren, als wäre er gerade strammgestanden. Natürlich hätte dies alles nur Metcalfes Einbildung sein können. Doch wo kam dann diese Sherlock-Holmes-Puppe her? Und warum hatte Metcalfe das deutliche Gefühl, daß der kleine Detektiv kurz davor war, anklagend mit dem Finger auf jemanden zu zeigen?

Als er den Teddybär an Holmes' Seite erblickte, ging ihm ein Licht auf. Miss Tinker, die in dieser Abteilung des Kaufhauses die Fenster dekorierte und ihm bei seiner Ausstellung zur Hand gegangen war, hatte gesagt, daß sie immer ihren Teddy in einem der Spielzeugfenster unterbrachte, und darum gebeten, ihn in den Ohrensessel setzen zu dürfen. Nun, Metcalfe hatte darüber gelacht und erklärt, daß jedes Spielzeug, jeder Schmuck, jedes Möbel in dieser Ausstellung ein echtes Kunsterzeugnis aus der viktorianischen Epoche sei. Teddybären waren edwardianisch. Widerwillig hatte sie seinen Kompromiß akzeptiert, den Teddybären einzupacken und ihn unter den Baum zu den vielen Geschenken zu legen. Warum, hatte er sich gefragt, waren die hübschen Frauen nur alle so dumm?

Doch andererseits war er nicht ganz aufrichtig zu ihr gewesen. Das Museum hatte keinen viktorianischen Weihnachtsengel gehabt. Mr. Jacoby, der Spielzeugreparateur und Reproduktionszauberer, hatte diesen aus Teilen einer Amelia-Earhart-Puppe gebastelt, die Schaden gelitten hatte, nachdem der Draht, an dem ihr Eindecker über der Ausstellung »Spielzeuge bezwingen den Himmel« hing, gerissen war. Metcalfe war schon versucht gewesen, Miss Tinker anzurufen und es ihr zu beichten. Nun jedoch war er ziemlich froh, es nicht getan zu haben. Tatsächlich, eine Sherlock-Holmes-Puppe. Metcalfe zündete erneut seine Pfeife an und schaukelte auf seinen Absätzen vor und zurück, während er die Hände auf dem Rücken verschränkte und paffte. Über diese Angelegenheit würde er mit der jungen Dame wahrlich zu reden haben. Und auch darüber, wie der Teddybär dorthin kam.

Metcalfe hätte noch eine Weile rauchend dort stehen und sich ausmalen können, wie gerechtfertigt es war, Miss Tinker mit diesem Tatbestand zu konfrontieren. Doch Owen Glendower gab einen gelangweilten Seufzer von sich und führte ihn weiter, denn ihm war eingefallen, daß Mr. Metropolitan, der großzügige armenische Museumsdirektor und Hauptfinanzier, seinen zweiten Direktionsassistenten gebeten hatte, dem Spielzeugreliquiar am frühen Morgen einen Besuch abzustatten. Im vergangenen Jahr hatte der Nachtwächter am Morgen des ersten Weihnachtstages im viktorianischen Flügel drei Alligatoren tot in einer Blutlache entdeckt.

Auf die Frage, wo die Kadaver wären, hatte der Mann behauptet, er habe sie im Ofen verbrannt, nachdem er den Unglücksort wieder in Ordnung gebracht hatte. Aufgefordert, das Verschwinden einer der schönsten viktorianischen Puppen zu erklären, hatte er sich unwissend gegeben. Metcalfe war beauftragt worden, vorbeizuschauen und mal zu schnuppern, ob der Nachtwächter, wie Mr. Metropolitan es nannte, sein Weihnachtsfläschchen geöffnet hatte.

Die Herkunft des Teddys war klar. Er stammte eindeutig aus dem Mittleren Westen. Von dort nämlich hatte ihn Miss Tinker mitgebracht, als sie nach Osten zog, um bei McTammany's zu arbeiten. Teddy hatte sein Maskottchenleben immer als einsame, brachliegende Zeit empfunden und wartete darauf, daß Miss Tinker heiratete und Kinder bekam, so daß er wieder zum Spielen gebraucht würde. Seine erste Weihnachtsfeier hier im Osten hatte Teddy alleine verbracht, mit den Pfoten in den Taschen auf- und niederfahrend und mit nichts anderem beschäftigt, als mit dem Fuß gegen das Ende eines Teppichs zu treten.

Um sicherzugehen, daß dies nicht wieder vorkam, hatte er

seine Stirn gerunzelt und seine Fähigkeiten der Gedankenübertragung auf Miss Tinkers schlafendes Haupt gelenkt. Am nächsten Morgen erklärte sie beim Toast, sie habe geträumt, den Teddy in eines ihrer Spielzeugweihnachtsfenster miteinzubeziehen. Warum auch nicht? Der perfekte Stempel für ein Tinker-Fenster. Der ausgestopfte Bär war nicht im mindesten überrascht. Die Hälfte der guten Ideen, die Menschen haben, verdanken sie ihren Spielsachen. Woher die andere Hälfte kam, wußte Teddy nicht.

Seitdem hatte Teddy nicht eine einzige langweilige Weihnachtsfeier verbracht. Letztes Jahr war er genau in der Mitte von McTammany's überfülltem Tierfenster gewesen. Schlag Mitternacht war eine Horde von ausgestopften schottischen Zugpferden hereingebrochen. Die Känguruhs hatten die Zapfhähne aus ihren Beuteln gezogen und die alte Geschichte von dem australischen Bier erzählt, das man aus Känguruhhopfen herstellt, und alle hatten sich prächtig amüsiert. Teddy hatte für den Rest des Jahres einen Kater und ein schief hängendes Grinsen.

Nun war wieder Weihnachtsstunde. Als Teddy sich bei der ersten Regung seiner Lebensgeister streckte, fühlte er das knisternde Papier und einengende Schnüre. Seine Pfote fand die Naht der Verpackung, lokalisierte das Ende der Samtschleife und zog. Während in der Ferne schwach das Mitternachtsläuten zu hören war, tauchte er aus seiner Verpackung auf und fand sich zwischen Bergen von Geschenken unter dem Weihnachtsbaum wieder. Weiter hinten im Raum konnte er sehen, wie andere Spielzeuge zum Leben erwachten. Er wollte gerade zu ihnen hinübergehen, als er den gedämpften Ton einer Geige vernahm und innehielt.

Er legte sein Ohr nacheinander an alle Spielzeugdosen und lauschte so lange, bis er die Quelle gefunden hatte. Er nahm das Papier ab. Die Deckelillustration zeigte Nacht und Nebel und einen Torweg aus einer anderen Epoche. Der Name auf dem Laternenpfahl lautete Baker Street. Die Hausnummer war 221 B. Große, deutliche Buchstaben verkündeten: DIE ORIGINAL SHERLOCK HOLMES PUPPE. EINE WEITERE WUNDERBARE KREATION VON DOYLE TOYS.

Teddy öffnete die Schachtel. Die Puppe darin trug eine Jagdmütze und einen Mantel mit Pelerine. Zusätzlich zu Geige und Bogen, welche die Puppe jetzt lächelnd beiseite legte, gab es an weiterer Accessoires ein Vergrößerungsglas, eine Kalebasse-Pfeife und Persianerhausschuhe, in denen mehrere Päckchen mit Shag-Tabak steckten.

»Vielen Dank, verehrter Herr«, sagte Sherlock Holmes und ergriff die von Teddy angebotene Pfote, um sich aus der Schachtel zu befreien. »Ich habe nun schon ich weiß nicht wie viele Weihnachten hinter einem Heizkörper im Lager der Spielzeugabteilung eingezwängt verbracht. Ich bin der einzige Überlebende eines unpopulären und längst vergessenen Geschlechts von Puppen. Ich weiß nicht, wem ich dafür danken darf, hier zu sein.«

»Miss Ivy Tinker brauchte mehr Schachteln unter dem Weihnachtsbaum«, sagte Teddy und stellte sich vor.

»Ursus Arctos Rooseveltii? Das glaube ich kaum«, sagte der Detektiv. »Und ich habe eine anonyme Monographie über ausgestopfte Tiere veröffentlicht.« Er griff nach seinem Vergrößerungsglas und studierte Teddys Augen und die Naht auf seiner Schulter. »Ihre Augen sind französisches Glas, hergestellt von Homard und Sohn. Ihre Nähte sind doppelt gesteppt und werden Englische Nachtigall genannt, weil sie, genau wie der Vogel, nur in England östlich von Severn und südlich von Trent vorkommen.

Homard und Sohn belieferten nur eine einzige Firma in der Gegend, nämlich Tiddicomb und Weams. Diese stellte ausschließlich Plüschbären her. Bei der Geburt des Sohnes von Königin Victoria, Prinz Leopold, im Jahre 1854, beschenkte die Firma das Kind mit einer Nachbildung des House of Lords aus Pappmaché, ausgestattet mit zwölf ausgestopften und mit Auszeichnungen, Hosenbandorden und allen Würden dekorierten Stoffbären, um die Lords spirituell und weltlich zu symbolisieren. Dieses wunderbare Spielzeug stiftete der jugendliche Prinz später für eine Auktion zugunsten der Opfer des großen Brands von Chikago und ist seitdem in Amerika verschwunden. Sie, Teddy, sind ein Bär des Königreichs.«

Dem Teddy schwoll die Brust vor Stolz, und seine Stimme wurde heiser. »Ich habe Miss Tinker geglaubt, als sie sagte, ich sei ein Teddybär. Wir Stofftiere sind ja bekanntermaßen unaufmerksam.«

»Nun, kommen Sie mit, alter Freund«, sagte Holmes und nahm seinen Arm. »Es ist Weihnachtsstunde. Das Spiel ist im Gange. Zeit für einen guten, starken Drink.«

Teddy brauchte nicht gedrängt zu werden. Zusammen spazierten sie unter dem Baum im Takt des Liedes, das der Engel auf der Spitze mit glockenklarer Stimme sang. Denn er verkündete, wie es seiner Natur als Christbaumengel entsprach, während der ganzen Stunde Loblieder.

Plötzlich versperrte ihnen ein Husarenrittmeister den Weg, gefolgt von zwölf Rotmänteln. Mißtrauisch zog der Offizier eine Augenbraue hoch und tippte mit seiner Säbelspitze an Teddys haarige Brust. »Du bist kein Alligator, aber du könntest eine verkleidete Ratte sein«, sagte der Husar mit bedrohlich knirschenden Zähnen.

Teddy schob den Säbel beiseite und brummte so böse, wie es ein Bär aus dem Königreich nur konnte: »Was ich bin, ist ein Bär.«

Von dieser Unnachgiebigkeit beeindruckt, sagte der Offizier: »Du meinst einer von diesen ausgestopften Kerlchen? Dann willkommen bei uns. Hier Rittmeister Rataplan. Wir können jeden, der genug Mumm hat, in diesem verdammten Geschäft gebrauchen.«

»Und was ist das für ein Geschäft, Rittmeister?« fragte Holmes.

»Darüber sollten wir bei einem Drink reden, sobald wir die Umgebung abgesichert haben«, sagte der Rittmeister. »Ich sehe, der alte Kasperle hat seinen Laden geöffnet.«

Holmes' Augen folgten dem Finger des Offiziers, der in Richtung Kaminvorleger zeigte, wo die beiden Handpuppen dabei waren, die Bühne ihres Theaters in eine Bar zu verwandeln. Kasperle polierte mit einem Stofflappen die Theke, während Mariechen Flaschen und Gläser aufstellte.

Doch Teddy konnte seinen Blick nicht von der Ballerina auf

der Spieldose wenden, die nur wenige Zentimeter entfernt stand. Sie besaß die klassischen Merkmale einer Tänzerin, schmaler Kopf, große Augen, lange Beine. Teddy versuchte, ihre Aufmerksamkeit zu erheischen, indem er mit den Ohren wackelte. »Traumhafte Figur«, stimmte Rittmeister Rataplan zu. »Das ist Allegretta. Wir nennen sie Gretta. Sie mag es, so zu tun, als sei ihr alles völlig gleichgültig. Nun, mich stört das nicht an einer Frau. Wer nicht wagt, der nicht gewinnt, he?« Er schnaubte heftig und führte seine Männer davon.

Holmes und Teddy steuerten über den Teppich auf die Bar zu. Als sie an der geschlossenen Schachtel mit dem Teufel darin vorbeikamen, bemerkte Holmes: »Scheint ein Langschläfer zu sein.«

Bei der Ballerina, die einen Fuß in ihren Schoß gelegt hatte und verarztete, blieben sie stehen und stellten sich vor. »Begleiten Sie uns auf einen Drink«, drängte Teddy und wackelte herausfordernd mit seinen Ohren. »Tempus fugit.«

»Ich komme gleich nach, okay?« sagte sie durch ihren Kaugummi. »Junge, tun mir die Füße weh.«

»Nach einem Jahr auf Zehenspitzen wären Füße, die nicht weh tun, ein ziemlich deutliches Indiz«, erwiderte Holmes mit einem Lächeln, das die Ballerina mit einem verdutzten Blick quittierte.

An der Bar wurden sie von Kasperle mit »Was darf es sein, meine Herren?« in einer quiekenden, fledermausartigen Stimme begrüßt.

»Etwas mit einem Schuß aus dem alten Siphon, wenn ich bitten darf«, sagte Holmes. »Ich denke, einen Scotch Whiskey.«

»Ich möchte einen Gibson«, sagte Teddy. Das Laster »Cocktail« hatte sich unter den Geschöpfen, die nur eine einzige Stunde lang im Jahr zum Leben erwachten, rasch verbreitet.

»Wird gemacht, meine Herren«, sagte Kasperle. Doch als er nach dem Scotch griff, rief er über seine Schulter: »Wo gehst du hin, Mariechen?«

»Die Oliven«, quiekte seine Partnerin.

»Zwiebeln für den Gibson, altes Trampel«, schimpfte Kasperle. Er mixte die Drinks und servierte sie ihnen, nachdem Mariechen mit Eis und einer auf einen Eispickel gespießten Zwiebel zurückgekommen war.»Auf Ihr Wohl, meine Herren«, erklärte er und erhob seinen Bierkrug. Als sie miteinander anstießen, drehte sich Kasperle erneut zu Mariechen um und fragte:»Wohin diesmal, altes Trampel?«

»Eine Olive«, antwortete sie und schwenkte den Eispickel.»Da kommt Rittmeister Rataplan und möchte seinen Martooni.«

Der Rittmeister, der ihre Worte gehört hatte, schüttelte den Kopf.»Zuerst meine Männer. Zwölf Becher von dem nußbraunen Ale.« Mariechen steckte den Eispickel in ihre Kitteltasche und begann gehorsam, die Becher zu füllen.

Zu Holmes und seinem Bärgefährten gewandt, sagte Rataplan:»Um noch mal auf die Lage der Alligatoren zurückzukommen, die verdammten Biester ernähren sich das ganze Jahr über von Wanderratten. Wenn die Weihnachtsfeier kommt, sind wir eine willkommene Abwechslung im Speiseplan, und sie werden einen Versuch unternehmen. Kein Problem. Wir können es ihnen mit gleicher Münze heimzahlen. Und die Alligatoren sind eine dumme, verknöcherte Mannschaft.

Aber da sind noch die Ratten. Feige, aber charmant wie Peitschenhiebe. In einem der nächsten Jahre, Gentlemen, werden die Ratten mit den Alligatoren reden und ein Bündnis mit ihnen schließen. Ich sehe eine Armee von Alligatoren auf uns zukommen, und jeder von ihnen hat eine Ratte im Nacken sitzen, die ihm Befehle ins Ohr flüstert. Laßt euch gesagt sein, wenn dieser Tag dämmert, wird das Spielzeug aus dem menschlichen Gedächtnis verschwinden, dicht gefolgt von den Katzen und Hunden.«

»Schreckliche Aussichten, Rittmeister«, sagte Holmes ernst. »Lassen Sie uns hoffen, daß die Ratten niemals auf diese Idee kommen werden.«

Doch als Rataplan mit seinen Bechern auf einem Tablett davonging, verschwand mit ihm auch ein Teil der Schwermut. Nachdem Holmes ein paar Schlucke von seinem Drink genommen hatte, lehnte er sich zurück, die Ellbogen auf den Tresen gestützt, und sagte:»Führende Rattenköpfe rittlings auf Alligatoren oder nicht, Teddy, es ist wunderbar, wieder lebendig zu sein. Ich vermisse nur eine Sache: Ein Geheimnis, das ich lösen kann. Nein, ich bin ein Lügner, Teddy. Zwei Sachen.«

»Und das wäre, Holmes?« fragte Teddy und kaute dabei auf der Zwiebel aus seinem Drink.

Sherlock Holmes antwortete nicht. Er richtete sich auf. »Wenn man vom Teufel spricht!« rief er aus. »Entschuldigen Sie mich bitte einen Moment, alter Freund.« Und indem er seine Jagdmütze abnahm, steuerte er auf das Kniekissen zu, an dem eine Frau stand und ihn anlächelte. Nicht eine Frau, sondern *die* Frau. »Sind Sie es wirklich, Miss Adler? Ich meine, Mrs. Godfrey Norton.« Denn das war der Ehemann der Heldin von *A Scandal in Bohemia*.

»Guten Morgen, Mr. Holmes«, lächelte die Frau. »Ich heiße Irene Adler. Ich habe meinen Künstlernamen wieder angenommen, nachdem ich durch den Tod meines Mannes gezwungen war, auf die Opernbühne zurückzukehren.«

»Gestatten Sie, daß ich Ihnen meinen Arm reiche, Miss Adler«, drängte der Detektiv. »Lassen Sie uns ein wenig beiseite gehen. Ich muß erfahren, wie Sie hierhergekommen sind. Ich war gerade dabei, meinem Freund Teddy zu erklären, daß mir nur zwei Dinge fehlten: Miss Irene Adler und ein gutes Rätsel.«

»In dieser Reihenfolge, Mr. Holmes?«

»In der Tat«, bestätigte der Detektiv.

Irene Adler lachte fröhlich über die Lüge. Dann wählten sie ein Muster im Teppich aus, das sie als Weg benutzten, und gingen zusammen vor zum großen Fenster. »Ich bin aus der Diva-Puppenserie«, erklärte sie. »Jede Puppe ist die Nachbildung einer Primadonna von einem europäischen Opernhaus. Das Museum hat uns auf der Bühne eines viktorianischen Puppen-Opernhauses ausgestellt.

Nun, im vergangenen Jahr war diese fürchterliche Sache, als die Alligatoren direkt zu Beginn der Weihnachtsstunde ausschwärmten und dabei in ihrer widerwärtigen Kloakensprache herumschrien. Wäre nicht Rittmeister Rataplan mit seiner kleinen Truppe von roten Soldaten gewesen, die mit gespreizten Beinen den Gang bewachten, und Kasperle, der sie mit seinen Leuten gedeckt hat, hätte niemand die Zeit gehabt, sich vom Boden weg zu flüchten. Der Rest der viktorianischen Weihnachtsleute suchte auf dem Kniekissen Schutz. Doch in der Aufregung fiel die

Hausherrin des Puppenhauses, Lady Gwendolyn, von einer Ecke hinunter, mitten zwischen die Alligatoren, die sie in einem einzigen Zug verschluckten.«

Holmes und die Frau hatten das Fenster erreicht. Schweigend standen sie da, betrachteten die Dunkelheit hinter der Scheibe und schauten dem Wind zu, wie er den Schnee unter den Straßenlaternen herumwirbelte. Dann sagte Irene Adler: »So bin ich hierhergekommen. Ich wurde ausgewählt, Lady Gwendolyns Platz einzunehmen. Persönlich fand ich die Diva-Weihnachtsfeier mit all den Damen, die sich gegenseitig an die Wand spielen, bedrückend. Ich habe die Gesellschaft von Männern immer bevorzugt.« Sie fuhr fort: »Doch nun erzählen Sie mir, wie sind Sie hierhergekommen?«

Noch ehe der Detektiv antworten konnte, trat Teddy von hinten heran. »Mein lieber Holmes«, sagte er in einem Ton, der wesentlich britischer geworden war, seitdem er wußte, wer seine Vorfahren waren. »Es ist etwas Schreckliches passiert. Mariechen ist ermordet worden.«

Mariechen war mausetot. Es gab deutliche Anzeichen einer ernsthaften Prellung unter ihrem krummen Kinn. Doch der Tod war auf andere Weise eingetreten. Verborgen in den Falten ihres voluminösen Gewands, wie es Handpuppen tragen, fand sich der Griff des Eispickels, der ihr Herz durchbohrt hatte.

Holmes erhob sich, nachdem er die Leiche untersucht hatte, und musterte das erschreckte Spielzeug, das um sie herumstand, einschließlich eines Neuankömmlings, einem jungen Mann mit Narrenkappe und buntem Anzug. Das mußte Jack, der Teufel aus der Schachtel, sein, denn sie stand offen und war leer.

Irene Adler sah bleich aus. »Sind wir Spielzeuge fähig, einen Mord zu begehen?« fragte sie.

»Ja, und ich versichere Ihnen, daß es Gerechtigkeit geben wird. Also, was ist hier passiert?«

Gretta sagte: »Mariechen kam zu Jacks Schachtel gelaufen, kicherte wie eine Gans und quiekte etwas von Oliven. Dann hat es auch schon geknallt.«

»Ich vermute, sie hatte sich über die Schachtel gelehnt, als ich heraussprang, und der Deckel traf sie unter dem Kinn«, erklärte

Jack. »Ein widerlicher Schlag. Er hat sie niedergestreckt. Doch tot war sie nicht. Ich habe Gretta geschickt, ein nasses Tuch zu holen.« Bei diesen Worten brach der junge Mann zusammen und verbarg sein Gesicht in seinen Händen. »O Mariechen, Mariechen, Mariechen«, schluchzte er.

»Als Kasperle und ich mit dem nassen Tuch zurückgelaufen kamen, stand Rittmeister Rataplan schon über sie gebeugt hier«, sagte die Ballerina. »Dann sprang er schnell auf und fing mit Jack an zu streiten.«

»Ich habe gedacht, der Schurke hätte sie geschlagen, Mr. Holmes«, sagte der Husar. »Ich beschuldigte ihn, eine Frau geschlagen zu haben. Nicht, daß ich darüber überrascht gewesen wäre. Der Mann ist ein absoluter Feigling. Das hat er letztes Jahr unter Beweis gestellt, als er sich in seiner Schachtel herumgedrückt hat, während es darum ging, die Alligatoren zurückzuschlagen. Ich gebe zu, ich habe die Nerven verloren und versucht, ihn zu erdrosseln. Doch Kasperle ist von Mariechen, um die er sich kümmerte, aufgesprungen und hat mich weggezogen.«

»Das Tuch fiel von Mariechens Kopf«, sagte Gretta. »Als ich mich über sie beugte, um es ihr wieder aufzulegen, entdeckte ich den Eispickel. Genau zu dem Zeitpunkt kam Ihr ausgestopfter Freund hergelaufen.«

»Ich war auf dem Kniekissen, um einige Tische und Stühle aus dem Haus zu holen«, berichtete Teddy. »Alles, um die Feier schön zu machen. Von dort sah ich den Streit und bin hergerannt.«

»Könnte es vielleicht ein Unfall gewesen sein«, fragte Kasperle. »Wir haben dieses dumme alte Trampel gewarnt, den Eispickel nicht mit sich in der Tasche herumzutragen.«

»Das war kein Unfall«, entgegnete Holmes. Dann hielt er einen Moment gedankenvoll inne. »Gretta«, fragte er, »haben Sie Mariechen untersucht, bevor Sie gelaufen sind, das Tuch zu holen?« Die Ballerina schüttelte den Kopf. »Sie hätte also bereits tot sein können?«

Die junge Frau zuckte die Achseln.

»Und Sie, Rittmeister Rataplan«, fuhr Holmes fort, »könnten

Sie beschwören, daß Mariechen noch lebte, als Sie sich über sie gebeugt haben?«

»Ich habe nur auf die Stelle an ihrem Kinn geschaut und dann bin ich an die Decke gegangen«, gestand der wilde Husar. »Dieser Jack ist ein Emporkömmling.«

»Das können Sie zweimal sagen«, sagte Holmes nachdenklich.

Rataplan wiederholte seinen Satz und fügte hinzu: »Dieser Kerl, dessen Hosenbeine nicht mal die gleiche Farbe haben, besaß die Frechheit, ein Auge auf Lady Gwendolyn zu werfen, die in dem großen Haus auf dem Kniekissen wohnte. Ich hätte nie, niemals um die Gunst einer so feinen Dame geworben.«

Rataplan räusperte sich. »Natürlich ist mein Herz vergeben«, sagte er. Wie bei vielen tapferen Männern, überkam ihn bei diesen Worten ein Anflug von Schüchternheit, und er wendete seine Augen ab. Holmes hatte schnell beobachtet, daß er damit dem unsympathischen Blick der Ballerina ausweichen wollte. Das Gefühlsleben von Spielzeugen, denen nur eine Stunde im Jahr vergönnt ist, ist so offensichtlich wie das bei jungen Menschen in Kriegszeiten.

Holmes blickte zu Kasperle. »Wirt, war Judy bereits tot, oder lebte sie noch, als Sie ihr das Tuch auf die Stirn gelegt haben?«

»Keine Ahnung«, erwiderte der Bucklige. »Ich meine, das Spektakel ging gleich los.«

»Sie waren doch sicherlich mit Mariechen verbunden.«

»Eine rein geschäftliche Beziehung«, beharrte Kasperle. »Ich meine, haben Sie jemals ihre Nase gesehen?«

»Diesbezüglich stehen Sie ihr in nichts nach«, bemerkte Holmes.

»Aber ich muß mich ja nicht selber anschauen«, erwiderte Kasperle schnell. »Und wo wir gerade beim Thema sind, Sie haben selbst so einen Zinken.«

Holmes drehte sich zu Jack um. »Und was für eine Beziehung hatten Sie zu der Verstorbenen?« fragte er.

»Wir brauchen alle irgend jemanden, Mr. Holmes«, antwortete der Schachtelteufel.

»Doch warum genau brauchen Sie jemanden?«

Jack erbleichte. Er legte seine Hand auf den Arm des Detektivs und murmelte:»Könnte ich kurz alleine mit Ihnen sprechen, Mr. Holmes?«

»Wenn Sie etwas deutlicher als bisher werden«, antwortete Holmes.

Die Glöckchen an Jacks Mütze bimmelten, als er schwor, er werde offener sein. Als sie sich ein wenig von den anderen entfernt hatten, sagte Jack:»Sicher wissen Sie, daß ich die Schließvorrichtung von meinem Deckel von innen nicht lösen kann.«

»Mit dem Schachtelteufel-Mechanismus bin ich ziemlich vertraut«, sagte der Detektiv.

»Aber die anderen nicht, wie Sie gesehen haben«, entgegnete Jack.»Das Schloß an meinem Deckel ist defekt. Der Verkehr draußen kann es auslösen, und ich schieße raus. ›Überraschung.‹ Sie denken, ich tue es selber, aber das geht nicht. Bei der Weihnachtsfeier kann ich nicht mal selbst aus der Schachtel kommen. Das ist eine demütigende Situation für ein erwachsenes Spielzeug. Bei meiner ersten Stunde von dem Viktorianischen Weihnachtsfest hatte ich Glück. Eine vorbeiratternde Straßenbahn löste den Mechanismus aus. Doch darauf konnte ich mich nicht verlassen. Ich mußte jemandem mein Geheimnis erzählen. Ich wählte Lady Gwendolyn, weil sie so freundlich und gut war. Danach schlüpfte sie jedes Jahr als erstes zu mir herüber und ließ mich raus.

Im letzten Jahr jedoch griffen die Alligatoren an, und sie kam dabei um. Wirklich, ich wäre immer noch in meiner verdammten Schachtel gewesen, wenn nicht die Alligatoren die Flucht ergriffen hätten und Rataplan angestürmt wäre. Er beschimpfte mich als Feigling und schlug mit seinem verfluchten Säbel auf den Deckel, bis er zufällig aufging. Aber wie sollte es im nächsten Jahr werden? Nun, Mariechen war immer schon ein bißchen verknallt in mich gewesen, und so ergriff ich die Gelegenheit, um ihr die Dinge zu erklären. Sie war diejenige, die sich den Plan mit den Oliven ausgedacht hat. Rataplans Martooni war immer der erste Drink. Sie hatte Kasperle erzählt, sie bewahre die Oliven in meinem Kühlschrank auf.«

»Ihr Geheimnis hat zwei Leuten das Leben gekostet«, sagte der Detektiv.»Das kann kein Zufall sein. Kommen Sie, lassen Sie uns die Angelegenheit klären.«

Sie gingen zu dem wartenden Spielzeug zurück, und Holmes sagte: »Ladies and Gentlemen, Mariechens Mörder ist eine einfallsreiche und entschlußfreudige Person, die ein perfektes Verbrechen begangen hat.«

»Nicht doch, Holmes«, protestierte Teddy, »erzählen Sie uns nicht, Sie stünden vor einem Rätsel.«

»Bedenken Sie mein Dilemma«, sagte Holmes. »Es gibt vier Verdächtige: Jack, Rittmeister Rataplan, Kasperle und Gretta. Alle vier hatten Gelegenheit, sie zu töten. Es gibt keinen Hinweis, welcher von ihnen es war. Ergo, ein perfektes Verbrechen.«

»Und deshalb wird es keine Gerechtigkeit geben, Mr. Holmes«, sagte Irene Adler.

»Aber nicht doch, Miss Adler«, widersprach Holmes. »Natürlich wird es Gerechtigkeit geben. Unser Mörder hat den Fehler gemacht, zwei perfekte Verbrechen zu begehen. Sie alle glauben, daß Lady Gwendolyns tragischer Tod ein Unfall war. In Wirklichkeit war es ein Mord. Jemand hat sie hinuntergestoßen. Das war ein perfektes Verbrechen, und der Mörder wäre unentdeckt geblieben, hätte er nicht ein zweites Mal getötet.

Mariechens Mord, so perfekt die Tat war, weist unfehlbar auf Lady Gwendolyns Mörder. Rataplan und Kasperle kämpften mit den Alligatoren. Jack war in der Schachtel. Von den drei Spielsachen auf dem Kniekissen sind zwei tot. Der Mörder ist eindeutig –« Holmes wollte gerade mit seinem Finger auf den Täter zeigen, als ein Corgi hustete.

Der Weihnachtsengel verstummte und die Spielsachen erstarrten. Ein eulenhafter, selbstgefällig aussehender junger Mann tauchte draußen vor der Fensterscheibe auf.

Teddy murmelte vor sich hin: »Das ist der zweite Direktionsassistent des Spielzeugmuseums, Holmes. Habe ihn einmal getroffen. Irgendein adeliger Wichtigtuer, kennen Sie den nicht? Miss Ivy Tinker hat immer äußerst sarkastisch über ihn gesprochen.«

»Er schaut wie ein Besserwisser aus, alter Kumpel«, flüsterte Holmes, einen flüchtigen Blick wagend. Nach einer Zeit, die ihnen endlos erschien, wurde der Mensch draußen von seinem Hund weggeführt, und Holmes erhob wieder seinen anklagenden Finger.

Doch blitzschnell entriß Gretta dem erstaunten Rataplan den Säbel und schlug ihn mit der flachen Seite zu Boden. Kasperle griff nach ihr, doch er wurde von ihr am Arm verwundet. Jack erbleichte, sprang in seine Schachtel zurück und schloß den Dekkel über sich.

»Alle Ausgänge sind mit Soldaten besetzt. Sie wissen, daß es kein Entkommen gibt«, sagte Holmes ruhig.

»Das werden wir sehen«, erwiderte die Ballerina und bewegte sich langsam in Richtung Weihnachtsbaum, wobei sie die Gruppe mit dem Säbel in Schach hielt. Holmes und Teddy ließen Irene Adler zurück, damit sie sich um die Verwundeten kümmerte, und näherten sich Gretta gerade so weit, wie sie erlaubte.

»Ich habe sie beide getötet, okay?« prahlte sie. »Als das Schicksal Jack und mich zusammenbrachte, habe ich mir geschworen, jeden, der sich zwischen uns stellen würde, zu töten.«

»Es war kein Schicksal«, beharrte Teddy. »Es war der zweite Direktionsassistent.«

Gretta hörte ihn nicht. »Ich wußte, daß Jack irgend etwas mit Lady Gwendolyn hatte«, sagte sie. »Ich habe gesehen, wie sie flüsterten und wie er immer in dem Moment, wenn sie zu ihm kam, aus seiner Schachtel heraussprang. Ich habe auf meine Chance gewartet. Als die Alligatoren hereinbrachen, ergriff ich die Gelegenheit.« Sie war nun direkt unter dem Baum angekommen, blickte sich um und fuhr dann fort: »Doch er machte sofort mit Mariechen weiter. Mariechen – könnt ihr euch das vorstellen? Als sie diese Nacht zur Schachtel herübergetanzt kam, sah ich rot und habe ihr mit meinem Fuß ins Kreuz getreten. Sie fiel geradewegs über den Deckel, genau in dem Moment, als Jack herausgeschossen kam. Ich hatte sie nur warnen wollen. Doch dann, als ich sah, daß ich ungestraft davonkommen würde, sagte ich mir, zum Teufel, was soll's, und schob den Eispickel hinein.«

»Und nun ist das Spiel zu Ende, Gretta«, sagte Holmes.

Mit einem verächtlichen Lächeln steckte die Frau den Säbel zwischen ihre Zähne, sprang auf den Baum hinauf und verschwand.

»Sie glaubt doch wohl nicht, daß sie verschwinden kann, Holmes?« fragte der verblüffte Bär.

»Es gibt nur einen einzigen Weg, das herauszufinden, alter Freund«, antwortete der Detektiv, während er den Baumstamm hinaufkletterte.

»Nun vorwärts und aufwärts«, sagte Teddy, der mit Holzwolle ausgestopft war.

Doch die Verfolgung war alles andere als einfach. Als Gretta auf den Baum geflüchtet war, fing sie an, die Fäden, an denen der hölzerne Weihnachtsschmuck hing, durchzuschneiden, so daß dieser auf ihre Verfolger niedersauste und sie zwang, ständig Schutz zu suchen. Und ihre ausgezeichnete Kondition als Tänzerin erlaubte ihr, sich wie ein Affe von Zweig zu Zweig zu schwingen. Bald hatte sie die Verfolger weit hinter sich gelassen.

»Adios, okay, Mr. Holmes!« rief sie triumphierend.

»Ich bin ein blinder Dummkopf gewesen, Teddy«, sagte der Detektiv und duckte sich, um dem herabfallenden Schmuck auszuweichen. »Sie will den Weihnachtsengel kidnappen und ihn zwingen, sie in die kubanische Mission der Vereinten Nationen zu fliegen.«

»Politisches Asyl?« keuchte Teddy.

»Mehr als das, du dummes Tier!« schrie Gretta, die nun auf der Spitze des Baumes angekommen war und dem Engel die Schneide des Säbels an die Kehle hielt. »Noch ehe diese Nacht die Uhr eins geschlagen hat, werden die Ratten im Keller der Kubanischen Mission von Rataplans großer Angst wissen, weil ich es ihnen nämlich erzähle. Und wenn ihr nächstes Jahr wieder alle lebendig werdet, wird euch eine Horde von Alligatoren mit Reiterratten begrüßen. Nicht mal die Hölle kennt die Wut eines verschmähten Spielzeugs.«

Mit diesem Schrei schwang sie sich auf den Rücken des Engels und klopfte dem Geschöpf mit der Säbelfläche auf die Schenkel. Der Engel schlug seine Flügel und schwebte durch den Raum. Er umkreiste die Spitze des Baumes in einem großen Bogen und führte dann eine Flugrolle aus, auf die Amelia Earhart stolz gewesen wäre. Gretta fiel kopfüber herunter auf den Boden.

Die viktorianische Weihnachtsausstellung war wieder zum Museum zurückgekehrt, wo sie weiterhin viele Menschen anzog. An

Stelle der zerbrochenen Spieldosenballerina, die Metcalfe Mr. Jacoby zum Reparieren gegeben hatte, hatte er eine Schäferin mit einer Samtschleife an ihrem Hirtenstab gesetzt. »Hören Sie, Metcalfe«, sagte der überarbeitete Mr. Jacoby, während er die Puppe in einen schmalen Karton legte und den Deckel mit einem Gummi befestigte. »Das geht ins Regal. Wenn ich in zwanzig Jahren dazu komme, kann ich mich glücklich schätzen.«

Ein neues, weniger schüchternes Mariechen wurde gefunden, und man sagt, daß sie es Kasperle mit gleicher Münze heimzahlt. Und in dem Ohrensessel sitzt Teddy, ausgestattet mit allen Abzeichen eines Ritters des Hosenbandordens. Eine Karte daneben informiert die Welt darüber, daß es sich bei diesem seltenen Bären aus dem Königreich um eine Leihgabe von Miss Ivy Tinker handelt.

Und so kam es zu diesem dramatischen Wechsel. Als Metcalfe in jener Weihnachtsnacht in das Museum kam, erklärte der Nachtwächter, er habe noch mehr Alligatoren gesehen. Metcalfe gab ein kokettes Lachen von sich, das er immer ausstieß, wenn er seine Verachtung zum Ausdruck bringen wollte. Doch als er merkte, daß der Atem des Mannes keinerlei Hinweise auf Alkoholkonsum bot, machte er einen Rundgang, um sich selbst zu überzeugen.

In jedem Winkel des Museums beschlich ihn das unheimliche Gefühl, daß er eine Feierlichkeit unterbrach. Schlimmer noch, jeder Schatten in den Fluren entlang den Wänden nahm eine lurchenhafte Gestalt an, und jedes nächtliche Geräusch, das das Gebäude von sich gab, wurde zu einem scheußlichen Gemurmel. Metcalfe war froh, sich von Owen Glendower wieder nach Hause führen zu lassen. Trotz der späten Stunde war er so unruhig, daß er noch etwas lesen mußte, um Schlaf zu finden. Er entschied sich für eine Monographie über ausgestopfte Spieltiere, die er in einem Second-Hand-Buchladen aufgestöbert hatte.

Als er später am Tag zu McTammany's ging, um seine Unterredung mit Miss Tinker zu führen, verschwand seine Empörung. Er hatte den Englischen Nachtigallenstich und die Glasaugen von Homard und Sohn an Teddy bemerkt. Aufgeregt bat er sie, dem Museum die unschätzbare Antiquität auszuleihen. Sie willigte nicht sofort ein. Sie waren genötigt, dieses Thema während mehrerer Abendessen und zahlreicher Veranstaltungen zu erörtern. Auch durfte Metcalfe sich anhören, wie bedenklich sie es fand, in Fragen der Authentizität zu weit zu gehen. Um zu veranschaulichen, was sie meinte, erzählte sie ihm eines Abends, daß es trotz der unterschiedlichen Epochen, in der die Diva-Puppe und Sherlock Holmes gefertigt worden waren, irgend etwas bei den beiden gäbe, was sie auf wunderbare Weise zusammenpassen ließ. Metcalfe beging den Fehler, sein verächtliches, kokettes Lachen ertönen zu lassen. Daraufhin schwor Miss Tinker, daß sie ihren Teddy nicht eher an das Museum ausleihen und Metcalfe nicht eher wieder eines Blickes würdigen würde, bis die Holmes-Puppe an der Seite von Irene Adler in der viktorianischen Weihnachtsausstellung stünde.

Natürlich behielt Miss Tinker sich ein Besuchsrecht für Teddy vor. Wenn sie und Metcalfe manchmal abends nach Museumsschluß dorthin kamen, brachten sie Owen Glendower mit. Der Corgi mochte sie sehr. Die junge Frau hatte Metcalfe zwar noch nicht alle Ecken abgeschliffen, aber sie war auf dem besten Wege. Und manchmal gingen alle drei noch bei dem immer arbeitenden Mr. Jacoby vorbei. Während eines ihrer Gespräche setzte Mr. Jacoby plötzlich seine Teetasse auf die Werkbank, streichelte seine Katze und sagte: »Wenn wir schon von Authentizität sprechen, Metcalfe, wie wäre es damit? Ich mache aus der kaputten Ballerina-Puppe einen viktorianischen Weihnachtsengel.«

»Großartig«, sagte Metcalfe und machte mit seiner Pfeife eine bewundernde Geste. »Offen gestanden, Mr. Jacoby, ich weiß nicht, wie Sie auf Ihre guten Ideen kommen.«

Bescheiden senkte Mr. Jacoby die Augen. Doch die Katze und Owen Glendower warfen sich einen verschwörerischen Blick zu.

Der Tanz des Räubers Horrificius

Gegen Abend nach der ersten Rast wollte Josef mit den Seinen wieder weiterziehen. Er nahm aber den Esel und ritt voraus hinter einen Hügel, um den Weg zu erkunden. »Es kann doch nicht mehr weit sein bis Ägypten«, dachte er.

Indessen blieb die Muttergottes mit dem Kinde auf dem Schoß allein unter der Staude sitzen, und da geschah es, daß ein gewisser Horrificius des Weges kam, weithin bekannt als der furchtbarste Räuber in der ganzen Wüste. Das Gras legte sich flach vor ihm auf den Boden, die Palmen zitterten und warfen ihm gleich ihre Datteln in den Hut, und noch der stärkste Löwe zog den Schweif ein, wenn er die roten Hosen des Räubers von weitem sah. Sieben Dolche steckten in seinem Gürtel, jeder so scharf, daß er den Wind damit zerschneiden konnte, an seiner Linken baumelte ein Säbel, genannt der krumme Tod, und auf der Schulter trug er eine Keule, die war mit Skorpionsschwänzen gespickt.

»Ha!« schrie der Räuber und riß das Schwert aus der Scheide.

»Guten Abend«, sagte die Mutter Maria. »Sei nicht so laut, er schläft!«

Dem Fürchterlichen verschlug es den Atem bei dieser Anrede, er holte aus und köpfte eine Distel mit dem krummen Tod.

»Ich bin der Räuber Horrificius«, lispelte er, »ich habe tausend Menschen umgebracht...«

»Gott verzeihe dir!« sagte Maria.

»Laß mich ausreden«, flüsterte der Räuber, – »und kleine Kinder wie deines brate ich am Spieß!«

»Schlimm«, sagte Maria. »Aber noch schlimmer, daß du lügst!«

Hierbei kicherte etwas im Gebüsch und der Räuber sprang in die Luft vor Entsetzen, noch nie hatte jemand in seiner Nähe zu lachen gewagt. Es kicherten aber nur die kleinen Engel, im ersten Schreck waren sie alle davongestoben, und nun saßen sie wieder in den Zweigen.

»Fürchtet ihr mich etwa nicht?« fragte der Räuber kleinlaut.

»Ach, Bruder Horrificius«, sagte Maria, »was bist du für ein lustiger Mann!«

Das drang dem Räuber lind ins Herz, denn, die Wahrheit zu sagen, dieses Herz war weich wie Wachs. Als er noch in den Windeln lag, kamen schon die Leute gelaufen und entsetzten sich, »wehe uns«, sagten sie, »sieht er nicht wie ein Räuber aus?« Später kam niemand mehr, sondern jedermann lief davon und warf alles hinter sich, und Horrificius lebte gar nicht schlecht dabei, obwohl er kein Blut sehen und kaum ein Huhn am Spieß braten konnte.

Darum tat es nun dem Fürchterlichen in der Seele wohl, daß er endlich jemand gefunden hatte, der ihn nicht fürchtete.

»Ich möchte deinem Knaben etwas schenken«, sagte der Räuber, »nur habe ich leider nichts als lauter gestohlenes Zeug in der Tasche. Aber wenn es dir gefällt, dann will ich vor ihm tanzen!«

Und es tanzte der Räuber Horrificius vor dem Kinde, und kein lebendes Wesen hatte je dergleichen gesehen. Den krummen Tod hob er über sich gleich der silbernen Sichel des Mondes, die Beine schwang er unterhalb mit der Anmut einer Antilope und so geschwind, daß man sie nicht mehr zählen konnte. Er schleuderte alle sieben Dolche in die Luft und sprang durch den zerschnittenen Wind, gleich einer Feuerzunge wirbelte er wieder herab. So gewaltig und kunstvoll tanzte der Räuber, so überaus prächtig war er anzusehen mit seinen Ohrringen und dem gestickten Gürtel und den Federn auf dem Hut, daß sogar die Jungfrau Maria ein wenig Glanz in die Augen bekam. Auch die Tiere der Wüste schlichen herbei, die königliche Uräusschlange und die Springmaus und der Schakal, alle stellten sich im Kreise auf und klopften mit ihren Schwänzen den Takt in den Sand.

Schließlich sank der Räuber erschöpft zu Füßen Marias nieder und da schlief er auch gleich ein. Josef war längst weitergezogen, als er endlich wieder aufwachte und benommen seines Weges ging. Alsbald merkte er auch, daß ihn niemand mehr fürchtete.

»Er hat ja ein weiches Herz!« erzählte die Springmaus überall. »Vor dem Kinde hat er getanzt«, zischte die Schlange.

Horrificius blieb in der Wüste, er legte seinen fürchterlichen

Namen ab und wurde ein mächtiger Heiliger im Alter, es soll verschwiegen bleiben, wie er im Kalender heißt.

Wenn aber einer von euch etwas zu verbergen hätte und nur sein Herz wäre weich geblieben, so mag er getrost sein. Gott wird ihm dereinst verzeihen um des Kindes willen, wie dem großen Räuber Horrificius.

Robin-Hood-Reim

Am Christabend mußt ich den Bratspieß drehn
Hab die Finger verbrannt, ihr könnts heute noch sehn

Da flogen die Funken von allen Seiten
Da begann der Topf mit dem Löffel zu streiten

Da kam die Sau gesattelt herein
Da lag in der Wiege das Ferkel klein

Da schrie das Geflügel auf dem Küchentisch los
Da gab der Teller dem Napf einen Stoß

Der Teufel sprang hoch wie ein nackter schwarzer Mann
Und schlug mit dem Schwanz ins Bratenfett dann

Er fluchte und hatte nur eines zu sagen
Er wolle sie alle in Fesseln schlagen

Da sprach der Bratspieß zu der Lampe
Und nannte den Wischlappen schmutzige Schlampe

Da sagte der Bratrost: Beim Blut des Herrn
Heut abend hab ich Zank gar nicht gern

Vertragt euch alle und haltet ein
Oder kommt zu mir ich will Richter sein

Weihnachtsbotschaft – Eine Gegenüberstellung

Es begab sich aber zu der Zeit, daß ein Gebot von dem Kaiser Augustus ausging, daß alle Welt geschätzt würde.

Aus dem
Evangelium des Lukas

In jenen Tagen befahl Kaiser Augustus
allen Einwohnern des Reichs,
sich in Steuerlisten eintragen zu lassen.
Es war die erste Volkszählung;
sie wurde durchgeführt,
als Quirinius Statthalter in Syrien war –
und alle brachen auf,
um sich eintragen zu lassen:
jeder ging in seine Heimatstadt.
Auch Joseph zog von Galiläa,
aus der Stadt Nazareth,
nach Judäa hinauf,
in die Stadt Davids, die Betlehem heißt;
denn er stammte aus Davids Haus
und wollte sich eintragen lassen:
zusammen mit Maria,
die seine Braut war
und ein Kind erwartete.
Als sie in Betlehem waren,
kam für sie die Zeit der Niederkunft,
und sie gebar ihren ersten Sohn,
wickelte ihn in Windeln
und legte ihn in eine Krippe im Stall.
Denn im Haus war keine Bleibe für sie.
In ihrer Nähe aber waren in dieser Nacht
Hirten auf dem Feld
und hielten Wache bei ihren Herden:
Da stand auf einmal
ein Engel des Herrn neben ihnen,
und die Hirten ängstigten sich sehr.
Aber der Engel sagte zu ihnen:
»Habt keine Furcht!
Seht, ich verkündige euch,

daß eine große Freude
bald das ganze Volk ergreifen wird;
denn heute wurde euch
in der Stadt Davids
der Retter geboren:
euer Herr, der Messias.
Und dies ist das Zeichen für euch:
Ihr werdet ein Kind finden,
das in Windeln gewickelt
in einer Krippe liegt.«
Plötzlich standen neben dem Engel
die Scharen des himmlischen Heers;
sie priesen Gott und riefen:
»In den Himmeln: Gottes Macht!
Licht! Und Herrlichkeit!
Auf der Erde: Gottes Frieden!
Frieden allen, die er liebt!«

Franz Hohler
Eine Weihnachtsgeschichte

Es begab sich aber, in jener Zeit, da Flavius Cottius Statthalter
von Helvetien war, daß in der Provinz Waadtland die Gemeinde
Vivis, welche in der Sprache ihrer Bewohner Vevey heißt, alle
jungen Bürger und Bürgerinnen von 18 Jahren zusammenrief,
um mit ihnen zu feiern, daß sie nun erwachsen waren. Diese Feier
geschah jährlich zu Beginn des Winters, und der Vorsteher der
Gemeinde pflegte dabei den Jungbürgerinnen und Jungbürgern
nach einem festlichen Abendmahle ihre Stimmrechtsausweise zu
übergeben als Zeichen dafür, daß sie hinfort an den Geschicken
des Landes teilnehmen durften.

Im November des Jahres 1991 nun, somit im 700sten Jahre der
Geschichte des helvetischen Reiches, erschien zu dieser Feier
auch ein schöner junger Mann aus dem Morgenlande. Er war
von schwarzer Hautfarbe, redete aber die Sprache der Provinz
Waadt, und als er seine Einladung vorwies, hielt ihn der Gemeindevorsteher für ein eingebürgertes Mitglied des reichen Helvetien.

Als jedoch der junge Mann aus dem Morgenlande die Speise
der Provinz zu sich nehmen sollte, welche in der Sprache ihrer
Bewohner Fondue genannt wird, fiel dem Gemeindevorsteher
auf, daß dieser keine Kenntnis hatte vom Aufspießen des Brotes
und dem Eintunken der Gabel in das Geschmolzene, und also
setzte er sich zu ihm hin und fragte ihn, ob er dieses Gerichtes
zum erstenmal genösse.

Der junge Mann aus dem Morgenlande sprach, fürwahr, es sei
ihm diese Speise, so herrlich sie ihm scheine, gänzlich fremd, da
er doch in Somalia, dem Lande seiner Herkunft, nie davon gekostet habe, und auch hier nicht, weil er als Flüchtling nach Helvetien gekommen sei, wo er Asyl zu finden hoffe.

Da erschrak der Vorsteher der Gemeinde, und er fragte alsogleich den Büttel, wie dieser junge Schwarze aus dem Morgenlande zu seiner Einladung gekommen wäre, auf der sogar sein
Name richtig geschrieben stand, Ali Mohamoud Hassan.

Der Büttel antwortete und sprach: »O Vorsteher, verzeih, es

muß die Schuld des Computers sein, welcher nur das Datum der Geburt beachtet und diesen da, ohngeachtet seiner Farbe und der Herkunft einlud, sich mit den Helvetiern gleichen Alters an einem Festmahl zu erfreuen.«

Der junge Ali Hassan aus Somalia aber hatte sich schon in Gesprächen mit dem einen oder andern seiner Nachbarn angefreundet und war bereits zum Mittun im Fußballspiele eingeladen worden, dem Spiel, nach dem ihn schon die ganze Zeit gelüstete, seit er in diesem Lande weilte.

Und wahrlich, als der Gemeindevorsteher sah, wie wohl dem fremden Manne war im Kreise der Helvetier, da ward er sehr beschämt. Er ging hin und bat den Herrn um Verzeihung dafür, daß es des Fehlers einer Maschine bedurft hatte, ihn die Liebe zu lehren, und er versprach, fortan zur Feier des Erwachsenwerdens auch die 18jährigen zu laden, die nicht zum Reiche der Helvetier gehören, sondern hier nur Herberge suchen, in kalter Zeit.

Weihnachtslieder

Alle Jahre wieder

1. Alle Jahre wieder
   kommt das Christuskind
   auf die Erde nieder,
   wo wir Menschen sind.

2. Kehrt mit seinem Segen ein in jedes Haus,
   geht auf allen Wegen mit uns ein und aus.

3. Ist auch mir zur Seite still und unerkannt,
   daß es treu mich leite an der lieben Hand.

Friedr. Silcher

Leise rieselt der Schnee

1. Leise rieselt der Schnee,
   still und starr liegt der See,
   weihnachtlich glänzet der Wald,
   freue dich, Christkind kommt bald!

2. In den Herzen ist's warm,
   still schweigt Kummer und Harm,
   sorge des Lebens verhallt,
   freue dich, Christkind kommt bald!

3. Bald ist heilige Nacht,
   chor der Engel erwacht,
   hört nur, wie lieblich es schallt:
   freue dich, Christkind kommt bald!

Eduard Ebel

O du fröhliche

1. O du fröhliche, o du selige,
   gnadenbringende Weihnachtszeit!
   Welt ging verloren, Christ ist geboren;
   freue, freue dich, o Christenheit!

2. O du fröhliche, o du selige,
   gnadenbringende Weihnachtszeit!
   Christ ist erschienen, uns zu versühnen;
   freue, freue dich, o Christenheit!

3. O du fröhliche, o du selige,
   gnadenbringende Weihnachtszeit!
   Himmlische Heere jauchzen dir Ehre.
   Freue, freue dich, o Christenheit!

O Tannenbaum

1. O Tannenbaum, o Tannenbaum,
   wie treu sind deine Blätter!
   Du grünst nicht nur zur Sommerszeit,
   nein auch im Winter, wenn es schneit,
   o Tannenbaum, o Tannenbaum,
   wie treu sind deine Blätter!

2. O Tannenbaum, o Tannenbaum,
   du kannst mir sehr gefallen!
   Wie oft hat nicht zur Weihnachtszeit
   ein Baum von dir mich hocherfreut!
   O Tannenbaum, o Tannenbaum,
   du kannst mir sehr gefallen!

3. O Tannenbaum, o Tannenbaum,
   dein Kleid will mich was lehren:
   Die Hoffnung und Beständigkeit
   gibt Trost und Kraft zu jeder Zeit.
   O Tannenbaum, o Tannenbaum,
   dein Kleid will mich was lehren!

Stille Nacht, heilige Nacht

1. Stille Nacht, heilige Nacht!
   Alles schläft, einsam wacht
   nur das traute hochheilige Paar,
   holder Knabe in lockigem Haar,
   schlaf in himmlischer Ruh,
   schlaf in himmlischer Ruh!

2. Stille Nacht, heilige Nacht!
   Hirten erst kundgemacht;
   durch der Engel Halleluja
   tönt es laut von fern und nah:
   Christ, der Retter ist da,
   Christ, der Retter ist da!

3. Stille Nacht, heilige Nacht!
   Gottes Sohn, o wie lacht
   Lieb aus deinem göttlichen Mund,
   da uns schlägt die rettende Stund,
   Christ, in deiner Geburt,
   Christ, in deiner Geburt!

Franz Gruber

James Krüss
Das Weihnachtslied vom Eselchen

Ich bin ein Esel, alt und schwach,
I-a.
Ich habe in der Heiligen Nacht
Im Stall von Bethlehem gewacht
Und manchmal leis i-a gemacht,
I-a.

Ich war ganz still, wie sich's gehört,
I-a.
Nur manchmal schlug ich mit dem Steert,
Und bei mir standen Ochs und Pferd
Und auch drei Könige hochgelehrt,
I-a.

Das Christkind war so sonderbar,
I-a.
Es zupfte mich an Bart und Haar,
Und einmal rupfte es sogar
Am Bart vom König Balthasar,
I-a.

Dem Joseph, dem gefällt das nicht,
I-a.
Mit ernstem Zimmermannsgesicht
Sieht er das Kindlein an und spricht:
»An Königsbärten zupft man nicht.«
I-a.

Jedoch Maria, seine Frau,
I-a,
Die sagte: »Lieber Joseph, schau,
Nimm's mit dem Kind nicht so genau.
Es ist ja noch nicht groß und schlau.«
I-a.

Und auch die Könige alle drei,
I-a,
Die fanden wirklich nichts dabei
Und schenkten Myrrhe und Salbei
Und rotes Gold dem Kind im Heu.
I-a.

Sie lachten alle drei im Chor,
I-a:
Der Caspar und der Melchior
Und Balthasar, das war ein Mohr,
Der kam mir etwas dunkel vor.
I-a.

Ich bin ein Esel, alt und schwach,
I-a.
Ich habe in der Heiligen Nacht
Im Stall von Bethlehem gewacht
und manchmal leis i-a gemacht.
I-a.

Weihnachten – Geschichten zum Fest

Peter Rosegger
Als ich Christtagsfreude holen ging

In meinem zwölften Lebensjahre wird es gewesen sein, als am Frühmorgen des Christabends mein Vater mich an der Schulter rüttelte: ich solle aufwachen und zur Besinnung kommen, er habe mir was zu sagen. Die Augen waren bald offen, aber die Besinnung! Als ich unter Mithilfe der Mutter angezogen war und bei der Frühsuppe saß, verlor sich die Schlaftrunkenheit allmählich, und nun sprach mein Vater: »Peter, jetzt höre, was ich dir sage. Da nimm einen leeren Sack, denn du wirst was heimtragen. Da nimm meinen Stecken, denn es ist viel Schnee, und da nimm eine Laterne, denn der Pfad ist schlecht und die Stege sind vereist. Du mußt hinabgehen nach Langenwang. Den Holzhändler Spreitzegger zu Langenwang, den kennst du, der ist mir noch immer das Geld schuldig, zwei Gulden und sechsunddreißig Kreuzer für den Lärchenbaum. Ich laß' ihn bitten drum; schön höflich anklopfen und den Hut abnehmen, wenn du in sein Zimmer trittst. Mit dem Geld gehst nachher zum Kaufmann Doppelreiter und kaufst zwei Maßel Semmelmehl und zwei Pfund Rindschmalz, und um zwei Groschen Salz, und das tragst heim.«

Jetzt war aber auch meine Mutter zugegen, ebenfalls schon angekleidet, während meine sechs jüngeren Geschwister noch ringsum an der Wand in ihren Bettchen schliefen. Die Mutter, die redete drein wie folgt: »Mit Mehl und Schmalz und Salz allein kann ich kein Christtagsessen richten. Ich brauch' dazu noch Germ* um einen Groschen, Weinbeerln um fünf Kreuzer, Zucker um fünf Groschen, Safran um zwei Groschen und Neugewürz um zwei Kreuzer. Etliche Semmeln werden auch müssen sein.«

»So kaufst es«, setzte der Vater ruhig bei. »Und wenn dir das Geld zu wenig wird, so bittest den Herrn Doppelreiter, er möcht' die Sachen derweil borgen und zu Ostern, wenn die Kohlenraitung ist, wollt' ich schon fleißig zahlen. Eine Semmel kannst unterwegs selber essen, weil du vor Abend nicht heimkommst. Und

* Bierhefe

jetzt kannst gehen, es wird schon fünf Uhr, und daß du noch die Achte-Messe erlangst zu Langenwang.«

Das war alles gut und recht. Den Sack band mein Vater mir um die Mitte, den Stecken nahm ich in die rechte Hand, die Laterne mit der frischen Unschlittkerze in die linke, und so ging ich davon, wie ich zu jener Zeit in Wintertagen oft davongegangen war. Der durch wenige Fußgeher ausgetretene Pfad war holperig im tiefen Schnee, und es ist nicht immer leicht, nach den Fußstapfen unserer Vorderen zu wandeln, wenn diese zu lange Beine gehabt haben. Noch nicht dreihundert Schritte war ich gegangen, so lag ich im Schnee, und die Laterne, hingeschleudert, war ausgelöscht. Ich suchte mich langsam zusammen und dann schaute ich die wunderschöne Nacht an. Anfangs war sie ganz grausam finster, allmählich hub der Schnee an, weiß zu werden und die Bäume schwarz und in der Höhe war helles Sternengefunkel. In den Schnee fallen kann man auch ohne Laterne, so stellte ich sie seithin unter einen Strauch, und ohne Licht ging's nun besser als vorhin.

In die Talschlucht kam ich hinab, das Wasser des Fresenbachs war eingedeckt mit glattem Eise, auf welchem, als ich über den Steg ging, die Sterne des Himmels gleichsam Schlittschuh liefen. Später war ein Berg zu übersteigen; auf dem Passe, genannt der »Höllkogel«, stieß ich zur wegsamen Bezirksstraße, die durch Wald und Schlag hinabführt in das Mürztal. In diesem lag ein weites Meer von Nebel, in welches ich sachte hineinkam, und die feuchte Luft fing an, einen Geruch zu haben, sie roch nach Steinkohlen; und die Luft fing an, fernen Lärm an mein Ohr zu tragen, denn im Tale hämmerten die Eisenwerke, rollte manchmal ein Eisenbahnzug über dröhnende Brücken.

Nach langer Wanderung ins Tal gekommen zur Landstraße, klingelte Schlittengeschelle, der Nebel war grau und lichter, so daß ich die Fuhrwerke und Wandersleute, die für die Feiertage nach ihren Heimstätten reisten, schon auf kleine Strecken weit sehen konnte. Nachdem ich eine Stunde lang im Tale fortgegangen war, tauchte links an der Straße im Nebel ein dunkler Fleck auf, rechts auch einer, links mehrere, rechts eine ganze Reihe – das Dorf Langenwang.

Alles, was Zeit hatte, ging der Kirche zu, denn der Heilige Abend ist voller Vorahnung und Gottesweihe. Bevor noch die Messe anfing, schritt der hagere gebückte Schulmeister durch die Kirche, musterte die Andächtigen, als ob er jemanden suche. Endlich trat er an mich und fragte leise, ob ich ihm nicht die Orgel melken wolle, es sei der Mesnerbub krank. Voll Stolz und Freude, also zum Dienste des Herrn gewürdigt zu sein, ging ich mit ihm auf den Chor, um bei der heiligen Messe den Blasebalg der Orgel zu ziehen. Während ich die zwei langen Lederriemen abwechselnd aus dem Kasten zog, in welchen jeder derselben allemal wieder langsam hineinkroch, orgelte der Schulmeister, und seine Tochter sang also:

»Tauet, Himmel, den Gerechten,
Wolken, regnet ihn herab!
Also rief in bangen Nächten
Einst die Welt, ein weites Grab.
In von Gott verhaßten Gründen
Herrschten Satan, Tod und Sünden,
Fest verschlossen war das Tor
Zu dem Himmelsreich empor.«

Ferner erinnere ich mich, an jenem Morgen nach dem Gottesdienste in der dämmerigen Kirche vor ein Heiligenbild hingekniet zu sein und gebetet zu haben um Glück und Segen zur Erfüllung meiner bevorstehenden Aufgabe. Das Bild stellte die vierzehn Nothelfer dar – einer wird doch dabei sein, der zur Eintreibung von Schulden behilflich ist. Es schien mir aber, als schiebe während meines Gebetes auf dem Bilde einer sich sachte hinter den andern zurück.

Trotzdem ging ich guten Mutes hinaus in den nebeligen Tag, wo alles emsig war in der Vorbereitung zum Feste, und ging dem Hause des Holzhändlers Spreitzegger zu. Als ich daran war, zur vorderen Tür hineinzugehen, wollte der alte Spreitzegger, soviel ich mir später reimte, durch die hintere Tür entwischen. Es wäre ihm gelungen, wenn mir nicht im Augenblick geschwant hätte: Peter, geh nicht zur vorderen Tür ins Haus wie ein Herr, sei demütig, geh zur hinteren Tür hinein, wie es dem Waldbauernbuben geziemt. Und knapp an der hinteren Türe trafen wir uns.

»Ah, Bübel, du willst dich wärmen gehen«, sagte er mit geschmeidiger Stimme, und deutete ins Haus, »na, geh dich nur wärmen. Ist kalt heut'!« Und wollte davon.

»Mir ist nicht kalt«, antwortete ich, »aber mein Vater laßt den Spreitzegger schön grüßen und bitten ums Geld.«

»Ums Geld? Wieso?« fragte er, »ja richtig, du bist der Waldbauernbub. Bist früh aufgestanden heut', wenn du schon den weiten Weg kommst. Rast nur ab. Und ich lass' deinen Vatter auch schön grüßen und glückliche Feiertage wünschen; ich komm' ohnehin ehzeit* einmal zu euch hinauf, nachher wollen wir schon gleich werden.«

Fast verschlug's mir die Rede, stand doch unser ganzes Weihnachtsmahl in Gefahr vor solchem Bescheid.

»Bitt wohl von Herzen schön ums Geld, muß Mehl kaufen und Schmalz und Salz und ich darf nicht heimkommen mit leerem Sack.«

Er schaute mich starr an. »Du kannst es!« brummte er, zerrte mit zäher Gebärde seine große, rote Brieftasche hervor, zupfte in den Papieren, die wahrscheinlich nicht pure Banknoten waren, zog einen Gulden heraus und sagte: »Na, so nimm derweil das, in vierzehn Tagen wird dein Vater den Rest schon kriegen. Heut' hab' ich nicht mehr.«

Den Gulden schob er mir in die Hand, ging davon und ließ mich stehen.

Ich blieb aber nicht stehen, sondern ging zum Kaufmann Doppelreiter. Dort begehrte ich ruhig und gemessen, als ob nichts wäre, zwei Maßel Semmelmehl, zwei Pfund Rindschmalz, um zwei Groschen Salz, um einen Groschen Germ, um fünf Kreuzer Weinbeerln, um fünf Groschen Zucker, um zwei Groschen Safran und um zwei Kreuzer Neugewürz. Der Herr Doppelreiter bediente mich selbst und machte mir alles hübsch zurecht in Päckchen und Tütchen, die er dann mit Spagat zusammen in ein ein-

---

* bald

ziges Paket band und an den Mehlsack so hing, daß ich das Ding über der Achsel tragen konnte, vorne ein Bündel und hinten ein Bündel.

Als das geschehen war, fragte ich mit einer nicht minder tückischen Ruhe als vorhin, was das alles zusammen ausmache?

»Das macht drei Gulden fünfzehn Kreuzer«, antwortete er mit Kreide und Mund.

»Ja, ist schon recht«, hierauf ich, »da ist derweil ein Gulden, und das andere wird mein Vater, der Waldbauer in Alpel, zu Ostern zahlen.«

Schaute mich der bedauernswerte Mann an und fragt höchst ungleich: »Zu Ostern? In welchem Jahr?«

»Na nächst' Ostern.«

Nun mischte sich die Frau Doppelreiterin, die andere Kunden bediente, drein und sagte: »Laß ihm's nur, Mann, der Waldbauer hat schon öfter auf Borg genommen und nachher allemal ordentlich bezahlt. Laß ihm's nur.«

»Ich laß ihm's ja, werd' ihm's nicht wieder wegnehmen«, antwortete der Doppelreiter. Das war doch ein bequemer Kaufmann! Jetzt fielen mir auch die Semmeln ein, welche meine Mutter noch bestellt hatte.

»Kann man da nicht auch fünf Semmeln haben?« fragte ich.

»Semmeln kriegt man beim Bäcker«, sagte der Kaufmann.

Das wußte ich nun gleichwohl, nur hatte ich mein Lebtag nichts davon gehört, daß man ein paar Semmeln auf Borg nimmt, daher vertraute ich der Kaufmännin, die sofort als Gönnerin zu betrachten war, meine vollständige Zahlungsunfähigkeit an. Sie gab mir zwei bare Groschen für Semmeln, und als sie nun noch beobachtete, wie meine Augen mit den reiffeuchten Wimpern fast unablösbar an den gedörrten Zwetschken hingen, die sie einer alten Frau in den Korb tat, reichte sie mir auch noch eine Handvoll dieser köstlichen Sachen zu: »Unterwegs zum Naschen.«

Nicht lange hernach, und ich trabte mit meinen Gütern reich und schwer bepackt durch die breite Dorfgasse dahin. Überall in den Häusern wurde gemetzgert, gebacken, gebraten, gekellert; ich beneidete die Leute nicht; ich bedauerte sie vielmehr, daß sie nicht ich waren, der mit so großem Segen beladen gen Alpel zog. Das wird morgen ein Christtag werden! Denn die Mutter kann's, wenn sie die Sachen hat. Ein Schwein ist ja auch geschlachtet worden daheim, das gibt Fleischbrühe mit Semmelbrocken, Speckfleck, Würste, Nierenlümperln, Knödelfleisch mit Kren, dann erst die Krapfen, die Zuckernudeln, das Schmalzkoch mit Weinbeerln und Safran! – Die Herrenleut' da in Langenwang haben so was alle Tag, das ist nichts, aber wir haben es im Jahr einmal und kommen mit unverdorbenem Magen dazu, *das* ist was! – Und doch dachte ich auf diesem belasteten Freudenmarsch weniger noch ans Essen, als an das liebe Christkind und sein hochheiliges Fest. Am Abend, wenn ich nach Hause komme, werde ich aus der Bibel davon vorlesen, die Mutter und die Magd Mirzel werden Weihnachtslieder singen; dann, wenn es zehn Uhr wird, werden wir uns aufmachen nach Sankt Kathrein, und in der Kirche die feierliche Christmette begehen bei Glocken, Musik und unzähligen Lichtern. Und am Seitenaltar ist das Krippel aufgerichtet mit Ochs und Esel und den Hirten, und auf dem Berg die Stadt Bethlehem und darüber die Engel, singend: Ehre sei Gott in der Höhe! Und beim Heimgehen werde ich mich nicht wieder verirren, wie dazumal, als mich die Mooswaberl hat müssen heimbringen. – Solche Gedanken trugen mich anfangs wie Flügel. doch als ich eine Weile die schlittenglatte Landstraße dahingegangen war, unter den Füßen den knirschenden Schnee, mußte ich mein Doppelbündel schon einmal wechseln von einer Achsel auf die andere.

In der Nähe des Wirtshauses »Zum Sprengzaun« fuhr mir etwas Vierspänniges vor. Ein leichtes Schlittlein mit vier feurigen, hochaufgefederten Rappen bespannt, auf dem Bock ein Kutscher mit glänzenden Knöpfen und einem Buttenhut. Der Kaiser? Nein, der Herr Wachtler vom Schlosse Hohenwang saß im Schlitten, über und über in Pelze gehüllt und eine Zigarre schmauchend. Ich blieb stehen, schaute dem blitzschnell vorüberrutschenden Zeug eine Weile nach und dachte: Etwas krumm ist es doch eingerichtet auf dieser Welt. Da sitzt ein starker Mann drin und läßt sich hinziehen mit soviel überschüssiger Kraft, und ich vermag mein Bündel kaum zu schleppen.

Mittlerweile war es Mittagszeit geworden. Durch den Nebel war die milchweiße Scheibe der Sonne zu sehen; sie war nicht hoch an dem Himmel hinaufgestiegen, denn um vier Uhr wollte sie ja wieder unten sein, zur langen Christnacht. Ich fühlte in den Beinen manchmal so ein heißes Prickeln, das bis in die Brust heraufstieg, es zitterten mir die Glieder. Nicht weit von der Stelle, wo der Weg nach Alpel abzweigt, stand ein Kreuz mit dem lebensgroßen Bilde des Heilands. Es stand, wie es heute noch steht, an seinem Fuß Johannes und Magdalena, das ganze mit einem Bretterverschlag verwahrt, so daß es wie eine Kapelle war. Vor dem Kreuze auf die Bank, die für kniende Beter bestimmt ist, setzte ich mich nieder, um Mittag zu halten. Eine Semmel, die gehörte mir, meine Neigung zu ihr war so groß, daß ich sie am liebsten in wenigen Bissen verschluckt hätte. Allein das schnelle Schlucken ist nicht gesund, das wußte ich von anderen Leuten, und das langsame Essen macht einen längeren Genuß, das wußte ich schon von mir selber. Also beschloß ich, die Semmel recht gemächlich und bedächtig zu genießen und dazwischen manchmal eine gedörrte Zwetschke zu naschen.

Es war eine sehr köstliche Mahlzeit. Wenn ich heute etwas recht Gutes haben will, was kostet das für außerordentliche Anstrengungen aller Art! Ach, wenn man nie einen Mangel zu leiden hat, wie wird man da arm!

Und wie war ich so reich damals, als ich arm war!

Als ich nach der Mahlzeit mein Doppelbündel wieder auflud, war's ein Spaß mit ihm, flink ging es voran. Nur nicht allzulange. Als ich später in die Bergwälder hinaufkam, und der graue Nebel dicht in den schneebeschwerten Bäumen hing, dachte ich an den Grabler Hansel. Das war ein Kohlenführer, der täglich von Alpel seine Fuhr ins Mürztal lieferte. Wenn er auch heute gefahren wäre! Und wenn er jetzt heimwärts mit dem leeren Schlitten des Weges käme und mir das Bündel auflüde! Und am Ende gar mich selber! Daß es so heiß sein kann im Winter! Mitten in Schnee und Eisschollen schwitzen! Doch morgen wird alle Mühsal vergessen sein. – Derlei Gedanken und Vorstellungen verkürzten mir unterwegs die Zeit.

Auf einmal roch ich starken Tabakrauch. Knapp hinter mir

ging – ganz leise auftretend – der grüne Kilian. Der Kilian war früher einige Zeit lang Forstgehilfe in den gewerkschaftlichen Waldungen gewesen, jetzt war er's nicht mehr, wohnte mit seiner Familie in einer Hütte drüben in der Fischbacher Gegend, man wußte nicht recht, was er trieb. Nun ging er nach Hause. Er hatte einen Korb auf dem Rücken, an dem er nicht schwer zu tragen schien, sein Gewand war noch ein jägermäßiges, aber hübsch abgetragen, und sein schwarzer Vollbart ließ nicht viel sehen von seinem etwas fahlen Gesicht. Als ich ihn bemerkt hatte, nahm er die Pfeife aus dem Mund, lachte laut und sagte: »Wo schiebst denn hin, Bub?«

»Heim zu«, war meine Antwort.

»Was schleppst denn?«

»Sachen für den Christtag.«

»Gute Sachen? Der Tausend sapperment! Wem gehörst denn zu?«

»Dem Waldbauer.«

»Zum Waldbauer willst gar hinauf! Da mußt gut antauchen.«

»Tu's schon«, sagte ich und tauchte an.

»Nach einem solchen Marsch wirst gut schlafen bei der Nacht«, sprach der Kilian, mit mir gleichen Schritt haltend.

»Heut wird nicht geschlafen bei der Nacht, heut' ist Christnacht.«

»Was willst denn sonst tun, als schlafen bei der Nacht?«

»Nach Kathrein in die Mette gehen.«

»Nach Kathrein?« fragte er, »den weiten Weg?«

»Um zehn Uhr abends gehen wir von Haus fort und um drei Uhr früh sind wir wieder daheim.«

Der Kilian biß in sein Pfeifenrohr und sagte: »Na hörst du, da gehört viel Christentum dazu. Beim Tag ins Mürztal und bei der Nacht in die Mette nach Kathrein! Soviel Christentum hab' ich nicht, aber das sage ich dir doch: wenn du dein Bündel in meinen Buckelkorb tun willst, daß ich es dir eine Zeitlang trag' und du dich ausrasten kannst, so hast ganz recht, warum soll der alte Esel nicht auch einmal tragen!«

Damit war ich einverstanden, und während mein Bündel in

seinen Korb sank, dachte ich: Der grüne Kilian ist halt doch ein besserer Mensch als man sagt.

Dann rückten wir wieder an, ich huschte frei und leicht neben ihm her.

»Ja, ja, die Weihnachten!« sagte der Kilian pfauchend, »da geht's halt drunter und rüber. Da reden sich die Leut' in eine Aufregung und Frömmigkeit hinein, die gar nicht wahr ist. Im Grund ist der Christtag wie jeder andere Tag, nicht einen Knopf anders. Der Reiche, ja, der hat jeden Tag Christtag, unsereiner hat jeden Tag Karfreitag.«

»Der Karfreitag ist auch schön«, war meine Meinung.

»Ja, wer genug Fische und Butter und Eier und Kuchen und Krapfen hat zum Fasten!« lachte Kilian.

Mir kam sein Reden etwas heidentümlich vor. Doch was er noch weiters sagte, das verstand ich nicht mehr, denn er hatte angefangen, sehr heftig zu gehen, und ich konnte nicht recht nachkommen. Ich rutschte auf dem glitschigen Schnee mit jedem Schritt ein Stückchen zurück, der Kilian hatte Fußeisen angeschnallt, hatte lange Beine, war nicht abgemattet – da ging's freilich voran.

»Herr Kilian!« rief ich.

Er hörte es nicht. Der Abstand zwischen uns wurde immer größer, bei Wegbiegungen entschwand er mir manchmal ganz aus den Augen, um nachher wieder in größerer Entfernung, halb schon von Nebeldämmerung verhüllt, aufzutauchen. Jetzt wurde mir bang um mein Bündel. Kamen wir ja doch schon dem Höllkogel nahe. Das ist jene Stelle, wo der Weg nach Alpel und der Weg nach Fischbach sich gabeln. Ich hub an zu laufen; im Angesicht der Gefahr war alle Müdigkeit dahin, ich lief wie ein Hündlein und kam ihm näher. Was wollte ich aber anfangen, wenn ich ihn eingeholt hätte, wenn ihm der Wille fehlte, die Sachen herzugeben, und mir die Kraft, sie zu nehmen? Das kann ein schönes Ende werden mit diesem Tage, denn die Sachen lasse ich nicht im Stich, und sollte ich ihm nachlaufen müssen bis hinter den Fischbacher Wald zu seiner Hütte!

Als wir beide so merkwürdig schnell vorwärts kamen, holten wir ein Schlittengespann ein, das vor uns mit zwei grauen Ochsen und einem schwarzen Kohlenführer langsam des Weges schliff. Der Grabler Hansel. Mein grüner Kilian wollte schon an dem Gespann vorüberhuschen, da schrie ich von hinten her aus Leibeskräften:»Hansel! Hansel! Sei so gut, leg mir meine Christtagssachen auf den Schlitten, der Kilian hat sie im Korb und er soll sie dir geben!«

Mein Geschrei muß wohl sehr angstvoll gewesen sein, denn der Hansel sprang sofort von seinem Schlitten und nahm eine tatbereite Haltung an. Und wie der Kilian merkte, ich hätte hier einen Bundesgenossen, riß er sich den Korb vom Rücken und schleuderte das Bündel auf den Schlitten. Noch knirschte er etwas von »dummen Bären« und »Undankbarkeit«, dann war er auch schon davon.

Der Hansel rückte das Bündel zurecht und fragte, ob man sich draufsetzen dürfe. Das bat ich, nicht zu tun.

So tat er's auch nicht, wir setzten uns hübsch nebeneinander auf den Schlitten, und ich hielt auf dem Schoß sorgfältig mit beiden Händen die Sachen für den Christtag. So kamen wir endlich nach Alpel. Als wir zur ersten Fresenbrücke gekommen waren, sagte der Hansel zu den Ochsen:»Oha!« und zu mir: »So!« Die Ochsen verstanden und blieben stehen, ich verstand nicht und blieb sitzen. Aber nicht mehr lange, es war ja zum Aussteigen, denn der Hansel mußte links in den Graben hinein und ich rechts den Berg hinauf.

»Dank dir's Gott, Hansel!«

»Ist schon gut, Peterl.«

Zur Zeit, da ich mit meiner Last den steilen Berg hinanstieg gegen mein Vaterhaus, begann es zu dämmern und zu schneien. Und zuletzt war ich doch daheim.

»Hast alles?« fragte die Mutter am Kochherd mir entgegen.

»Alles!«

»Brav bist. Und hungrig wirst sein.«

Beides ließ ich gelten. Sogleich zog die Mutter mir die klinghart gefrorenen Schuhe von den Füßen, denn ich wollte, daß sie frisch eingefettet würden für den nächtlichen Mettengang. Dann setzte ich mich in der warmen Stube zum Essen.

Aber siehe, während des Essens geht es zu Ende mit meiner

Erinnerung. – Als ich wieder zu mir kam, lag ich wohlausgeschlafen in meinem warmen Bette, und zum kleinen Fenster herein schien die Morgensonne des Christtages.

WOLFDIETRICH SCHNURRE
Die Leihgabe

Am meisten hat Vater sich jedesmal zu Weihnachten Mühe gegeben. Da fiel es uns allerdings auch besonders schwer, drüber wegzukommen, daß wir arbeitslos waren. Andere Feiertage, die beging man oder man beging sie nicht; aber auf Weihnachten lebte man zu, und war es erst da, dann hielt man es fest; und die Schaufenster, die brachten es ja oft noch nicht mal im Januar fertig, sich von ihren Schokoladenweihnachtsmännern zu trennen.

Mir hatten es vor allem immer die Zwerge und Kasperles angetan. War Vater dabei, sah ich weg; aber das fiel meist mehr auf, als wenn man hingesehen hätte; und so fing ich dann allmählich doch wieder an, in die Läden zu gucken.

Vater war auch nicht gerade unempfindlich gegen die Schaufensterauslagen, er konnte sich nur besser beherrschen. Weihnachten, sagte er, wäre das Fest der Freude; das Entscheidende wäre jetzt nämlich: nicht traurig zu sein; auch dann nicht, wenn man kein Geld hätte. »Die meisten Leute«, sagte Vater, »sind bloß am ersten und zweiten Feiertag fröhlich und vielleicht nachher zu Silvester noch mal. Das genügt aber nicht; man muß mindestens schon einen Monat vorher mit Fröhlichsein anfangen. Zu Silvester«, sagte Vater, »da kannst du dann getrost wieder traurig sein; denn es ist nie schön, wenn ein Jahr einfach so weggeht. Nur jetzt, so vor Weihnachten, da ist es unangebracht, traurig zu sein.«

Vater selber gab sich auch immer große Mühe, nicht traurig zu sein um diese Zeit; doch er hatte es aus irgendeinem Grund da schwerer als ich; wahrscheinlich deshalb, weil er keinen Vater mehr hatte, der ihm dasselbe sagen konnte, was er mir immer sagte.

Es wäre bestimmt auch alles leichter gewesen, hätte Vater

noch seine Stelle gehabt. Er hätte jetzt sogar wieder als Hilfspräparator gearbeitet; aber sie brauchten keine Hilfspräparatoren im Augenblick. Der Direktor hatte gesagt, aufhalten im Museum könnte Vater sich gern, aber mit Arbeit müßte er warten, bis bessere Zeiten kämen.

»Und wann, meinen Sie, ist das?« hatte Vater gefragt.

»Ich möchte Ihnen nicht weh tun«, hatte der Direktor gesagt.

Frieda hatte mehr Glück gehabt; sie war in einer Großdestille am Alexanderplatz als Küchenhilfe eingestellt worden und war dort auch gleich in Logis. Uns war es ganz angenehm, nicht dauernd mit ihr zusammenzusein; sie war jetzt, wo wir uns nur mittags und abends mal sahen, viel netter.

Aber im Grunde lebten auch wir nicht schlecht. Denn Frieda versorgte uns reichlich mit Essen, und war es zu Hause kalt, dann gingen wir ins Museum rüber; und wenn wir uns alles angesehen hatten, lehnten wir uns unter dem Dinosauriergerippe an die Heizung, sahen aus dem Fenster und fingen mit dem Museumswärter ein Gespräch über Kaninchenzucht an.

An sich war das Jahr also durchaus dazu angetan, in Ruhe und Beschaulichkeit zu Ende gebracht zu werden. Wenn Vater sich nur nicht solche Sorgen um einen Weihnachtsbaum gemacht hätte. Es kam ganz plötzlich.

Wir hatten eben Frieda aus der Destille abgeholt und sie nach Hause gebracht und uns hingelegt, da klappte Vater den Band »Brehms Tierleben« zu, in dem er abends immer noch las, und fragte zu mir rüber: »Schläfst du schon?«

»Nein«, sagte ich, denn es war zu kalt zum Schlafen.

»Mir fällt eben ein«, sagte Vater, »wir brauchen ja einen Weihnachtsbaum.« Er machte eine Pause und wartete auf meine Antwort.

»Findest du?« sagte ich.

»Ja«, sagte Vater, »und zwar so einen richtigen, schönen; nicht so einen murkligen, der schon umkippt, wenn man bloß mal eine Walnuß dranhängt.«

Bei dem Wort Walnuß richtete ich mich auf. Ob man nicht vielleicht auch ein paar Lebkuchen kriegen könnte zum Dranhängen?

Vater räusperte sich. »Gott...« sagte er. »Warum nicht; mal mit Frieda reden.«

»Vielleicht«, sagte ich, »kennt Frieda auch gleich jemand, der uns einen Baum schenkt.«

Vater bezweifelte das. Außerdem: So einen Baum, wie er ihn sich vorstellte, den verschenkte niemand, der wäre ein Reichtum, ein Schatz wäre der.

Ob er vielleicht eine Mark wert wäre, fragte ich.

»Eine Mark...!« Vater blies verächtlich die Luft durch die Nase. »Mindestens zwei.«

»Und wo gibt's ihn?«

»Siehst du«, sagte Vater, »das überleg ich auch gerade.«

»Aber wir können ihn doch gar nicht kaufen«, sagte ich; »zwei Mark – wo willst du die denn jetzt hernehmen?«

Vater hob die Petroleumlampe auf und sah sich im Zimmer um. Ich wußte, er überlegte, ob sich vielleicht noch was ins Leihhaus bringen ließe; es war aber schon alles drin, sogar das Grammophon, bei dem ich so geheult hatte, als der Kerl hinter dem Gitter mit ihm weggeschlurft war.

Vater stellte die Lampe wieder zurück und räusperte sich. »Schlaf mal erst; ich werde mir den Fall durch den Kopf gehen lassen.«

In der nächsten Zeit drückten wir uns bloß immer an den Weihnachtsbaumverkaufsständen herum. Baum auf Baum bekam Beine und lief weg; aber wir hatten noch immer keinen.

»Ob man nicht doch...?« fragte ich am fünften Tag, als wir gerade wieder im Museum unter dem Dinosauriergerippe an der Heizung lehnten.

»Ob man was?« fragte Vater scharf.

»Ich meine, ob man nicht doch versuchen sollte, einen gewöhnlichen Baum zu kriegen?«

»Bist du verrückt?!« Vater war empört. »Vielleicht so einen Kohlstrunk, bei dem man nachher nicht weiß, soll es ein Handfeger oder eine Zahnbürste sein? Kommt gar nicht in Frage.«

Doch was half es; Weihnachten kam näher und näher. Anfangs waren die Christbaumwälder in den Straßen noch aufgefüllt worden; aber allmählich lichteten sie sich, und eines Nach-

144

mittags waren wir Zeuge, wie der fetteste Christbaumverkäufer vom Alex, der Kraftriemen-Jimmy, sein letztes Bäumchen, ein wahres Streichholz von einem Baum, für drei Mark fünfzig verkaufte, aufs Geld spuckte, sich aufs Rad schwang und wegfuhr.

Nun fingen wir doch an, traurig zu werden. Nicht schlimm; aber immerhin, es genügte, daß Frieda die Brauen noch mehr zusammenzog, als sie es sonst schon zu tun pflegte, und daß sie uns fragte, was wir denn hätten.

Wir hatten uns zwar daran gewöhnt, unseren Kummer für uns zu behalten, doch diesmal machten wir eine Ausnahme, und Vater erzählte es ihr.

Frieda hörte aufmerksam zu. »Das ist alles?«

Wir nickten

»Ihr seid aber komisch«, sagte Frieda, »wieso geht ihr denn nicht einfach in den Grunewald einen klauen?«

Ich habe Vater schon häufig empört gesehen, aber so empört wie an diesem Abend noch nie. Er war kreidebleich geworden. »Ist das dein Ernst?« fragte er heiser.

Frieda war sehr erstaunt. »Logisch«, sagte sie; »das machen doch alle.«

»Alle...!« echote Vater dumpf.

»Alle...!« Er erhob sich steif und nahm mich bei der Hand. »Du gestattest wohl«, sagte er darauf zu Frieda, »daß ich erst den Jungen nach Hause bringe, ehe ich dir hierauf die gebührende Antwort erteile.«

Er hat sie ihr niemals erteilt. Frieda war vernünftig; sie tat so, als ginge sie auf Vaters Zimperlichkeit ein, und am nächsten Tag entschuldigte sie sich.

Doch was nützte das alles; einen Baum, gar einen Staatsbaum, wie Vater ihn sich vorstellte, hatten wir deshalb noch lange nicht.

Aber dann – es war der dreiundzwanzigste Dezember, und wir hatten eben wieder unseren Stammplatz unter dem Dinosauriergerippe bezogen – hatte Vater die große Erleuchtung.

»Haben Sie einen Spaten?« fragte er den Museumswärter, der neben uns auf seinem Klappstuhl eingenickt war.

»Was habe ich?!« rief der und fuhr auf.

»Einen Spaten, Mann«, sagte Vater ungeduldig; »ob Sie einen Spaten haben.«

Ja, den hätte er schon.

Ich sah unsicher an Vater empor. Er sah jedoch leidlich normal aus; nur sein Blick schien mir eine Spur unsteter zu sein als sonst.

»Gut«, sagte er jetzt; »wir kommen heute mit Ihnen nach Hause, und Sie borgen ihn uns.«

Was er vorhatte, erfuhr ich erst in der Nacht.

»Los«, sagte Vater und schüttelte mich, »steh auf!«

Ich kroch schlaftrunken über das Bettgitter. »Was ist denn bloß los?«

»Paß auf«, sagte Vater und blieb vor mir stehen: »Einen Baum stehlen, das ist gemein; aber sich einen borgen, das geht.«

»Borgen…?« fragte ich blinzelnd.

»Ja«, sagte Vater. »Wir gehen jetzt in den Friedrichshain und graben eine Blautanne aus. Zu Hause stellen wir sie in die Wanne mit Wasser, feiern morgen dann Weihnachten mit ihr, und nachher pflanzen wir sie wieder am selben Platz ein. Na…?« Er sah mich durchdringend an.

»Eine wunderbare Idee«, sagte ich.

Summend und pfeifend gingen wir los; Vater den Spaten auf dem Rücken, ich einen Sack unter dem Arm. Hin und wieder hörte Vater auf zu pfeifen, und wir sangen zweistimmig »Morgen, Kinder, wird's was geben« und »Vom Himmel hoch, da komm ich her«. Wie immer bei solchen Liedern hatte Vater Tränen in den Augen, und auch mir war schon ganz feierlich zumute.

Dann tauchte vor uns der Friedrichshain auf, und wir schwiegen. Die Blautanne, auf die Vater es abgesehen hatte, stand inmitten eines strohgedeckten Rosenrondells. Sie war gut anderthalb Meter hoch und ein Muster an ebenmäßigem Wuchs.

Da der Boden nur dicht unter der Oberfläche gefroren war, dauerte es auch gar nicht lange, und Vater hatte die Wurzeln freigelegt. Behutsam kippten wir den Baum darauf um, schoben ihn mit den Wurzeln in den Sack, Vater hing seine Joppe über das Ende, das raussah, wir schippten das Loch zu, Stroh wurde drübergestreut, Vater lud sich den Baum auf die Schulter, und wir gingen nach Hause. Hier füllten wir die große Zinkwanne mit Wasser und stellten den Baum rein.

Als ich am nächsten Morgen aufwachte, waren Vater und Frieda schon dabei, ihn zu schmücken. Er war jetzt mit Hilfe einer Schnur an der Decke befestigt, und Frieda hatte aus Stanniolpapier allerlei Sterne geschnitten, die sie an seinen Zweigen aufhängte; sie sahen sehr hübsch aus. Auch einige Lebkuchenmänner sah ich hängen.

Ich wollte den beiden den Spaß nicht verderben; daher tat ich so, als schliefe ich noch. Dabei überlegte ich mir, wie ich mich für ihre Nettigkeit revanchieren könnte.

Schließlich fiel es mir ein: Vater hatte sich einen Weihnachtsbaum geborgt, warum sollte ich es nicht fertigbringen, mir über die Feiertage unser verpfändetes Grammophon auszuleihen? Ich tat so, als wachte ich eben erst auf, bejubelte vorschriftsmäßig den Baum, und dann zog ich mich an und ging los.

Der Pfandleiher war ein furchtbarer Mensch; schon als wir zum erstenmal bei ihm gewesen waren und Vater ihm seinen Mantel gegeben hatte, hätte ich dem Kerl sonst was zufügen mögen; aber jetzt mußte man freundlich zu ihm sein.

Ich gab mir auch große Mühe. Ich erzählte ihm was von zwei Großmüttern und »gerade zu Weihnachten« und »letzter Freude auf alte Tage« und so, und plötzlich holte der Pfandleiher aus und haute mir eine herunter und sagte ganz ruhig: »Wie oft du sonst schwindelst, ist mir egal; aber zu Weihnachten wird die Wahrheit gesagt, verstanden?«

Darauf schlurfte er in den Nebenraum und brachte das Grammophon an.

»Aber wehe, ihr macht was an ihm kaputt! Und nur für drei Tage! Und bloß, weil du's bist!«

Ich machte einen Diener, daß ich mir fast die Stirn an der Kniescheibe stieß; dann nahm ich den Kasten unter den einen, den Trichter unter den anderen Arm und rannte nach Hause.

Ich versteckte beides erst mal in der Waschküche. Frieda allerdings mußte ich einweihen, denn die hatte die Platten; aber Frieda hielt dicht.

Mittags hatte uns Friedas Chef, der Destillenwirt, eingeladen.

Es gab eine tadellose Nudelsuppe, anschließend Kartoffelbrei mit Gänseklein. Wir aßen, bis wir uns kaum noch erkannten, darauf gingen wir, um Kohlen zu sparen, noch ein bißchen ins Museum zum Dinosauriergerippe; und am Nachmittag kam Frieda und holte uns ab.

Zu Hause wurde geheizt. Dann packte Frieda eine Riesenschüssel voll übriggebliebenem Gänseklein, drei Flaschen Rotwein und einen Quadratmeter Bienenstich aus, Vater legte für mich seinen Band »Brehms Tierleben« auf den Tisch und im nächsten unbewachten Augenblick lief ich in die Waschküche runter, holte das Grammophon rauf und sagte Vater, er sollte sich umdrehen.

Er gehorchte auch; Frieda legte die Platten raus und steckte die Lichter an, und ich machte den Trichter fest und zog das Grammophon auf.

»Kann ich mich umdrehen?« fragte Vater, der es nicht mehr aushielt, als Frieda das Licht ausgeknipst hatte.

»Moment«, sagte ich; »dieser verdammte Trichter – denkst du, ich krieg das Ding fest?«

Frieda hüstelte.

»Was denn für ein Trichter?« fragte Vater.

Aber da ging es schon los. Es war »Ihr Kinderlein kommet«; es knarrte zwar etwas, und die Platte hatte wohl auch einen Sprung, aber das machte nichts. Frieda und ich sangen mit, und da drehte Vater sich um. Er schluckte erst und zupfte sich an der Nase, aber dann räusperte er sich und sang auch mit. Als die Platte zu Ende war, schüttelte wir uns die Hände, und ich erzählte Vater, wie ich das mit dem Grammophon gemacht hatte.

Er war begeistert. »Na…?« sagte er nur immer wieder zu Frieda und nickte dabei zu mir rüber: »Na…?«

Es wurde ein sehr schöner Weihnachtsabend. Erst sangen und spielten wir die Platten durch; dann spielten wir sie noch mal ohne Gesang; dann sang Frieda noch mal alle Platten allein; dann sang sie mit Vater noch mal, und dann aßen wir und tranken den Wein aus, und darauf machten wir noch ein bißchen Musik; und dann brachten wir Frieda nach Hause und legten uns auch hin.

Am nächsten Morgen blieb der Baum noch aufgeputzt stehen. Ich durfte liegenbleiben, und Vater machte den ganzen Tag Grammophonmusik und pfiff zweite Stimme dazu.

Dann, in der folgenden Nacht, nahmen wir den Baum aus der Wanne, steckten ihn, noch mit den Stanniolpapiersternen geschmückt, in den Sack und brachten ihn zurück in den Friedrichshain. Hier pflanzten wir ihn wieder in sein Rosenrondell. Darauf traten wir die Erde fest und gingen nach Hause. Am Morgen brachte ich dann auch das Grammophon weg.

Den Baum haben wir noch häufig besucht; er ist wieder angewachsen. Die Stanniolpapiersterne hingen noch eine ganze Weile in seinen Zweigen, einige sogar bis in den Frühling.

Vor ein paar Monaten habe ich mir den Baum wieder mal angesehen. Er ist jetzt gute zwei Stock hoch und hat den Umfang eines mittleren Fabrikschornsteins. Es mutet merkwürdig an, sich vorzustellen, daß wir ihn mal zu Gast in unserer Wohnküche hatten.

KARL VALENTIN
Das Christbaumbrettl

Eine armselige Stube. Durch das große Fenster in der Mitte hat man Aussicht auf eine herrliche Frühlingslandschaft mit blühenden Bäumen. In buntem Durcheinander steht der Hausrat umher: ein Kinderdreirad an der Rückwand, mit einem alten Sack zugedeckt, eine Kommode mit zerbrochenem Geschirr, ein Grammophon, ein alter eiserner Ofen, eine Küchenuhr, billige Öldrucke und eine Zugposaune, ein Tischtelefon, Tintenlöscher, Strickzeug etc. Daß ein Festtag ist, erkennt man an der lecker aussehenden Schaumtorte, die auf einem Stuhl neben dem Kleiderschrank steht. Die Abenddämmerung fällt allmählich ein. Ehe sich der Vorhang hebt, hört man das Grammophon O du fröhliche, o du selige, gnadenbringende Weihnachtszeit *spielen.*

DIE MUTTER *(Liesl Karlstadt) sitzt in einem ärmlichen Hauskleid und mit einer blauen Schürze in Fleckerlschuhen an einem kleinen runden Tisch in der Mitte der Bühne unter der altmodischen Petroleumhängelampe;*

sie hat weinend den Kopf in die Hände gestützt: Die Weihnachtsglokken läuten; o hätte ich nie mehr diesen Tag erlebt. Ich kann keine Freude mehr haben. Mein Sohn, mein Alfred, er ist ja nicht mehr bei mir, er ist hinausgezogen in ein fernes Land, aus dem er wohl nie wieder zurückkehren wird. Ach, Alfred, warum hast du mir das angetan! Er ist nach Oberammergau gegangen, er wollte Fremdenführer werden; aber als er hinkam nach Oberammergau, waren die Passionsspiele bereits schon lange beendet. Ach, Alfred, was Blöderes hätte dir gar nimmer einfallen können. Die alten Augen sind müde vor Weinen, und das Bild ist schon so verstaubt, ich kann ihn gar nicht mehr sehen! Pfui! *Sie spuckt auf das Bild und wischt es mit dem Taschentuch ab.* So, jetzt ist es besser, jetzt schaut er wieder so frisch in die Welt, daß man seine Freude daran haben kann. *Sie wirft das Bild ein paarmal in die Höhe.* Ach ja! *Sie zündet sich eine Zigarre an.* Wo nur mein Mann so lange bleibt? Mein guter Mann – diesen langweiligen Uhu habe ich heute auf den Viktualienmarkt geschickt, daß er ein Christbäumchen heimbringt für die kleinen Kinder, und nun kommt er so lange nicht heim. Ich glaub, daß er gar nimmer heimfindet, der alte Depp. Es wird ihm wohl nichts passiert sein. Es ist schon so spät, die Sonne muß auch schon bald aufgehen. Eins – zwei – drei – aha, da ham ma's schon. Ich muß doch nachschaun, wo er sich momentan wieder herumtreibt. *Sie nimmt das Telefon.* Sebastian, wo bist du denn augenblicklich? So, am Viktualienmarkt gehst du grad? – Hast schon ein Christbäumchen? – Dann ist's schon recht – geh nur glei heїm! Gib Obacht, wenn du über die Straße gehst, daß dich keine Frau überfährt mit'n Kinderwagl. *Es klopft.* Ja, herein! Also, adje, Sebastian, komm nur gleich! – Ich wart auf dich – grüß dich Gott, Sebastian! *Es klopft.* Ja, herein! *Sie legt den Hörer auf. Im selben Moment kommt der Vater (Karl Valentin) mit dem Christbaum herein. Er trägt einen zerschlissenen Havelock mit zwei großen, auffallend künstlichen Schneepaketen auf den Schultern, Brille, Hut, Fäustlinge und einen Christbaum.* Ah, da ist er ja! Im Moment hab ich mit dir noch telefoniert, und jetzt bist du schon da!

Der Vater: Ja, i hab glei einghängt und bin glei hergelaufen.

Die Mutter: Das ist recht – da hast ja's Bäumerl, ah der is nett – wunderschön.

DER VATER: No ja, kindisch ist er halt.

DIE MUTTER: Er gehört auch nur für d' Kinder.

DER VATER: Ja, ich war in zwei Christbaumfabriken, und da ham's mir den gebn.

DIE MUTTER: Ja, da is ja kein Christbaumbrettl dran, hast du's verloren? Ich hab doch ausdrücklich gsagt, du sollst an Baum mit Brettl bringen.

DER VATER: Ja, der hat ja keins.

DIE MUTTER: Das seh ich ja, daß er keins hat.

DER VATER: Wie kannst'n das sehn, wenn keins dran ist?

DIE MUTTER: Aufgschriebn hab ich dir's sogar, an Baum mit Brettl!

DER VATER: Ja, die haben lauter Bäum mit Brettl ghabt, das war der einzige ohne Brettl.

DIE MUTTER: Und den hast du extra rausgesucht?

DER VATER: Aber so ist er doch viel natürlicher, im Wald wächst er doch auch ohne Brettl.

DIE MUTTER: Aber den kann man doch nicht brauchen, den kann ich ja nicht hinstellen am Tisch.

DER VATER: Dann legn ma 'n halt heuer hin – jetzt ham ma 'n fünfzehn Jahre hingstellt, jetzt legn ma 'n amal heuer hin.

DIE MUTTER: Ich möcht doch den Baum aufputzen. Ich hab solche Sprüch gmacht bei den Kindern, ich hab gsagt, wenn du kommst, dann kommt's Christkindl auch gleich. Und jetzt bringt er an Baum ohne Brettl! Da wär's mir schon lieber gwesn, du hättst bloß a Brettl bracht und gar koan Baum.

DER VATER: Am Brettl allein hätten die Kinder auch kei Freud ghabt.

DIE MUTTER: Aber so kann ich ihn nicht hinstellen!

DER VATER: Ja, dann halt ich ihn halt.

DIE MUTTER: Geh, du kannst doch nicht bis am Heiligendrei-königstag so dastehn und kannst den Baum halten.

DER VATER: Warum nicht, ich hab ja so nichts zu tun, ich bin ja arbeitslos.

DIE MUTTER: Aber da sind doch noch vierzehn Tag hin, du kannst doch nicht Tag und Nacht den Christbaum halten, du mußt doch auch manchmal wieder amal nausgehen.

DER VATER: Dann nimm ich ihn mit.

DIE MUTTER: Das kannst dir denken – jetzt gehst da hin, wo du den Baum kauft hast, und tauschst'n um, sagst, sie sollen dir an andern geben.

DER VATER: Naa, naa, der is froh, daß er den anbracht hat.

DIE MUTTER: Dann muß ma halt selber a Brettl hinmachen.

DER VATER: Ja, ich geh zu der Hausmeisterin und hol a paar Bretter vom Hof rauf, da schneiden wir a Stück runter.

DIE MUTTER: Holst einfach so ein kleines Brett rein, das machen wir hin.

DER VATER: So ein Stück Brett halt.

DIE MUTTER: Aber zieh dich zuerst aus.

DER VATER: Ganz?

DIE MUTTER: Dein Mantel und dein Hut – aber leg mir an Hut nicht aufs Bett nauf, sonst zerlauft der ganze Schnee.

DER VATER: Der zlauft nicht, das ist ja ein Christbaumschnee.

DIE MUTTER: Jetzt geh nur.

DER VATER: Ich trag jetzt mein Raglan naus und hol die Bretter. *Er geht ab.*

DIE MUTTER: So ein schönes Bäumchen hat er bracht, er ist ein guter Mann, aber ein furchtbares Rindvieh – bringt er einen Baum ohne Brettl daher. *Man hört Kindergeschrei.* Pst! – Ja, wer hat denn das Kind verkehrt hergelegt, da steigt ja's ganze Blut in den Kopf. *Abermals Kindergeschrei.* Ja, sei nur still – Hundsbankert, hör doch auf, der ist gewiß wieder naß. *Sie legt das Kind auf den Tisch.* Ja, ja, ich werde dich gleich trockenlegen. *Sie nimmt den Tintenlöscher und trocknet das Kind damit, das Kind schreit immer noch.* Jetzt sei doch ruhig – wart, ich werd dir ein Wiegenlied blasen. *Sie nimmt die Posaune von der Wand.* So, mein Kind, jetzt paß schön auf. *Sie bläst* Schlaf, Kindlein, schlaf. – *Beim letzten Ton ist das Kind eingeschlafen. Der Vater kommt mit zwei langen Brettern herein, bleibt damit in der Hängelampe hängen, stößt alles um, der Tisch fällt auseinander, der Fliegenfänger klebt ihm im Gesicht, ein verzweifeltes Durcheinander entsteht, die Mutter will ihm helfen.* Da, nimm's Kind. *Sie drängt ihm das Kind auf und hängt die Posaune wieder an die Wand.*

DER VATER: Nimm mir doch die Bretter ab!

DIE MUTTER: Mein Gott, wie der 's Kind halt! Mein Gott, ist das was! *Sie befreit ihn vom Fliegenfänger, von der Lampe usw.*

DER VATER: Sind die Bretter recht? Daraus können wir uns Christbaumbrettln im voraus machen für mindestens zwanzig Jahr.

DIE MUTTER: Was hast denn jetzt da für lange Bretter bracht, waren denn keine längeren mehr da?

DER VATER: Naa, des war des längste.

DIE MUTTER: Ja, dann hol eine Säge und schneid ein Brettl runter!

DER VATER: Ja, dann hol ich jetzt ein Stück Säge.

DIE MUTTER: Und ich heiz einstweilen ein.

DER VATER *kommt mit der Säge und legt den Christbaum der Länge nach auf das Brett*: Das gibt drei Christbaumbrettl.

DIE MUTTER: O Gott, o Gott, raucht der Ofen wieder!

DER VATER: Hast'n höchstens angezunden.

DIE MUTTER: Dummes Gered! Vor zwei Jahren hab ich schon zu dir gsagt, du sollst den Kaminkehrer holen.

DER VATER: Ich telefonier ihm halt, weißt du die Kaminnummer? *Er telefoniert*: Wie bitte? Die Nummer wissen wir beide nicht, Fräulein.

DIE MUTTER: Wer ist denn eigentlich da?

DER VATER: Wir sind falsch verbunden, der König Herodes hat, glaub ich, grad gesprochen.

DIE MUTTER *reißt ihm das Hörrohr aus der Hand*: Wer ist denn da? Wie? – Ah, grüß Gott!

DER VATER: Wer is's denn?

DIE MUTTER: Die Frau vom Kaminkehrer ist da! Grüß Gott, Frau Kaminkehrersgattin! Ist Ihr Mann daheim? Geh, sagn S' zu ihm, er soll gleich rüberkommen. *Der Vater spricht dazwischen.* Sagn S', bei uns raucht der Ofen.

DER VATER: Er soll rauskehren vom Ofen.

DIE MUTTER: Ich sag's ihm schon.

DER VATER: Ich kann's ja auch.

DIE MUTTER: Dann sagst du's ihr, wenn du so gscheit bist.

DER VATER: Ach bitt schön, möchten S' nicht mit der Leiter bei uns den Ofen auskehren?

Die Mutter: Schmarrn, sie weiß doch schon alles, was sagt s' denn?

Der Vater: Sie sagt, er kommt vielleicht ganz bestimmt. *Er legt das Hörrohr in den Geschirrhafen.*

Die Mutter: Schneid doch amal das Brett ab! *Sie kniet noch immer beim Ofen am Boden. Der Vater nimmt die Säge und setzt sich auf die Mutter.* Was machst denn, siehgst nimmer, blinder Heß?

Der Vater: Wie groß soll denn das Brettl eigentlich sein?

Die Mutter: Hast denn noch nie a Christbaumbrettl gsehn?

Der Vater: Schon oft, aber das hab ich nimmer so im Gedächtnis.

Die Mutter: Dann nimm halt das vorjährige Brettl als Muster. *Der Vater sägt das Brett ab, die Mutter hilft ihm dabei.* Gib Obacht, daß du dich nicht schneidst!

Der Vater *redet immer*: Die Kinder werden a Freud haben. Jetzt kommt ein Ast. *Die Mutter geht ab und holt das Kaffeeservice.* Bring mir eine Schweinsschwarte zum Schmieren. *Die Mutter geht an den Tisch. Er drückt mit der Säge das Brett in die Höhe und stößt der Mutter das Geschirr aus der Hand.* Ich hab doch gsagt, du sollst 's Brettl halten.

Die Mutter: Wo hast du denn das Brettl, das du runtergschnitten hast?

Der Vater: Das ist's. *Er hält das Brett immer noch in der Hand. Die Mutter steigt am anderen Ende drauf. Das Brett haut dem Vater auf die Füße.* Au, au, jetzt ist's am Fuß naufgfallen.

Die Mutter: Auf was für'n Fuß?

Der Vater: Auf unsern Fuß. *Er hebt das Brett auf, fährt der Mutter unterm Rock damit herauf.*

Die Mutter: Was machst denn? Heute am Heiligen Abend macht er so saudumme Sachen.

Der Vater: Ist doch erst der Heilige Nachmittag.

Die Mutter: Jetzt hat er so a kleins Brettl runtergschnitten, das können wir doch nicht brauchen. Da nehmen wir halt das alte her, aber da mußt du noch ein Loch hineinbohren.

Der Vater: Dann hol ich den Bohrer. *Er tut es und bohrt ins Brettl ein Loch hinein; das Brettl dreht sich immer.*

Die Mutter: Komm, laß dir helfen. Das Brett legt man da

her am Tisch, ich halt dir, und du bohrst. *Der Vater bohrt und spricht dabei.* So red doch nicht immer, paß doch aufs Loch auf!

DER VATER: Ja, ich kann doch unterm Bohren reden.

DIE MUTTER: Das brauchst gar nicht.

DER VATER: So! *Er hat durch das Brett und durch den Tisch gebohrt, daß der Bohrer unten raussteht.*

DIE MUTTER: Das sieht dir wieder gleich! Bohrt er in den schönen Tisch a Loch hinein, da brauchst dir noch was einbilden drauf, das schönste Stück in unserer Wohnung ist jetzt auch kaputt.

DER VATER: Das war vorauszusehen.

DIE MUTTER: Das Loch ist überhaupt zu groß, da paßt der Christbaum gar nicht hinein.

DER VATER: Das Brettl brauchen wir ja jetzt nicht. Jetzt können wir den Christbaum glei in den Tisch neistecken.

DIE MUTTER: Das hättest glei tun können, da hätten wir überhaupt kein Brettl braucht.

DER VATER: Das sag ich ja immer, drum hab ich ja an Christbaum ohne Brettl kauft.

DIE MUTTER: Jetzt schmück amal den Baum, häng a paar Kugeln hin, die Kinder freun sich ja schon drauf.

DIE KINDER *hinter der Szene*: Mama, dürfen wir schon rein?

BEIDE: Nein, noch lange nicht.

DIE MUTTER: Schick dich doch, die Kinder möchten schon herein. *Der Vater hängt ein paar Christbaumschmuck-Glaskugeln hin, wirft aber dabei Tisch und Baum um.*

DIE MUTTER: Jessas, jessas, was machst denn wieder? *Die Kinder schreien wieder.* Gleich, Kinder, schreit doch nicht so! *Zum Vater*: Schick dich doch, mach die Kerzen hinauf. *Die Kinder schreien abermals.* Seid's doch still – ihr Hundsbankerten, ihr miserablen!

DER VATER: Hundsbankerten brauchst net sagn zu dene Saukrüppeln! *Die Kinder schreien erneut.*

DIE MUTTER: Seid's doch ruhig, der Teufel soll euch holen!

DER VATER: Vergiß dich doch nicht, der Teufel soll s' holen: wenn s' der Teufel holt, braucht ma uns doch die ganze Arbeit nicht machen.

Die Mutter: Das geht dich gar nichts an, schick dich doch!

Der Vater: Oh tuh, tuh! *Er heult furchtbar.*

Die Mutter: Seid's still, Kinder, der Vater is narrisch wordn. *Zum Vater:* Was machst denn jetzt? *Der Vater hat sich einen Kerzenhalter an den Finger gezwickt.* Um Gottes willen, das Unglück auch noch! *Die Kinder schreien wieder.* Gleich kommt's Christkindl. *Zum Vater:* So, du zündest jetzt amal den Baum an, und ich bring derweil die Kinder.

Der Vater: Die hast schon einmal gebracht.

Die Mutter: Ich mein, ich bring s' herein. *Sie geht ab. Der Vater nimmt ein Zündholz und zündet den Baum unten an.*

Die Mutter *kommt herein und schreit:* Was machst denn da, du zündest ja den Baum an!

Der Vater: Du hast doch gesagt, ich soll den Baum anzünden!

Die Mutter: Ich hab doch gemeint, die Kerzen.

Der Vater: An Baum, hast gsagt.

Die Mutter: No ja, wie man halt so sagt. *Sie geht ab. Der Vater zündet die Kerzen an, läutet mit der Handglocke und läßt das Grammophon spielen. Die Kinder und die Mutter kommen herein.* So, Kinder, jetzt is 's Christkindl kommen. *Alle stellen sich um den Baum.*

Kinder: Ah, ah, der ist schön!

Der Vater: No, gar so schön ist er nicht.

Alle *singen:* Ein Prosit, ein Prosit der Ge-müt-lich-keit! Eins – zwei – drei – gsuffa!

Der Vater: No, no, no, jetzt bist in an Frühschoppen hineingekommen.

Das Kind: So, gute Mutter, und das gehört dir! *Es schenkt der Mutter eine Haube.*

Die Mutter *freut sich:* Ach, du gutes Kind, ich danke dir! Da schau her, Vater, so was Schönes!

Der Vater: Ah, Ölsardinen!

Die Mutter: Geh, mach doch deine Batzlaugen auf. A Haube hat sie mir geschenkt, die is schön, die kann ich notwendig brauchen. Ja, hast du die Haube selbst gestrickt?

Das Kind: Nein, Mutter, die hab ich nicht selbst gestrickt, die hab ich gestohlen.

Vater und Mutter sind sichtlich gerührt. die Kinder singen das »Weihnachtslied« Fuchs, du hast die Gans gestohlen. Vater und Mutter weinen vor Rührung.

DIE MUTTER: Ja, wo hast denn die Haube gestohlen?

DAS KIND: Beim Oberpollinger.

DER VATER: Des is recht!

DIE MUTTER: So, beim Oberpollinger? Ja habn s' denn da so schöne Hauben? Das gute Kind, jetzt is alles so teuer, man kann so nichts mehr kaufen.

DER VATER: Natürlich, man ist ja direkt verpflichtet dazu.

DIE MUTTER: Hoffentlich hat dich kein Mensch gesehen!

DAS KIND: Nein, Mutter, da hat mich niemand gesehen.

DIE MUTTER: Dann gehst nächste Woch noch einmal hinein und holst mir eine.

DER VATER: Und wennst amal beim Henne vorbeikommst, dann nimmst mir an Mercedes mit.

DIE MUTTER: Du bist ein gutes Kind, du bist jetzt schon reif fürs Zuchthaus. – Mach nur so fort. Da schau her, was dir's Christkindl bringt, eine Zugharmonika.

DAS KIND: Ah, danke, Mutter!

DIE MUTTER *zum zweiten Kind*: Und dir ein Springseil.

DAS ZWEITE KIND: Ah, danke, Mutter.

DER KAMINKEHRER, *entsetzlich lang, mit hohem schwarzen Zylinder, Hacke, Leiter und Besen, kommt plötzlich herein*: Grüß Gott beieinander!

Die Kinder schreien und fürchten sich vor ihm.

DIE MUTTER: Seid ruhig, Kinder, der tut euch nichts. *Zum Kaminkehrer*: Um Gottes willen, Herr Kaminkehrer, Sie können wir jetzt nicht brauchen, wir haben doch jetzt gerade Bescherung.

DER VATER: ausgerechnet jetzt kommt er, ich hab doch eigens telefoniert, sie sollen morgen am Feiertag kommen. Speziell als Kaminkehrer solltn S' soviel Anstand haben, daß S' jetzt nicht am Ofen umananderkratzn.

DER KAMINKEHRER: Das werden wir gleich haben. Ich bin gleich fertig. *Er fängt am Ofen sehr laut zu klopfen und zu kratzen an.*

DIE MUTTER: Geh, warten S' doch einen Moment, Sie sehn

157

doch, daß wir gerade Bescherung haben, man versteht sein eigenes Wort nicht mehr vor lauter Lärm. *Die Kinder machen auch Lärm.* So hört doch auf, ihr Fratzen!

DER VATER: Warten S' an Moment, Herr Kaminkehrer. *Zur Mutter*: Da schau her, du bekommst deine Fotografie, die hab ich vergrößern lassen. *Er überreicht ihr einen Papierdrachen.*

DIE MUTTER: Was, an Drachen? Ich glaub, du willst mich derblecken. Was meinst denn da damit? Da schau her, Vater, du kriegst von mir auf Weihnachten ein Cockorell-Motorrad – aber heuer mußt noch selber treten; 's nächste Jahr kriegst dann an Hilfsmotor dazu. *Sie gibt ihm das Kinderdreirad, das zugedeckt auf der Bühne steht. Zum Kaminkehrer*: Herr Kaminkehrer, nehmen S' an Moment Platz.

DER KAMINKEHRER: Bin so frei! *Er setzt sich auf den Stuhl, auf dem der Schaumkuchen liegt.*

DIE KINDER *schreien*: Mutter, der Kaminkehrer hat sich in den Schaumkuchen gesetzt!

DER KAMINKEHRER: Jessas Maria! Daß mir des grad auf Johanni passieren muß. *Er dreht sich um und wischt mit der Hand den Schaum von seiner Hose.*

DER VATER *hat sich währenddessen auf das Rad gesetzt und fährt damit über die Bühne, wobei alles umfällt – die Lampe fällt herunter – es entsteht ein fürchterlicher Tumult. Die Mutter und die Kinder schreien. Er bleibt plötzlich mit offenem Mund in fassungslosem Staunen in der Mitte stehen.* Ja, wia komma denn Sie auf Johanni?

DER KAMINKEHRER: Was wolln S' denn, heut ist doch der 24. Juni!

DER VATER: Himmikreuzsapprament! Da geht nacha mei Abreißkalender nach!

DIE MUTTER: Des schaugt dir scho gleich!

DER VATER: Siehgst, Alte, drum hab ich ja heut den Christbaum auch so billig kriagt!

Die Geschichte vom Weihnachtsbraten

Einmal fand ein Mann am Strand eine Gans.

Tags zuvor hatte der Novembersturn getobt. Sicher war sie zu weit hinausgeschwommen, dann abgetrieben und von den Wellen wieder an Land geworfen worden. In der Nähe hatte niemand Gänse. Es war eine richtige weiße Hausgans.

Der Mann steckte sie unter seine Jacke und brachte sie seiner Frau: »Hier ist unser Weihnachtsbraten.«

Beide hatten noch niemals ein Tier gehabt, darum hatten sie auch keinen Stall. Der Mann baute aus Pfosten, Brettern und Dachpappe einen Verschlag an der Hauswand. Die Frau legte Säcke hinein und darüber einen alten Pullover. In die Ecke stellte sie einen Topf mit Wasser.

»Weißt du, was Gänse fressen?« fragte sie.

»Keine Ahnung«, sagte der Mann.

Sie probierten es mit Kartoffeln und mit Brot, aber die Gans rührte nichts an. Sie mochte auch keinen Reis und nicht den Rest vom Sonntagsnapfkuchen.

»Sie hat Heimweh nach anderen Gänsen«, sagte die Frau.

Die Gans wehrte sich nicht, als sie in die Küche getragen wurde. Sie saß still unter dem Tisch. Der Mann und die Frau hockten vor ihr, um sie aufzumuntern.

»Wir sind eben keine Gänse«, sagte der Mann. Er setzte sich auf seinen Stuhl und suchte im Radio nach Blasmusik.

Die Frau saß neben ihm am Tisch und klapperte mit den Stricknadeln. Es war sehr gemütlich. Plötzlich fraß die Gans Haferflocken und ein wenig vom Napfkuchen.

»Er lebt sich ein, der liebe Weihnachtsbraten«, sagte der Mann.

Bereits am anderen Morgen watschelte die Gans überall herum. Sie steckte den Hals durch offene Türen, knabberte an der Gardine und machte einen Klecks auf den Fußabstreifer.

Es war ein einfaches Haus, in dem der Mann und die Frau wohnten. Es gab keine Wasserleitung, sondern nur eine Pumpe. Als der Mann einen Eimer voll Wasser pumpte, wie er es jeden

Morgen tat, ehe er zur Arbeit ging, kam die Gans, kletterte in den Eimer und badete. Das Wasser schwappte über, und der Mann mußte noch einmal pumpen.

Im Garten stand ein kleines Holzhäuschen, das war die Toilette. Als die Frau dorthin ging, lief die Gans hinterher und drängte sich mit hinein. Später ging sie mit der Frau zusammen zum Bäcker und in den Milchladen.

Als der Mann am Nachmittag auf seinem Rad von der Arbeit kam, standen die Frau und die Gans an der Gartenpforte.

»Jetzt mag sie auch Kartoffeln«, erzählte die Frau.

»Brav«, sagte der Mann und streichelte der Gans über den Kopf, »dann wird sie bis Weihnachten rund und fett.«

Der Verschlag wurde nie benutzt, denn die Gans blieb jede Nacht in der warmen Küche. Sie fraß und fraß. Manchmal setzte die Frau sie auf die Waage, und jedesmal war sie schwerer. Wenn der Mann und die Frau am Abend mit der Gans zusammen saßen, malten sich beide die herrlichsten Weihnachtsessen aus.

»Gänsebraten und Rotkohl, das paßt gut«, meinte die Frau und kraulte die Gans auf ihrem Schoß.

Der Mann hätte zwar statt Rotkohl lieber Sauerkraut gehabt, aber die Hauptsache waren für ihn die Klöße.

»Sie müssen so groß sein wie mein Kopf und alle genau gleich«, sagte er.

»Und aus rohen Kartoffeln«, ergänzte die Frau.

»Nein, aus gekochten«, behauptete der Mann. Dann einigten sie sich auf Klöße halb aus rohen und halb aus gekochten Kartoffeln. Wenn sie ins Bett gingen, lag die Gans am Fußende und wärmte sie.

Mit einem Mal war Weihnachten da.

Die Frau schmückte einen kleinen Baum.

Der Mann radelte zum Kaufmann und holte alles, was sie für den großen Festschmaus brauchten. Außerdem brachte er ein Kilo extrafeine Haferflocken.

»Wenn es auch ihre letzten sind«, seufzte er, »soll sie doch wissen, daß Weihnachten ist.«

»Was ich sagen wollte«, meinte die Frau, »wie, denkst du, sollten wir ... ich meine ... wir müßten doch nun ...«

Aber weiter kam sie nicht.

Der Mann sagte eine Weile nichts. Und dann: »Ich kann es nicht.«

»Ich auch nicht«, sagte die Frau. »Ja, wenn es eine x-beliebige wäre. Aber nicht diese hier. Nein, ich kann es auf gar keinen Fall.«

Der Mann packte die Gans und klemmte sie in den Gepäckträger. Dann fuhr er auf dem Rad zum Nachbarn. Die Frau kochte inzwischen den Rotkohl und machte die Klöße, einen genausogroß wie den anderen.

Der Nachbar wohnte zwar ziemlich weit weg, aber doch nicht so weit, daß es eine Tagesreise hätte werden müssen. Trotzdem kam der Mann erst am Abend wieder. Die Gans saß friedlich hinter ihm.

»Ich habe den Nachbarn nicht angetroffen, da sind wir etwas herumgeradelt«, sagte er verlegen.

»Macht gar nichts«, rief die Frau munter, »als du fort warst, habe ich mir überlegt, daß es den feinen Geschmack des Rotkohls und der Klöße nur stört, wenn man noch etwas anderes dazu auftischt.«

Die Frau hatte recht, und sie hatten ein gutes Essen. Die Gans verspeiste zu ihren Füßen die extrafeinen Haferflocken. Später saßen sie alle drei nebeneinander auf dem Sofa in der guten Stube und sahen in das Kerzenlicht.

Übrigens kochte die Frau im nächsten Jahr zu den Klößen zur Abwechslung Sauerkraut. Im Jahr darauf gab es zum Sauerkraut breite Bandnudeln. Das sind so gute Sachen, daß man nichts anderes dazu essen sollte.

Inzwischen ist viel Zeit vergangen.

Gänse werden sehr alt.

Jackie Niebisch
Happy Birthday, Jesus

Lieba juta Weihnachtsmann,

kiek dir Amadeus an.
Kalte Beene
hat der Kleene,
rote Nase, kalte Ohrn,
allet ziemlich abjefrorn!
Schenk mir armen Punki mal
'ne heiße Mütze und 'n Schal.
Ne Zentralheizug dazu,
dann ham die Bibberzehen Ruh.
Für meene Tonne wünsch ick mir,
'n neuet Fensterbrett von dir.
Dann bräucht ick 'n Computerteil,
mit Krippen-Gameboy, det wär geil!
Für die U-Bahn, wenn es geht,
ein Kontroletti-Warngerät.
Für die Ratten warme Socken,
dazu von Sony ein Portable
mit Fernbedienung, if its able!
P. S.: Meen kleener Kaktus hätte gern
von dir ein paar Stachelbeern!

ERICH KÄSTNER
Dem Revolutionär Jesus zum Geburtstag

Zweitausend Jahre sind es fast,
seit du die Welt verlassen hast,
du Opferlamm des Lebens!
Du gabst den Armen ihren Gott.
Du littest durch der Reichen Spott.
Du tatest es vergebens!

Du sahst Gewalt und Polizei.
Du wolltest alle Menschen frei
und Frieden auf der Erde.
Du wußtest, wie das Elend tut
und wolltest alle Menschen gut,
damit es schöner werde!

Du warst ein Revolutionär
und machtest dir das Leben schwer
mit Schiebern und Gelehrten.
Du hast die Freiheit stets beschützt
und doch den Menschen nichts genützt.
Du kamst an die Verkehrten!

Du kämpftest tapfer gegen sie
und gegen Staat und Industrie
und die gesamte Meute.
Bis man an dir, weil nichts verfing,
Justizmord, kurzerhand, beging.
Es war genau wie heute.

Die Menschen wurden nicht gescheit.
Am wenigsten die Christenheit,
trotz allem Händefalten.
Du hattest sie vergeblich lieb.
Du starbst umsonst. Und alles blieb
beim alten.

ROBERT WALSER
Das Christkind

Nicht glänzend ging es damals zu,
ein Kälbchen machte friedlich muh,
ein Eselchen stand an der Krippe,
beschnüffelte mit seiner Lippe
ein kleines Bündelchen von Stroh,
es gab noch keinen Bernhard Shaw,
ein Satz, womit ich illustriere
die Einfalt meiner lieben Tiere,
die man am Abhang weiden sah.
Als sei die Nacht dem Tage nah,
war's hell üb'rall in der Umgebung,
und in bezug auf die Bewegung,
die ich dem Lied hier geben will,
verhielt sich die Madonna still,
als sei sie selig; ihr Gemahl
stand im durchaus nicht prächtgen Saal,
als habe sich hier nimmermehr
etwas ereignet, das er sehr
schwer etwa hätte nehmen müssen.
Die Hirten würden es nun grüßen,
das kindlich auf dem Schoß ihr lag,
und ich nun nichts mehr sagen mag,
weil es mir scheint, was ich berichte,
beziehe sich auf Weltgeschichte.
In engem Stalle fing die Bahn
von etwas Einflußreichem an.

HUBERT FICHTE
Frohe Festtage

Wenn die Weihnachtsmaenner –
wie Weihnachten
die Hausfraun sagen –
umgepreßte Osterhasen
sind;
dann sind
Ostern
die Osterhasen
umgepreßte
Weihnachtsmaennerosterhasen
und in Wirklichkeit
Weihnachten
die Weihnachtsmaennerosterhasenweihnachtsmaenner
umgepreßte
Osterhasenweihnachtsmaennerosterhasenweihnachtsmaenner.

O weh!
Der Osterhase hat einen Weihnachtsmann in den Ohren;
dem Weihnachtsmann wird das Fell über den Sack gezogen.

THEODOR FONTANE
Die Brück' am Tay
(28. Dezember 1879)

When shall we three meet again?
Macbeth.

»Wann treffen wir drei wieder zusamm?«
　»Um die siebente Stund', am Brückendamm.«
　　　　»Am Mittelpfeiler.«
　　　　　　　　»Ich lösche die Flamm.«
»Ich mit.«
　　　　»Ich komme vom Norden her.«
»Und ich vom Süden.«
　　　　　»Und ich vom Meer.«

»Hei, das gibt einen Ringelreihn,
Und die Brücke muß in den Grund hinein.«

»Und der Zug, der in die Brücke tritt
Um die siebente Stund'?«
　　　　　　　　»Ei, der muß mit.«
»Muß mit.«
　　　　»Tand, Tand
Ist das Gebilde von Menschenhand!«

　　　　　　　　*

　　Auf der *Norder*seite, das Brückenhaus –
　　Alle Fenster sehen nach Süden aus,
　　Und die Brücknersleut' ohne Rast und Ruh
　　Und in Bangen sehen nach Süden zu,
　　Sehen und warten, ob nicht ein Licht
　　Übers Wasser hin »Ich komme« spricht,
　　»Ich komme, trotz Nacht und Sturmesflug,
　　Ich, der Edinburger Zug.«

　　Und der Brückner jetzt: »Ich seh' einen Schein
　　Am anderen Ufer. Das muß er sein.

Nun, Mutter, weg mit dem bangen Traum,
Unser Johnie kommt und will seinen Baum,
Und was noch am Baume von Lichtern ist,
Zünd alles an wie zum Heiligen Christ,
Der will heuer *zweimal* mit uns sein –
Und in elf Minuten ist er herein.«

Und es war der Zug. Am *Süder*turm
Keucht er vorbei jetzt gegen den Sturm,
Und Johnie spricht: »Die Brücke noch!
Aber was tut es, wir zwingen es doch.
Ein fester Kessel, ein doppelter Dampf,
Die bleiben Sieger in solchem Kampf.
Und wie's auch rast und ringt und rennt,
Wir kriegen es unter, das Element.

Und unser Stolz ist unsre Brück';
Ich lache, denk' ich an früher zurück,
An all den Jammer und all die Not
Mit dem elend alten Schifferboot;
Wie manche liebe Christfestnacht
Hab' ich im Fährhaus zugebracht
Und sah unsrer Fenster lichten Schein
Und zählte und konnte nicht drüben sein.«

Auf der Norderseite, das Brückenhaus –
Alle Fenster sehen nach Süden aus,
Und die Brücknersleut' ohne Rast und Ruh'
Und in Bangen sehen nach Süden zu;
Denn wütender wurde der Winde Spiel,
Und jetzt, als ob Feuer vom Himmel fiel',
Erglüht es in niederschießender Pracht
Überm Wasser unten... Und wieder ist Nacht.

*

»Wann treffen wir drei wieder zusamm?«
»Um Mitternacht, am Bergeskamm.«
»Auf dem hohen Moor, am Erlenstamm.«

»Ich komme.«

       «Ich mit.«

             »Ich nenn' euch die Zahl.«

»Und ich die Namen.«

          »Und ich die Qual.«

»Hei!

    Wie Splitter brach das Gebälk entzwei.«

              »Tand, Tand

Ist das Gebilde von Menschenhand.«

James Krüss
Tannengeflüster

Wenn die ersten Fröste knistern
In dem Wald bei Bayrisch-Moos,
Geht ein Wispern und ein Flüstern
In den Tannenbäumen los,
Ein Gekicher und Gesumm
                ringsherum.

Eine Tanne lernt Gedichte,
Eine Lärche hört ihr zu.
Eine dicke, alte Fichte
Sagt verdrießlich: Gebt doch Ruh!
Kerzenlicht und Weihnachtszeit
                sind noch weit!

Vierundzwanzig lange Tage
Wird gekräuselt und gestutzt
Und das Wäldchen ohne Frage
Wunderhübsch herausgeputzt.
Wer noch fragt: Wieso? Warum?
              Der ist dumm.

Was das Flüstern hier bedeutet,
Weiß man selbst im Spatzennest:
Jeder Tannenbaum bereitet
Sich nun vor aufs Weihnachtsfest.
Denn ein Tannenbaum zu sein:
              Das ist fein!

Leo Tolstoi
Eine Erzählung für Kinder

Ein Mädchen und ein Knabe fuhren in einer Kalesche von einem Dorf in das andere. Das Mädchen war fünf und der Knabe sechs Jahre alt. Sie waren nicht Geschwister, sondern Vetter und Base. Ihr Mütter waren Schwestern. Die Mütter waren zu Gast geblieben und hatten die Kinder mit der Kinderfrau nach Hause geschickt.

Als sie durch ein Dorf kamen, brach ein Rad am Wagen, und der Kutscher sagte, sie könnten nicht weiterfahren. Das Rad müsse ausgebessert werden, und er werde es sogleich besorgen.

»Das trifft sich gut«, sagte die Niania, die Kinderfrau. »Wir sind so lange gefahren, daß die Kinderchen hungrig geworden sind.

Ich werde ihnen Brot und Milch geben, die man uns zum Glück mitgegeben hat.«

Es war im Herbst, und das Wetter war kalt und regnerisch. Die Kinderfrau trat mit den Kindern in die erste Bauernhütte, an der sie vorüberkamen.

Die Stube war schwarz, der Ofen ohne Rauchfang. Wenn diese Hütten im Winter geheizt werden, wird die Tür geöffnet, und der Rauch zieht so lange aus der Tür, bis der Ofen heiß ist.

Die Hütte war schmutzig und alt, mit breiten Spalten im Fußboden. In einer Ecke hing ein Heiligenbild, ein Tisch mit Bänken stand davor. Ihm gegenüber befand sich ein großer Ofen.

Die Kinder sahen in der Stube zwei gleichaltrige Kinder; ein barfüßiges Mädchen, das nur mit einem schmutzigen Hemdchen bekleidet war, und einen dicken, fast nackten Knaben. Noch ein drittes Kind, ein einjähriges Mädchen, lag auf der Ofenbank und weinte ganz herzzerreißend. Die Mutter suchte es zu beruhigen, wandte sich aber von ihm ab, als die Kinderfrau eine Tasche mit blinkendem Schloß aus dem Wagen ins Zimmer brachte. Die Bauernkinder staunten das glänzende Schloß an und zeigten es einander.

Die Kinderfrau nahm eine Flasche mit warmer Milch und Brot aus der Reisetasche, breitete ein sauberes Tuch auf dem

Tisch aus und sagte: »So, Kinderchen, kommt, ihr seid doch wohl hungrig geworden?« Aber die Kinder folgten ihrem Ruf nicht. Sonja, das Mädchen, starrte die halbnackten Bauernkinder an und konnte den Blick nicht von ihnen abwenden. Sie hatte noch nie so schmutzige Hemdchen und so nackte Kinder gesehen und staunte sie nur so an. Petja aber, der Knabe, sah bald seine Base, bald die Bauernkinder an und wußte nicht, ob er lachen oder sich wundern sollte. Mit besonderer Aufmerksamkeit musterte Sonja das kleine Mädchen auf der Ofenbank, das noch immer laut schrie.

»Warum schreit sie denn so?« fragte Sonja.

»Sie hat Hunger«, sagte die Mutter.

»So geben Sie ihr doch etwas.«

»Gern, aber ich habe nichts.«

»So, jetzt kommt«, sagte die Niania, die inzwischen das Brot geschnitten und zurechtgelegt hatte.

Die Kinder folgten dem Ruf und traten an den Tisch. Die Kinderfrau goß ihnen Milch in kleine Gläschen ein und gab jedem ein Stück Brot. Sonja aber aß nicht und schob das Glas von sich fort. Und Petja sah sie an und tat das gleiche. »Ist es denn wahr?« fragte Sonja, auf die Bauersfrau zeigend.

»Was denn?« fragte die Niania.

»Daß sie keine Milch hat?«

»Wer soll das wissen? Euch geht es nichts an.«

»Ich will nicht essen«, sagte Sonja.

»Ich will auch nicht essen«, sprach Petja.

»Gib ihr die Milch«, sagte Sonja, ohne den Blick von dem kleinen Mädchen abzuwenden.

»Schwatze doch keinen Unsinn«, sagte die Niania. »Trinkt, sonst wird die Milch kalt.«

»Ich will nicht essen, ich will nicht!« rief Sonja plötzlich. »Und auch zu Hause werde ich nicht essen, wenn du ihr nichts gibst.«

»Trinkt ihr zuerst, und wenn etwas übrigbleibt, so gebe ich ihr.«

»Nein, ich will nichts haben, bevor du ihr nicht etwas gegeben hast. Ich trinke auf keinen Fall.«

»Ich trinke auch nicht«, wiederholte Petja.

»Ihr seid dumm und redet dummes Zeug«, sagte die Kinderfrau. »Man kann doch nicht alle Menschen gleichmachen! Das hängt eben von Gott ab, der dem einen mehr gibt als dem andern. Euch, eurem Vater hat Gott viel gegeben.«

»Warum hat er ihnen nichts gegeben?«

»Das geht uns nichts an – wie Gott will«, sagte die Niania.

Sie goß ein wenig Milch in eine Tasse und gab diese der Bauersfrau. Das Kind trank und beruhigte sich.

Die beiden anderen Kinder aber beruhigten sich noch immer nicht, und Sonja wollte um keinen Preis etwas essen oder trinken. »Wie Gott will…« wiederholte sie. »Aber warum will er es so? Er ist ein böser Gott, ein häßlicher Gott, ich werde nie wieder zu ihm beten.«

»Pfui, wie abscheulich!« sagte die Niania. »Warte, ich sage es deinem Papa.«

»Du kannst es ruhig sagen, ich habe es mir ganz bestimmt vorgenommen. Es darf nicht sein, es darf nicht sein.«

»Was darf nicht sein?« fragte die Niania.

»Daß die einen viel haben und die anderen gar nichts.«

»Vielleicht hat Gott es absichtlich so gemacht«, sagte Petja.

»Nein, er ist schlecht, schlecht. Ich will weder essen noch trinken. Er ist ein schlimmer Gott! Ich liebe ihn nicht.«

Plötzlich tönte vom Ofen herab eine heisere, vom Husten unterbrochene Stimme. »Kinderchen, Kinderchen, ihr seid liebe Kinderchen, aber ihr redet Unsinn.«

Ein neuer Hustenanfall unterbrach die Worte des Sprechenden. Die Kinder starrten erschrocken zum Ofen hinauf und erblickten dort ein runzliges Gesicht und einen grauen Kopf, der sich vom Ofen herabneigte.

»Gott ist nicht böse, Kinderchen, Gott ist gut. Er hat alle Menschen lieb. Es ist nicht sein Wille, daß die einen Weißbrot essen, während die anderen nicht einmal Schwarzbrot haben. Nein, die Menschen haben es so eingerichtet. Und sie haben es darum getan, weil sie ihn vergessen haben.«

Der Alte bekam wieder einen Hustenanfall.

»Sie haben ihn vergessen und es so eingerichtet, daß die einen im Überfluß leben und die anderen in Not und Elend vergehen.

Würden die Menschen nach Gottes Willen leben, dann hätten alle, was sie nötig haben.«

»Was soll man aber tun, damit alle Menschen alles Nötige haben?« fragte Sonja.

»Was man tun soll?« wisperte der Alte. »Man soll Gottes Wort befolgen. Gott befiehlt, man soll alles in zwei Teile teilen.«

»Wie, wie?« fragte Petja.

»Gott befiehlt, man soll alles in zwei Teile teilen.«

»Er befiehlt, man soll alles in zwei Teile teilen«, wiederholte Petja.

»Wenn ich einmal groß bin, werde ich das tun.«

»Ich tue es auch«, versicherte Sonja.

»Ich habe es eher gesagt als du!« rief Petja. »Ich werde es so machen, daß es keine Armen mehr gibt.«

»Na, nun habt ihr genug Unsinn geschwatzt«, sagte die Niania. »Trinkt die Milch aus.«

»Wir wollen nicht, wollen nicht, wollen nicht!« riefen die Kinder einstimmig aus. »Wenn wir erst groß sind, tun wir es unbedingt.«

»Ihr seid brave Kinderchen«, sagte der Alte und verzog seinen Mund zu einem breiten Lachen, daß die beiden einzigen Zähne in seinem Unterkiefer sichtbar wurden. »Ich werde es leider nicht mehr erleben. Ihr habt aber einen wackeren Entschluß gefaßt. Gott helfe euch.«

»Mag man mit uns machen, was man will«, rief Sonja, »wir tun es doch!«

»Wir tun es doch«, sagte auch Petja.

»Das ist recht, das ist recht«, sprach der Alte lächelnd und hustete wieder. »Und ich werde mich dort oben über euch freuen«, sprach er, nachdem der Husten vorbei war. »Seht nur zu, daß ihr's nicht vergeßt.«

»Nein, wir vergessen es nicht!« riefen die Kinder aus.

»Recht so, das wäre also abgemacht.«

Der Kutscher kam mit der Nachricht, daß das Rad ausgebessert sei, und die Kinder verließen die Stube.

Was aber weiter sein wird, werden wir ja sehen.

Ein Weihnachtsengel

Mit den Tannenbäumen begann es. Eines Morgens, als wir zur Schule gingen, hafteten an den Straßenecken die grünen Siegel, die die Stadt wie ein großes Weihnachtspaket an hundert Ecken und Kanten zu sichern schienen. Dann barst sie eines schönen Tages, und Spielzeug, Nüsse, Stroh und Baumschmuck quollen aus ihrem Innern: der Weihnachtsmarkt. Mit ihnen quoll noch etwas anderes hervor: die Armut. Wie Äpfel und Nüsse mit ein wenig Schaumgold neben dem Marzipan sich auf dem Weihnachtsteller zeigen durften, so auch die armen Leute mit Lametta und bunten Kerzen in den bessern Vierteln. Die Reichen schickten ihre Kinder vor, um jenen der Armen wollene Schäfchen abzukaufen oder Almosen auszuteilen, die sie selbst vor Scham nicht über ihre Hände brachten. Inzwischen stand bereits auf der Veranda der Baum, den meine Mutter insgeheim gekauft und über die Hintertreppe in die Wohnung hatte bringen lassen. Und wunderbarer als alles, was das Kerzenlicht ihm gab, war, wie das nahe Fest sich mit jedem Tag dichter in seine Zweige verspann. In den Höfen begannen die Leierkasten die letzte Frist mit Chorälen zu dehnen. Endlich war sie dennoch verstrichen und einer jener Tage wieder da, an deren frühesten ich mich hier erinnere.

In meinem Zimmer wartete ich, bis es sechs werden wollte. Kein Fest des späteren Lebens kennt diese Stunde, die wie ein Pfeil im Herzen des Tages zittert. Es war schon dunkel, trotzdem entzündete ich nicht die Lampe, um den Blick nicht von den Fenstern überm Hof zu wenden, hinter denen nun die ersten Kerzen zu sehen waren. Es war von allen Augenblicken, die das Dasein des Weihnachtsbaumes hat, der bänglichste, in dem er Nadeln und Geäst dem Dunkel opfert, um nichts zu sein als ein unnahbares, doch nahes Sternbild im trüben Fenster einer Hinterwohnung. Und wie ein solches Sternbild hin und wieder eines der verlaßnen Fenster begnadete, indessen viele weiter dunkel blieben und andere, noch trauriger, im Gaslicht der frühen Abende verkümmerten, schien mir, daß diese weihnachtlichen Fenster die Einsamkeit, das Alter und das Darben – all das, wovon die armen Leute schwiegen – in sich faßten. Dann fiel mir wieder die Bescherung ein, die meine Eltern eben rüsteten. Kaum aber hatte ich so schweren Herzens wie nur die Nähe eines sichern Glücks es macht, mich von dem Fenster abgewandt, so spürte ich eine fremde Gegenwart im Raum. Es war nichts als ein Wind, so daß die Worte, die sich auf meinen Lippen bildeten, wie Falten waren, die ein träges Segel plötzlich vor einer frischen Brise wirft: »Alle Jahre wieder / kommt das Christuskind / auf die Erde nieder / wo wir Menschen sind« – mit diesen Worten hatte sich der Engel, der in ihnen begonnen hatte, sich zu bilden, auch verflüchtigt. Nicht mehr lange blieb ich im leeren Zimmer. Man rief mich in das gegenüberliegende, in dem der Baum nun in die Glorie eingegangen war, welche ihn mir entfremdete, bis er, des Untersatzes beraubt, im Schnee verschüttet oder im Regen glänzend, das Fest da endete, wo es ein Leierkasten begonnen hatte.

CHRISTOPH MECKEL
Weihnachts-Ballade

Aus dem Kalender treten Freudentage!
Die Kirchenengel schwenken den Popo.
Sankt Josef irrt durch eine Heldensage
und wär um eine warme Suppe froh.

Ochs oder Nashorn hergeschafft in Eile!
Der Regen regnet allen Schnee zu Schlamm.
Maria kämmt ihr Haar vor Langerweile
und knackt die Läuse einzeln mit dem Kamm.

Sie kann den Balg kaum noch im Leib bewahren
(Judas versäuft, den falschen Kuß parat
auf Vorschuß sein Gehalt mit Janitscharen
und wartet auf den klassischen Verrat).

Die Hirten, endlich, gähnend auch zur Stelle
sie stürmen lässig das geweihte Haus.
»Wo ist der Heiland, unser Spießgeselle
wir weihn ihn ein! Wir führn den Bengel aus!«

Die Könige beeilen ihre Pferde.
Im Reiten grölen sie ein Lied dem Herrn.
Der eine spuckt betrunken auf die Erde
der andre flucht und pfeift auf jeden Stern.

Auf Rosinanten hoppeln Donquichotten
durch böhmisch oder spanisch Hinterland;
sie treten an, das Unrecht auszurotten –
und gehn Herodes' Leuten an die Hand.

Die Weihnacht findet statt, verrutschte Kleider.
Der Josef steht verspätet vor der Tür.
Er sieht sein Double, doch ein schlechtes leider
und betet: Herr, wir können nichts dafür.

Die Könige auch geben sich die Ehre
und gottseidank, die Weihnacht steht und fällt
mit allen Chargen, als ob Kirmes wäre
und geht auf Tannenbäumen um die Welt.

Fjodor M. Dostojewski
Weihnacht und Hochzeit
Aus den Aufzeichnungen eines Unbekannten

Vor ein paar Tagen sah ich eine Trauung... oder nein! Es ist besser, ich erzähle Ihnen zunächst von einer Weihnachtsfeier. Eine Trauung ist gewiß ein schönes Thema, aber das andere Erlebnis ist wichtiger. Ich weiß nicht, wieso ich mich beim Anblick dieser Trauung an jene Weihnachtsfeier erinnerte. Das geschah folgendermaßen.

Vor genau fünf Jahren erhielt ich kurz vor Neujahr die Einladung zu einem Kinderball. Die Persönlichkeit, die mich einlud, war ein bekannter Geschäftsmann – mit Beziehungen, einem großen Bekanntenkreis und Intrigen –, so daß man ohne weiteres annehmen konnte, dieser Kinderball sei nur ein Vorwand für die Eltern, einmal ganz harmlos in größerer Anzahl zusammenzukommen und bei der Gelegenheit sich über gewisse überaus interessante Dinge wie zufällig und ganz unauffällig besprechen zu können. Ich war in dieser Gesellschaft ein völlig Unbeteiligter, zumal ich keinerlei Güter besaß; so verbrachte ich den Abend ziemlich ungestört und blieb mir selbst überlassen. Außer mir war dort noch ein Herr, der, wie mir schien, weder durch Familie noch Sippe dazugehörte, trotzdem aber gleich mir auf dieses Fest des Familienglücks geraten war... Er fiel mir vor allen anderen auf. Sein Äußeres machte einen guten Eindruck: Er war groß von Wuchs, hager, auffallend ernst, sehr gut gekleidet. Man sah ihm aber an, daß es ihm nicht um Fröhlichkeit und Familienglück zu tun war; sobald er sich in einen stilleren Winkel zurückziehen konnte, hörte er sofort auf zu lächeln und zog die dichten schwarzen Brauen stirnrunzelnd zusammen. Bekannt war er offenbar, außer mit dem Hausherrn, mit keinen einzigen der Anwesenden. Man sah es ihm an, daß er sich furchtbar langweilte, trotzdem aber die Rolle eines sich gut unterhaltenden und glücklichen Menschen tapfer bis zum Schluß durchhielt. Nachher erfuhr ich, daß er aus der Provinz nur auf kurze Zeit nach Petersburg gekommen sei, wo er eine entscheidende und verzwickte Sache durchzufechten habe. Zu unserem Hausherrn allerdings habe ihn nur ein Empfehlungsschreiben gebracht; dieser jedoch protegiere ihn keineswegs con amore und habe ihn nur aus Höflichkeit zu seinem Kinderball eingeladen. Und da man nicht Karten spielte, auch keine Zigarren anbot und niemand ein Gespräch mit ihm anknüpfte – wahrscheinlich erkannte man den Vogel schon von weitem an den Federn –, so war der Mann gezwungen, nur um seine Hände irgendwie zu beschäftigen, den ganzen Abend seinen Backenbart zu streicheln. Freilich war dieser Backenbart sehr gepflegt, aber er streichelte ihn doch so unablässig, daß man nach einigem Zusehen entschieden meinen konnte, zuerst sei nur der Backenbart erschaffen worden, und dann erst der Mann dazu, damit er ihn streiche.

Außer diesem Herrn, der in solcher Weise am Familienglück des Hausherrn, des Vaters von fünf wohlgenährten Buben, teilnahm, fiel mir noch ein anderer Herr auf. Dieser war jedoch von ganz anderer Art. Er war nämlich eine Persönlichkeit. Er hieß Julian Mastakowitsch. Schon auf den ersten Blick konnte man erkennen, daß er ein Ehrengast war und zum Hausherrn in ungefähr dem gleichen Verhältnis stand wie der Hausherr zu dem Herrn mit dem Backenbart. Der Hausherr und die Hausfrau sagten ihm unendlich viele Liebenswürdigkeiten, machten ihm geradezu den Hof, kredenzten ihm den Wein, verwöhnten ihn nach Möglichkeit und führten ihm ihre Gäste zu, um sie ihm zu empfehlen; ihn dagegen stellten sie keinem vor. Wie ich bemerkte, erglänzte im Auge des Hausherrn sogar eine Träne der Rührung, als Julian Mastakowitsch zum Lobe des Festes versicherte, er habe selten so angenehm die Zeit verbracht. Mir ward irgendwie unheimlich in der Gegenwart einer solchen Persönlichkeit, und so zog ich mich, nachdem ich mich am Anblick der Kinder genugsam gefreut hatte, in einen kleinen Salon zurück, in dem zufällig kein Mensch war. Hier setzte ich mich am Fenster in eine Blumenlaube, die fast das halbe Zimmer einnahm.

Die Kinder waren alle unglaublich nett und lieb, sie wollten entschieden nicht den *Großen* gleichen, ungeachtet aller Ermahnungen der Gouvernanten und Mütter. Im Nu hatten sie den ganzen Weihnachtsbaum geplündert, bis zum letzten Konfekt in Goldpapier. Schon war es ihnen gelungen, die Hälfte aller Spielsachen zu zerbrechen, noch bevor sie erfahren hatten, was für wen bestimmt war. Besonders gefiel mir ein kleiner Knabe mit dunklen Augen und Locken, der mich mit seinem hölzernen Gewehr immer wieder erschießen wollte. Doch am meisten lenkte seine kleine Schwester die Aufmerksamkeit der Gäste auf sich, ein Mädelchen von etwa elf Jahren, reizend wie ein kleiner Amor; ein stilles, nachdenkliches, blasses Kind mit großen verträumten Augen, die ein wenig hervortraten. Die anderen Kinder hatten sie irgendwie gekränkt, und da kam sie denn in das stille Zimmer, wo ich saß, setzte sich in einen Winkel und beschäftigte sich mit ihrer Puppe. Die Gäste deuteten unter sich respektvoll auf den reichen Vater dieser Kleinen, einen Branntweinpächter; jemand wußte flüsternd mitzuteilen, daß an barem Gelde bereits jetzt dreihunderttausend Rubel für sie als Mitgift beiseite gelegt seien. Ich sah mich unwillkürlich nach der Gruppe um, die sich für diesen Umstand interessierte, und mein Blick fiel auf Julian Mastakowitsch, der, die Hände auf dem Rücken, den Kopf ein klein wenig zur Seite geneigt, auffallend interessiert dem müßigen Geschwätz dieser Herrschaften zuhörte. Gleichzeitig mußte ich über die Weisheit der Gastgeber staunen, die diese bei der Verteilung der Geschenke an die Kinder zu bezeugen gewußt hatten. Das kleine Mädchen zum Beispiel, das bereits dreihunderttausend Rubel besaß, hatte die schönste und teuerste Puppe erhalten. Der Wert der anderen Geschenke dagegen sank von Stufe zu Stufe herab, je nach dem Rang der Eltern dieser Kinder. Das letzte Kind, ein Knabe von etwa zehn Jahren, ein mageres, rötlichblondes Kerlchen mit Sommersprossen, bekam nur ein Buch, das belehrende Geschichten enthielt und von der Größe der Natur, von Tränen der Rührung und ähnlichem handelte, ein nüchternes Buch, ohne Bilder und sogar ohne Vignetten.

Er war der Sohn einer armen Witwe, die die Kinder des Hausherrn unterrichtete und kurzweg die Gouvernante genannt wurde. Er selbst war ein ängstlicher, verschüchterter Knabe. Er trug eine russische Bluse aus billigem Nanking. Nachdem ihm sein Buch eingehändigt worden war, ging er lange Zeit um die Spielsachen der anderen Kinder herum; er hätte wohl furchtbar gern mit diesen gespielt, aber er wagte es nicht; man sah es ihm an, daß er seine gesellschaftliche Stellung bereits vollkommen begriff. Ich beobachte gern Kinder beim Spiel. Diese ihre erste selbständige Äußerung im Leben ist immer sehr aufschlußreich. Es fiel mir auf, daß der rothaarige Knabe sich von den teuren Geschenken der anderen so hinreißen ließ, namentlich von einem Puppentheater, bei dem er wohl nur zu gern mitgespielt hätte, daß er sich einzuschmeicheln versuchte. Er lächelte und suchte sich angenehm zu machen, er gab seinen Apfel einem kleinen pausbackigen Jungen, der bereits einen ganzen Sack voll Naschwerk hatte, und er entschloß sich sogar, einen von ihnen huckepack zu tragen, nur damit man ihn nicht vom Theater fortdränge. Aber schon im nächsten Augenblick wurde er von einem Erwachsenen, der gewissermaßen den Oberaufseher spielte, mit Püffen und Stößen fortgetrieben. Der Junge wagte nicht zu weinen. Sogleich erschien auch schon die Gouvernante, seine Mutter, und sagte ihm, er solle die anderen beim Spielen nicht stören. Da kam der Kleine auch in jenes Zimmer, in dem das Mädchen saß. Sie ließ es zu, daß er sich ihr anschloß, und beide begannen eifrig, die schöne Puppe herauszuputzen.

Ich hatte schon über eine halbe Stunde in der Efeulaube gesessen und war fast eingenickt, unbewußt eingelullt durch das Kindergespräch des kleinen rotblonden Jungen und der zukünftigen Schönheit mit der Mitgift von dreihunderttausend Rubeln, als plötzlich Julian Mastakowitsch ins Zimmer trat. Er benutzte die Gelegenheit, die ihm ein großer Streit unter den Kindern im Saal bot, um unbemerkt zu verschwinden. Vor wenigen Minuten hatte ich ihn noch an der Seite des reichen Vaters der Kleinen in lebhaftem Gespräch gesehen, und aus einzelnen Worten, die ich auffing, erriet ich, daß er die Vorzüge der einen Stellung im Vergleich mit denen einer anderen pries. Jetzt stand er nachdenklich an der Efeulaube, ohne mich zu sehen, und schien zu überlegen.

»Dreihundert... dreihundert...« murmelte er. »Elf... zwölf, dreizehn – sechzehn. Fünf Jahre! Nehmen wir an, zu vier Prozent – zwölf mal fünf... macht sechzig. Ja, von diesen sechzig... nun, sagen wir, nach fünf Jahren im ganzen – vierhundert. Ja!... tja!... Aber der wird doch nicht bloß vier Prozent nehmen, der Gauner! Mindestens acht, wenn nicht sogar zehn! Na, sagen wir: fünfhunderttausend! Hm! Eine halbe Million Rubel, das läßt sich hören!... Nun, und dann noch die Aussteuer, hm...«

Sein Entschluß stand fest. Er räusperte sich und wollte das Zimmer bereits verlassen – da sah er plötzlich die Kleine im Winkel mit ihrer Puppe und blieb stehen. Mich hatte er hinter den Blattpflanzen gar nicht bemerkt. Wie mir schien, war er sehr erregt. Ob diese Erregung nun auf die Berechnung, die er soeben angestellt hatte, oder auf etwas anderes zurückzuführen war, das ist schwer zu sagen. Aber er rieb sich lächelnd die Hände und schien kaum ruhig stehen zu können. Seine Erregung wuchs noch bis zu einem nec plus ultra, als er einen zweiten entschlossenen Blick auf die reiche Erbin warf. Er wollte einen Schritt vortreten, blieb aber wieder stehen und blickte sich zuerst nach allen Seiten um. Dann näherte er sich auf den Fußspitzen, als sei er sich einer Schuld bewußt, langsam und ganz leise dem Kinde. Er lächelte. Als er dicht hinter der Kleinen stand, beugte er sich zu ihr nieder und küßte sie auf den Kopf. Die Kleine schrie vor Schreck auf, denn sie hatte ihn bis dahin nicht bemerkt.

»Was tust du denn hier, mein liebes Kind?« fragte er leise, blickte sich um und tätschelte ihr dann die Wange.

»Wir spielen...«

»Ah? Mit ihm etwa?« Julian Mastakowitsch warf einen Blick auf den Knaben.

»Du könntest doch, mein Lieber, in den Saal gehen«, riet er ihm.

Der Knabe schwieg und blickte ihn groß an. Julian Mastakowitsch sah sich wieder schnell nach allen Seiten um und beugte sich von neuem zu der Kleinen.

»Was hast du denn da, mein liebes Kind? Ein Püppchen?« fragte er sie.

»Ein Püppchen...« antwortete die Kleine etwas zaghaft und runzelte leicht die Stirn.

»Ein Püppchen... Aber weißt du auch, mein liebes Kind, woraus diese Puppe gemacht ist?«

»N – nein...« antwortete die Kleine flüsternd und senkte das Köpfchen noch tiefer.

»Nun, aus alten Lappen, mein Herzchen, die zu gepreßter Pappe verarbeitet werden... Aber du könntest doch in den Saal gehen, Junge, zu den anderen Kindern!« wandte sich Julian Mastakowitsch mit einem strengen Blick abermals an den Knaben. Das Mädchen aber und der Kleine runzelten die Stirn und faßten sich gegenseitig an. Sie wollten sich offenbar nicht voneinander trennen. »Aber weißt du auch, wofür man dir dieses Püppchen geschenkt hat?...« fragte Julian Mastakowitsch, dessen Stimme immer einschmeichelnder wurde.

»N – nein...«

»Nun, dafür, daß du ein liebes und artiges Kind bist.«

Hier blickte sich Julian Mastakowitsch wieder nach der Tür um und fragte dann mit kaum hörbarer, vor Erregung und Ungeduld zitternder Stimme:

»Aber wirst du mich auch lieb haben, kleines Mädchen, wenn ich zu deinen Eltern zu Besuch komme?«

Bei diesen Worten wollte Julian Mastakowitsch noch einmal das Mädchen küssen, doch als der kleine Knabe sah, daß sie dem Weinen schon ganz nahe war, umklammerte er sie plötzlich angstvoll und begann vor lauter Teilnahme und Mitleid mit ihr selbst laut zu weinen. Julian Mastakowitsch wurde ernstlich böse.

»Geh, geh fort, geh fort von hier!« sagte er ärgerlich, »Geh in den Saal! Geh zu deinen Altersgenossen!«

»Nein, nicht, nicht! Er soll nicht gehn! Gehen *Sie* fort«, sagte das kleine Mädchen, »er aber soll hier bleiben... Lassen Sie ihn hier!« sagte sie fast schon weinend.

Da ertönten laute Stimmen an der Tür, und Julian Mastakowitschs gewichtiger Oberkörper schnellte empor. Er war sichtlich erschrocken. Doch der kleine Knabe erschrak noch mehr als Julian Mastakowitsch, gab das kleine Mädchen frei und schlich geduckt längst der Wand ins Eßzimmer. Auch Julian Mastakowitsch ging ins Eßzimmer, ganz als wäre nichts vorgefallen. Er war rot wie ein Krebs im Gesicht, und als er im Vorübergehen einen Blick in den Spiegel warf, schien sein Aussehen ihn selbst zu verwirren. Vielleicht ärgerte er sich darüber, daß er so erregt war und daß er so unvorsichtig gesprochen hatte. Vielleicht hatte ihn – zu Anfang – seine Berechnung selbst so bestrickt und begeistert, daß er trotz seiner ganzen Solidität und Würde recht wie ein Bengel handelte und schon jetzt und unbedacht genug auf sein Ziel geradeswegs loszusteuern begann, obgleich dieses Ziel doch erst nach fünf Jahren in Frage kommen konnte. Ich folgte ihm alsbald in das andere Zimmer – und wahrlich, was ich dort erblickte, war ein seltsames Schauspiel! Ich sah nämlich, wie Julian Mastakowitsch, der hochangesehene würdevolle Julian Mastakowitsch, den kleinen Knaben einschüchterte, der immer weiter vor ihm zurückwich und nicht wußte, wo er sich vor Angst lassen sollte.

»Marsch, wirst du wohl! Was tust du hier, Taugenichts? Geh! Geh! Du willst hier wohl Früchte klauen, wie? Willst hier Früchte klauen? Marsch, mach's, daß du fortkommst, wirst du wohl, ich werd dir zeigen!«

Der verschreckte Knabe entschloß sich zu einem verzweifelten Rettungsversuch: Er kroch unter den Tisch. Das aber rief in seinem Verfolger noch größere Wut hervor. Zornig riß er sein langes Batisttaschentuch aus der Tasche und versuchte damit den Kleinen unter dem Tisch zu verscheuchen, damit er von dort hervorkrieche. Der Kleine aber war mäuschenstill vor Angst und rührte sich nicht. Ich muß bemerken, daß Julian Mastakowitsch ein wenig korpulent war. Er war, was man so nennt, ein satter Mensch, mit roten Wänglein, einem Bäuchlein, untersetzt und mit dicken Schenkeln – kurz, ein stämmiger Bursche, an dem alles so rund war wie an einer Nuß. Schweißtropfen standen ihm schon auf der Stirn, er atmete schwer und fast keuchend. Das Blut drang ihm vom Bücken rot und heiß zu Kopf. Er wurde jähzornig, so groß war sein Unwille oder (wer kann es wissen?) seine Eifersucht.

Ich lachte schallend auf. Julian Mastakowitsch wandte sich blitzschnell nach mir um und wurde ungeachtet seines gesellschaftlichen Ansehens, seiner einflußreichen Stellung und seiner Jahre geradezu fassungslos verlegen. In dem Augenblick trat durch die gegenüberliegende Tür der Hausherr ins Zimmer. Der kleine Junge kroch unter dem Tisch hervor und rieb sich die Knie und Ellenbogen. Julian Mastakowitsch kam zu sich, führte schnell das Taschentuch an die Nase und schneuzte sich.

Der Hausherr blickte uns drei verwundert an, doch als lebenskluger Mensch, der das Leben ernst auffaßte, wußte er sogleich die Gelegenheit, mit seinem Gast unter vier Augen sprechen zu können, auszunutzen.

»Ach, sehen Sie, das ist ja jener Knabe, für den ich die Ehre hatte, zu bitten…« begann er, auf den armen Kleinen weisend.

»Ah!« versetzte Julian Mastakowitsch, noch immer nicht ganz auf der Höhe der Situation.

»Er ist der Sohn der Gouvernante meiner Kinder«, fuhr der Hausherr erklärend und in verbindlichem Ton fort, »einer armen« Frau. Sie ist Witwe eines ehrenwerten Beamten. Ginge es nicht irgendwie, Julian Mastakowitsch…«

»Ach, ich entsinne mich! Nein, nein!« unterbrach dieser ihn eilig. »Nehmen Sie es mir nicht übel, mein bester Filípp Alexéjewitsch, aber es geht ganz und gar nicht. Ich habe mich erkundigt: Vakanzen gibt es nicht, und selbst wenn eine bestünde, so kämen doch zehn Kandidaten eher in Betracht als dieser, da sie eben ein größeres Anrecht darauf hätten… Es tut mir sehr leid, aber…«

»Schade«, sagte der Hausherr nachdenklich, »er ist ein stiller, bescheidener Knabe…«

»Scheint mir eher ein richtiger Bengel zu sein, soweit ich sehe«, bemerkte Julian Mastakowitsch mit saurem Lächeln. »Geh, was stehst du hier, mach dich fort! Geh zu deinen Spielkameraden«, wandte er sich an den Kleinen.

Dann konnte er offenbar der Versuchung nicht widerstehen, aus einem Augenwinkel auch mir einen Blick zuzuwerfen. Ich aber hielt nicht an mich, sondern lachte ihm offen ins Gesicht. Julian Mastakowitsch wandte sich sogleich ab und fragte sehr vernehmlich den Hausherrn, wer dieser sonderbare junge Mann eigentlich sei. Sie begannen miteinander zu flüstern und verließen das Zimmer. Ich sah nur noch durch die offene Tür, wie Julian Mastakowitsch, der dem Hausherrn aufmerksam zuhörte, verwundert und mißtrauisch den Kopf schüttelte.

Als ich genügend gelacht hatte, begab ich mich gleichfalls in den Saal. Dort stand jetzt der einflußreiche Mann, umringt von Vätern, Müttern und den Festgebern und sprach lebhaft auf eine Dame ein, der man ihn soeben vorgestellt hatte. Die Dame hielt das kleine Mädchen an der Hand, das Julian Mastakowitsch vor zehn Minuten geküßt hatte. Er lobte die Kleine bis in den siebenten Himmel, pries ihre Schönheit, ihre Grazie, ihre Wohlerzogenheit, und die Mutter hörte ihm fast mit Tränen der Rührung in den Augen zu. Die Lippen des Vaters lächelten. Der Hausherr nahm mit sichtlichem Wohlgefallen teil an der allgemeinen Freude. Die übrigen Gäste waren gleichfalls angenehm berührt. Selbst die Spiele der Kinder wurden unterbrochen, damit sie durch ihr Geschrei nicht störten. Die ganze Luft war voll von gehobener Stimmung. Später hörte ich, wie die tiefgerührte Mutter der Kleinen in ausgesucht höflichen Redwendungen Julian Mastakowitsch bat, ihrem Hause die besondere Ehre zu erweisen und sie zu besuchen. Dann hörte ich weiter, wie mit ungefälschtem Entzücken Julian Mastakowitsch der liebenswürdigen Aufforderung unfehlbar nachzukommen versprach, und wie die Gäste, als sie darauf, so wie es der gesellschaftliche Brauch verlangte, nach allen Seiten auseinander gingen, sich in geradezu gerührten Lobpreisungen ergingen, die den Branntweinpächter, dessen Frau und Töchterchen, namentlich aber Julian Mastakowitsch hoch über sie selbst erhoben.

»Ist dieser Herr verheiratet?« fragte ich hörbar laut einen meiner Bekannten, der neben Julian Mastakowitsch stand.

Julian Mastakowitsch warf mir einen zornigen Blick zu, der wohl seinen Gefühlen entsprach.

»Nein!« antwortete mein Bekannter, offenbar äußerst peinlich berührt durch meine ungeschickte Frage, die ich absichtlich so laut an ihn gerichtet hatte...

Vor ein paar Tagen ging ich an der -schen Kirche vorüber. Die Menschenmenge, die sich vor dem Portal drängte, und die Vielzahl der Equipagen fielen mir auf. Ringsum sprach man von einer Hochzeit. Es war ein trüber Herbsttag, und es begann zu frieren. Ich drängte mich mit den anderen in die Kirche und erblickte den Bräutigam. Das war ein kleiner, rundlicher Herr mit einem Bäuchlein und vielen Orden auf der Brust. Er war überaus geschäftig, eilte hin und her, traf Anordnungen und schien sehr aufgeregt zu sein. Endlich verbreitete sich vom Portal her lautes Gemurmel: Die Kutsche mit der Braut war vorgefahren. Ich drängte mich weiter durch die Menge und erblickte eine wunderbare Schönheit, für die kaum der erste Lenz angebrochen war. Sie war aber blaß und traurig. Ihre Augen blickten zerstreut. Es schien mir sogar, daß diese Augen noch gerötet waren von vergossenen Tränen. Die strenge Schönheit ihrer Gesichtszüge verlieh ihrer ganzen jungen Erscheinung eine gewisse hoheitsvolle Würde und Feierlichkeit. Und doch schimmerte durch diese Strenge und Würde und Trauer noch das unberührte Kindergemüt – und es verriet sich darin etwas unsäglich Naives, Unausgeglichenes, Kindliches, das wortlos für sich um Schonung zu flehen schien.

Man sagte, sie sei kaum erst sechzehn Jahre alt geworden, ich blickte aufmerksamer auf den Bräutigam und plötzlich erkannte ich in ihm Julian Mastakowitsch, den ich seit fünf Jahren nicht wiedergesehen hatte. Ich blickte nochmals auf die Braut... Mein Gott! Ich drängte mich durch die Gaffenden zum Ausgang, um schneller aus der Kirche zu kommen. Man flüsterte, die Braut sei so reich: Sie bekomme allein an barem Kapital eine halbe Million Rubel mit und eine Aussteuer im Wert von soundsoviel...

›Dann stimmte also die Berechnung!‹ dachte ich bei mir und trat auf die Straße hinaus...

CHRISTIAN MORGENSTERN
Das Weihnachtsbäumlein

Es war einmal ein Tännelein
mit braunen Kuchenherzlein
und Glitzergold und Äpflein fein
und vielen bunten Kerzlein:
Das war am Weihnachtsfest so grün,
als fing es eben an zu blühn.

Doch nach nicht gar zu langer Zeit,
da stands im Garten unten,
und seine ganze Herrlichkeit
war, ach, dahingeschwunden.
Die grünen Nadeln war'n verdorrt,
die Herzlein und die Kerzlein fort.

Bis eines Tags der Gärtner kam,
den fror zu Haus im Dunkeln,
und es in seinen Ofen nahm –
hei! tats da sprühn und funkeln!
Und flammte jubelnd himmelwärts
in hundert Flämmlein an Gottes Herz.

O. Henry
Das Geschenk der Weisen

Ein Dollar und siebenundachtzig Cent. Das war alles. Und sechzig Cents davon bestanden aus Pennystücken. Pennies, die sie zu jeweils ein oder zwei Stück dem Krämer, Gemüsehändler oder Metzger abgehandelt hatte, bis sie mit schamroten Wangen den unausgesprochenen Vorwurf der Knausrigkeit spürte, den solches Feilschen mit sich brachte. Dreimal zählte Della das Geld nach. Ein Dollar und siebenundachtzig Cent. Und morgen war Weihnachten.

Da blieb allerdings nichts anderes übrig, als sich auf die schäbige kleine Couch zu werfen und zu heulen. Das tat Della denn auch. Was einen zu der philosophischen Betrachtung veranlaßt, daß das Leben aus Schluchzen, Seufzen und Lächeln besteht, wobei das Seufzen überwiegt. Während die Hausfrau allmählich aus dem erstgenannten Stadium in das zweite herabsinkt, wollen wir uns ihr Zuhause anschauen. Eine möblierte Wohnung für acht Dollar die Woche. Sie konnte durchaus keine rühmende Beschreibung heischen, sondern gehörte eigentlich auf die Liste der Polizei-Kommission für Nicht-Seßhafte.

An der Eingangstür unten befand sich ein Briefkasten, in den nie ein Brief eingeworfen wurde, und ein elektrischer Klingelknopf, dem kein Sterblicher je einen Laut entlocken konnte. Und als letztes Zubehör war da eine Karte mit dem Namen »Mr. James Dillingham Young«. Das ausgeschriebene »Dillingham« hatte während einer früheren Periode des Wohlstandes vornehm wirken sollen, als der Träger des Namens noch dreißig Dollar in der Woche bekam. Doch jetzt, da das Einkommen auf zwanzig Dollar zusammengeschrumpft war, schienen die Buchstaben des Namens »Dillingham« so verschwommen, als dächten sie ernstlich daran, sich zu einem bescheidenen, anspruchslosen »D« zusammenzuziehen. Jedesmal aber, wenn Mr. James Dillingham Young nach Hause kam und seine Wohnung betrat, wurde er von Frau James Dillingham Young, Ihnen schon als Della bekannt, »Jim« gerufen und stürmisch umarmt. So weit, so gut.

Della hörte auf zu weinen und machte sich mit der Puderquaste über ihre Wangen her. Sie stand am Fenster und sah traurig einer grauen Katze zu, die im grauen Hinterhof auf einem grauen Zaun entlangschlich. Morgen war Weihnachten, und sie hatte nur einen Dollar und siebenundachtzig Cent, um Jim ein Geschenk zu kaufen. Seit Monaten hatte sie jeden Penny gespart, und das war der Erfolg. Mit zwanzig Dollar in der Woche kommt man nicht weit. Die Ausgaben waren größer gewesen, als sie vorausberechnet hatte. So ist es doch immer. Nur ein Dollar siebenundachtzig, um ein Geschenk für Jim zu kaufen. Für ihren Jim. Manche glückliche Stunde hatte sie damit verbracht, sich etwas Hübsches für ihn auszudenken. Etwas Schönes, Seltenes, Gediegenes – etwas, das wenigstens ein bißchen würdig gewesen wäre, Jim zum Besitzer zu haben.

Zwischen den Fenstern des Zimmers hing ein Pfeilerspiegel. Vielleicht haben Sie schon einmal einen Pfeilerspiegel in einer Achtdollarwohnung gesehen. Eine sehr schlanke und bewegliche Person kann, wenn sie ihr Spiegelbild in einer raschen Folge von Längsstreifen zu betrachten versteht, einen einigermaßen zuverlässigen Begriff von ihrem Aussehen bekommen. Da Della schlank war, verstand sie sich darauf.

Plötzlich drehte sie sich vom Fenster weg und stellte sich vor den Spiegel. Ihre Augen glänzten hell, aber ihr Gesicht hatte innerhalb von zwanzig Sekunden jede Farbe verloren. Schnell löste sie ihr Haar und ließ es in seiner ganzen Länge herabfallen.

Es gab zwei Besitztümer der Eheleute James Dillingham Young, auf die sie beide mächtig stolz waren. Eines davon war Jims goldene Uhr, die schon seinem Vater und Großvater gehört hatte. Das andere war Dellas Haar. Hätte in der Wohnung jenseits des Lichtschalters die Königin von Saba gewohnt, Della hätte ihr Haar eines Tages zum Trocknen aus dem Fenster gehängt, nur um die Juwelen und Geschenke Ihrer Majestät in den Schatten zu stellen. Und wäre König Salomon der Pförtner des Hauses gewesen und hätte alle seine Schätze im Keller aufgestapelt gehabt, so hätte Jim jedesmal im Vorbeigehen seine Uhr gezückt, nur um ihn vor Neid seinen Bart raufen zu sehen.

Nun fiel also Dellas schönes Haar an ihr herab, wie ein brauner Wasserfall, glänzend und sich wellend. Es reichte ihr bis unter die Knie und umhüllte sie fast wie ein Gewand. Hastig steckte sie es wieder auf. Einen Augenblick noch zögerte sie, während eine oder zwei Tränen auf den abgetretenen roten Teppich fielen.

Sie schlüpfte in ihre alte braune Jacke; sie setzte ihren alten braunen Hut auf. Mit wehendem Rock und immer noch mit einem hellen Schimmer in den Augen huschte sie zur Tür hinaus, die Treppe hinunter, auf die Straße.

Sie hielt vor einem Schild, auf dem stand: »Mme. Sofronie, Haare aller Art«. Della rannte eine Treppe hoch und sammelte sich, noch außer Atem. Madame, massig, zu weiß gepudert, sehr kühl, sah kaum so aus, als könnte sie Sofronie heißen.

»Wollen Sie mein Haar kaufen?« fragte Della.

»Ich kaufe Haar«, sagte Madame. »Nehmen Sie Ihren Hut ab und zeigen Sie, wie es aussieht.«

Herunter rieselte der braune Wasserfall.

»Zwanzig Dollar«, sagte Madame und wog die Haarflut mit geübter Hand.

»Schnell, geben Sie es mir«, sagte Della.

Oh, und die nächsten zwei Stunden tänzelten vorbei auf rosigen Schwingen. (Entschuldigen Sie die holprige Metapher!) Sie durchstöberte die Läden nach dem Geschenk für Jim.

Endlich fand sie es. Sicher war es für Jim und keinen anderen gemacht. Nichts kam ihm gleich in all den anderen Läden, in denen sie das Unterste zuoberst gekehrt hatte. Es war eine Uhrkette aus Platin, schlicht und edel in der Ausführung; ihr Wert war nur am Material und nicht an protzigem Zierat zu erkennen – so sollte es ja bei allen echten Dingen sein. Diese Kette war es wirklich wert, die Uhr aller Uhren zu tragen. Sobald Della sie sah, wußte sie, daß Jim sie kriegen mußte. Sie war wie er. Schlicht und edel – diese Bezeichnungen trafen auf beide zu.

Einundzwanzig Dollar nahm man ihr dafür ab, und mit den siebenundachtzig Cent eilte sie nach Hause. Mit dieser Kette an seiner Uhr konnte Jim in jeder Gesellschaft schicklich nach der Zeit sehen. Denn so prächtig die Uhr auch war, er sah bisher oft nur verstohlen drauf, weil er statt einer Kette nur einen alten Lederriemen dafür hatte.

Als Della zu Hause ankam, wich ihr Freudenrausch ein wenig

der Klugheit und Vernunft. Sie holte ihre Brennschere hervor, zündete das Gas an und machte sich daran, die Verwüstung zu heilen, die ihre Freude am Schenken in Verbindung mit ihrer Liebe angerichtet hatte. Das, meine Guten, ist immer eine ungeheure Aufgabe – eine Mammutaufgabe.

Nach vierzig Minuten war ihr Kopf mit winzigen, eng anliegenden Löckchen bedeckt, die ihr das Aussehen eines schulschwänzenden Lausbuben gaben. Sie musterte lange, sorgfältig und kritisch ihr Spiegelbild.

»Wenn Jim mich nicht umbringt«, sagte sie zu sich selbst, »bevor er mich eines zweiten Blickes würdigt, so wird er sagen, ich sehe aus wie ein Tanzgirl von Coney Island. Aber was konnte ich tun – oh, was konnte ich tun mit einem Dollar und siebenundachtzig Cent?«

Um sieben Uhr war der Kaffee fertig, und die heiße Bratpfanne stand hinten auf dem Ofen, bereit, die Koteletts aufzunehmen.

Jim kam nie zu spät. Della nahm die Uhrkette zusammengelegt in die Hand und setzte sich auf die Tischkante bei der Tür, durch die er immer kam. Bald vernahm sie seinen Schritt weit unten auf den ersten Stufen, und für einen Augenblick wurde sie ganz weiß. Sie hatte die Gewohnheit, im stillen kleine Gebete für die einfachsten Alltagsdinge zu sprechen, und so flüsterte sie jetzt: »Lieber Gott, mach, daß er mich immer noch hübsch findet!«

Die Tür ging auf, Jim trat ein und machte sie hinter sich zu. Er sah schmal und sehr ernst aus. Armer Kerl, erst zweiundzwanzig und schon mit einem Hausstand belastet! Er brauchte einen neuen Mantel, hatte keine Handschuhe.

Jim blieb an der Türe stehen, bewegungslos wie ein Setter, der eine Wachtel wittert. Seine Augen waren auf Della gerichtet und hatten einen Ausdruck, den sie nicht deuten konnte und der sie erschreckte. Es war weder Zorn noch Überraschung, weder Mißbilligung noch Entsetzen, überhaupt keines der Gefühle, auf die sie gefaßt war. Er starrte sie ganz einfach an, mit einem höchst sonderbaren Ausdruck im Gesicht.

Della rutschte vom Tisch herunter und ging auf ihn zu.

»Jim, Liebster«, rief sie, »schau mich nicht so an. Ich habe mir mein Haar abschneiden lassen und verkauft, weil ich Weihnachten einfach nicht überstanden hätte, ohne dir etwas zu schenken. Es wächst ja wieder nach – du bist doch nicht böse, oder? Ich mußte es einfach tun. Meine Haare wachsen unheimlich schnell. Sag ›Fröhliche Weihnachten‹, Jim, und laß uns glücklich sein. Du ahnst ja gar nicht, was für ein schönes – wunderschönes Geschenk ich für dich habe.«

»Deine Haare hast du dir abschneiden lassen?« fragte Jim mühsam, als hätte er trotz der härtesten geistigen Anstrengung diese offensichtliche Tatsache noch nicht erfaßt.

»Abschneiden lassen und verkauft«, sagte Della. »Magst du mich nicht trotzdem genauso gern? Ich bin doch auch ohne Haare ich, oder?«

Jim schaute sich forschend im Zimmer um.

»Du sagst, deine Haare sind fort?« sagte er mit fast idiotischem Ausdruck.

»Du brauchst nicht danach zu suchen«, sagte Della. »Sie sind verkauft, sag ich, verkauft und fort. Jetzt ist Heiliger Abend, mein Junge. Sei lieb zu mir, ich habe es doch für dich getan. Es kann ja sein, daß die Haare auf meinem Kopf gezählt waren«, fuhr sie fort, auf einmal ernsthaft zärtlich, »aber niemand könnte jemals meine Liebe zu dir messen. Soll ich jetzt die Koteletts aufsetzen, Jim?«

Nun schien Jim schnell aus seiner Betäubung zu erwachen. Er schloß seine Della in die Arme. Wir wollen daher zehn Sekunden lang höflich angestrengt einen belanglosen Gegenstand in entgegengesetzter Richtung betrachten. Acht Dollar in der Woche oder eine Million im Jahr – was ist der Unterschied? Ein Mathematiker oder ein Schlaukopf würden uns eine falsche Antwort geben. Die drei Weisen aus dem Morgenlande haben kostbare Geschenke gebracht, aber dieses war nicht darunter. Unsere dunkle Andeutung wird sich später aufklären.

Jim zog ein Päckchen aus seiner Manteltasche und warf es auf den Tisch.

»Versteh mich nicht falsch, Della«, sagte er. »Ich glaube, kein Haareschneiden, Scheren oder Waschen brächte mich dazu, mein Mädchen weniger zu lieben. Aber wenn du dies Päckchen aufmachst, siehst du, warum ich erst eine Weile außer Fassung war.«

Weiße Finger zogen behende an Schnur und Papier. Ein entzückter Freudenschrei; und dann – o weh – ein schneller weiblicher Umschwung zu jähen Tränen und Klagen, welche den Herrn des Hauses vor die augenblickliche Notwendigkeit stellten, mit ganzer Kraft Trost zu spenden.

Denn da lagen sie, die Kämme – die ganze Garnitur von Kämmen, seitlich und hinten einzustrecken, die Della so lange in einem Schaufenster am Broadway bewundert hatte. Herrliche Kämme, echt Schildpatt, mit juwelenverzierten Rändern – genau von der Farbe, die zu dem verschwundenen Haar paßte. Es waren teure Kämme, das wußte sie, und ihr Herz hatte sie bloß begehrlich ersehnt, ohne im entferntesten zu hoffen, sie je zu besitzen. Jetzt gehörten sie ihr, aber die Flechten, die diesen Traum-Ziertat hätten zieren sollen, waren fort. Doch sie drückte die Kämme an ihr Herz, und endlich konnte sie aus verweinten Augen aufblicken und lächelnd sagen: »Meine Haare wachsen ja so rasch, Jim.«

Und dann sprang Della wie eine kleine, angesengte Katze in die Höhe und rief: »Oh, oh!«

Jim hatte ja sein schönes Geschenk noch gar nicht gesehen. Sie hielt es ihm eifrig auf offener Hand entgegen. Das mattglänzende, kostbare Metall schien aufzuleuchten und ihre innige Freude widerzuspiegeln. »Ist sie nicht ein Prachtstück, Jim? Ich habe die ganze Stadt abgejagt, bis ich sie gefunden habe. Du mußt jetzt hundertmal am Tag auf die Uhr schauen. Gib sie mir. Ich möchte sehen, wie sie sich daran ausnimmt.«

Anstatt Folge zu leisten, ließ sich Jim auf die Couch fallen, faltete die Hände hinter dem Kopf und lächelte.

»Dell«, sagte er, »wir wollen unsere Weihnachtsgeschenke wegpacken und eine Weile aufheben. Sie sind zu schön, als daß wir sie gleich benützen könnten. Ich habe die Uhr verkauft, um das Geld für deine Kämme zu bekommen. Jetzt glaube ich, wäre es Zeit, die Koteletts aufs Feuer zu stellen.«

Die Heiligen Drei Könige waren, wie Sie wissen, weise Männer – wunderbar weise Männer –, die dem Kindlein in der Krippe Geschenke brachten. Sie haben die Kunst des weihnachtlichen Schenkens erfunden. In ihrer Weisheit wählten sie sicher wohlweislich etwas aus, das, falls es schon auf dem Gabentisch vertreten war, umgetauscht werden konnte. Und da habe ich Ihnen nun mit unbeholfener Feder die recht ereignislose Geschichte von zwei närrischen Kindern in einer Wohnung erzählt, die einander, gar nicht sehr weise, ihre größten Schätze geopfert haben. Aber in meinem Schlußwort an die Weisen unserer Tage möchte ich sagen, daß von allen, die schenken, diese beiden am weisesten waren. Von allen, die schenken und beschenkt werden, sind ihresgleichen am weisesten. Immer und überall. Sie sind die Könige.

Erich Mühsam
Weihnachten

Nun ist das Fest der Weihenacht,
das Fest, das alle glücklich macht,
wo sich mit reichen Festgeschenken
Mann, Weib und Greis und Kind beschenken,
wo aller Hader wird vergessen
beim Christbaum und beim Karpfenessen;
und groß und klein und arm und reich,
an diesem Tag ist alles gleich.
So steht's in vielerlei Varianten
in deutschen Blättern. Alten Tanten
und Wickelkindern rollte die Zähre
ins Taschentuch ob dieser Märe.
Papa liest's der Familie vor,
und alle lauschen und sind Ohr...
Ich sah, wie so ein Zeitungsblatt
ein armer Kerl gelesen hat.
Er hob es auf aus einer Pfütze,
daß es ihm hinterm Zaune nütze.

EUGEN ROTH
Der Gang zur Christmette

Seit wir einigermaßen erwachsen waren, haben wir Weihnachten schon immer am Abend des dreiundzwanzigsten Dezember gefeiert. Wir haben wohl gewußt, daß das eigentlich nicht recht war; und wir waren für unsere Sonderlichkeit auch gestraft genug, denn die wahre Stimmung hat sich nie richtig einstellen wollen. Es ist eben das Geheimnis solcher Feste, daß sie an den Tag und an die Stunde gebunden sind, auf die sie fallen – und Weihnachten gar. Da muß man das große Gefühl haben, daß jetzt in der ganzen Christenheit die Geburt des Herrn begangen wird, daß dies die Heilige Nacht ist, in der überall die Lichter strahlen und die Glocken läuten und in der Millionen Herzen, die sonst wohl kalt und verstockt sein mögen, um den Frieden bitten, den Gott den Menschen verheißen hat, die eines guten Willens sind.

Aber wir sind halt allzu leidenschaftliche Skifahrer gewesen, meine Brüder und ich, und die zwei Feiertage allein haben nicht ausgereicht, auch von München aus nicht, um tief in den Tiroler Bergen, wo es nicht so überlaufen war und wo man sich auf den Schnee hat verlassen können, eine große Gipfelfahrt zu unternehmen. Und eine solche ist unser Weihnachtswunsch gewesen, Jahr um Jahr; sogar mitten im Krieg haben wir daran festgehalten, wenn es uns mit dem Urlaub hinausgegangen ist, und schon im Oktober haben wir unsere Pläne geschmiedet und, mit dem Finger auf der Landkarte, die Freuden einer solchen schönen Abfahrt vorgekostet.

Oft freilich ist der Dezember föhnig gewesen und ohne Schnee; dann haben wir daheim bleiben müssen. Aber am dreiundzwanzigsten Dezember haben wir trotzdem gefeiert. Wenn es dann gegen Mitternacht gegangen ist, dann haben wir mehr als einmal ein frevles Spiel getrieben; der eine oder andre ist zum Schein aufgebrochen, um in die Christmette zu gehen. Und einmal ist es meinen Brüdern wirklich gelungen, mich zu übertölpeln, und ich habe erst vor den fest verschlossenen Domtüren gemerkt, daß wir allein in der ganzen Stadt das Weihnachtsfest um einen Tag zu früh begangen haben.

In dem Jahr aber, in dem das geschehen ist, was ich jetzt erzählen will, hat es Schnee genug gegeben. In den Bergen ist er schon im November liegen geblieben, und in der Woche vor den Feiertagen ist er gefallen, lautlos, in dicken Flocken, schier ohne Aufhören. Fast zuviel Schnee ist es gewesen, zu viel neuer Schnee; und wie wir im Zuge gesessen sind, meine Brüder und ich, am Samstagmittag, hat es noch immer geschneit; wir sind dann gegen Abend in die Kleinbahn umgestiegen, und der Schnee ist weiter gefallen, weiß und still. Eine Abteilung Kaiserjäger ist aus Innsbruck gekommen und hat den Bahnhof ausgeschaufelt; und im frühen Licht der Bogenlampen haben sich wunderliche Berge überall aufgetürmt, rieselnd und glitzernd wie Plättchen von Metall, mächtige Haufen dieses wunderlichsten aller Stoffe, der Luft wie dem Wasser gleich verwandt, so naß wie trocken, so schwer wie leicht und lange noch dem Himmel zugehöriger als der Erde, bis dann doch das Irdische ihn zwingt, seinen Gesetzen zu gehorchen.

Das Züglein ist so recht wie aus einer Spielzeugschachtel gewesen; und ob es mit dem vielen Schnee fertig werden würde, hat ungewiß genug hergesehen. Mühsam ist es in das Zillertal hineingekeucht, die Lokomotive hat gefaucht und gepfiffen, sie hat Rauch und Feuerfunken in die schwere Luft gewirbelt, aber sie hat's dann doch geschafft mit Ächzen und Stöhnen.

Draußen ist es schon finster gewesen, aber blaß vom Schnee. In weißen Bauschen ist er auf den Dächern gelegen, jeder Zaun und jeder Pfahl hat eine verwegene Mütze getragen, die Bäume haben geseufzt unter der lockeren Last. Nach Schnee hat's gerochen, still ist es gewesen vor lauter Schnee, die Luft hat geschwirrt von Schnee, von unersättlich fallendem Schnee.

Manchmal haben die Lichter eines Dorfes, eines Bahnhofs aus dem Zauberkreis dieses mattglänzenden Nichts geleuchtet, dann sind Bauern in den Zug gestiegen, vermummte Weiber und klirrende Knechte. Sie haben sich geplustert wie die Hennen, sie haben sich das Eis aus den Bärten gewischt und haben alle vom Schnee geredet, vom vielen, vom zu vielen Schnee, wie er seit den neunziger Jahren so nicht mehr gefallen wäre.

Endlich, am späten Abend, sind wir um den Tisch im Wirtshaus gesessen und haben, bei einem Schöpplein Roten, die Karte vor uns ausgebreitet, noch einmal unsere Bergfahrt überprüft.

Dieses Jahr hat es lange Feiertage gegeben, der Samstag, an dem wir abgefahren sind, ist der zweiundzwanzigste gewesen, morgen, am Sonntag, wollten wir in Hintertaxbach sein, am Dienstag, also am ersten Weihnachtsfeiertage, auf dem Gipfel und von da ins andere Tal hinunter. Am zweiten Feiertag talaus, weit zur Bahn, wo wir noch den letzten Zug erreichen mußten. Und weil die Nacht klar geworden ist und wir ein Anziehen der Kälte zu spüren gemeint haben, sind wir mit der Hoffnung auf Pulverschnee und schönes Wetter eingeschlafen.

Aber am Sonntag früh hat es schon wieder stumm und hartnäckig vom Himmel geschüttet, es ist lauter geworden, der Schnee ist in Klumpen an unseren Brettern gehangen, kein Wachsen hat geholfen. Nach drei Stunden haben wir es einsehen müssen, daß der Schnee zu mächtig gewesen ist, wir sind auf dem ungespurten Weg bis über die Knie eingesunken, auf einem Weg, der im Sommer ein bequemes Sträßchen ist, und auch im Winter sonst eine ausgefahrene glatte Schlittenbahn.

Kein Mensch ist uns begegnet, still ist es gewesen, geisterhaft still. Wir selber haben auch nicht mehr viel geredet, stumm sind wir hintereinander hergestapft, die Landschaft hing weich und weiß unter den warmen Bäuchen des unendlichen Gestöbers, Schnee hat sich uns auf die Wimpern gesetzt, Schnee ist uns in die Augen geflogen, Schnee hat uns jeden Blick verhängt, Schnee ist uns in den Hals geschmolzen, Schnee hat jede Falte unserer Kleider verklebt, Schnee ist blendend und schmerzhaft aus dem Nichts auf uns zugetrieben, in dem oben und unten, vorn und hinten zaubrisch vertauscht schienen.

Einmal haben wir uns in dem nebeldichten Getriebe verleiten lassen, eine vermeintliche Schneise hinunterzufahren; wir sind aber in verschneite Felsen und Jungfichten gekommen, und ich bin gar in eine Grube gefallen, zwischen die aufwippenden Äste des Dickichts, und nun ist der Schnee rings um mich und hoch über mich geflossen, wie Wasser oder wie Sand, und wenn ich auch heute lache in der Erinnerung an mein wildes Dreinschlagen und Nach-Luft-Schnappen, damals habe ich ein paar atemlose Augenblicke lang das würgende Gefühl gehabt, im Schnee zu ertrinken, und der Schweiß ist mir aus allen Poren geschossen, bis ich wieder, tief schnaufend, fest auf den Beinen gestanden bin. Und lange haben wir gebraucht, um die fünfzig, sechzig Meter verlorener Steigung zurückzugewinnen.

Jedenfalls haben wir eingesehen, daß wir so unser heutiges Ziel nicht erreichen würden, und wie, noch vor dem Abenddämmern, ein einsames, armseliges Wirtshaus am Wege gestanden ist, haben wir klein beigegeben und um Nachtlager gefragt.

Eigentlich hätten wir, nach altem Brauch, an diesem dreiundzwanzigsten Dezember unser Weihnachten feiern müssen; aber wir sind verdrossen gewesen wie nach einer verlorenen Schlacht, und in der kalten, unfreundlichen Stube hat keine rechte Frömmigkeit aufkommen wollen. So haben wir uns nach einem lahmen Kartenspiel frierend in die winterfeuchten Betten gelegt und auf den nächsten Tag gehofft. Der ist dann wirklich flaumenweich und rosig aufgegangen, die Kälte hat uns früh herausgetrieben, die Welt hat anders ausgeschaut. Tiefblau ist der Himmel geworden, glitzernd weiß ist der Schnee gelegen, wie mit blauen Flämmchen überspielt, als ob er brenne von innen her. Und von den knirschenden Bäumen sind stäubend die kristallenen Massen gerutscht, und die befreiten grünen Äste haben schwarzgrün im goldenen Licht geschaukelt.

Wir sind zeitig aufgebrochen, zügiger als am Tage vorher sind wir gewandert. Und jetzt haben auch Pflug und Schlitten von Ort zu Ort gegriffen, und am späten Mittag sind wir, schier unverhofft, in Hintertaxbach gewesen.

Das kleine Dorf, holzbraun, fast schwarz unter den riesigen Hauben von Schnee, hat sich am Berg hingeduckt, der in steilen, fast waldlosen Randstufen gegen Südwesten das Tal abschließt. Nur das Gasthaus ist stattlicher gewesen und aus Stein gebaut.

Heute stehen steinerne Häuser genug dorten, und die wuchtigen roten Postkraftwagen laden zwischen Weihnachten und Ostern ganze Scharen von noblen Sportlern aus, die mit großen Koffern von weither angereist kommen. Aber damals ist Hintertaxbach noch kein Fremdenort gewesen, höchstens ein bescheidenes Bad im Sommer. Im Winter ist es völlig verlassen gewesen, jedenfalls waren wir die einzigen Gäste. Die eigentliche Front des Hauses ist während der toten Zeit dicht geschlossen gewesen, aber der Wirt hat es sich nicht nehmen lassen, uns dreien ein Staatszimmer im ersten Stock einzuräumen. Wenn ich sage Staatszimmer, so meine ich das schon richtig. Es ist nämlich ein heilkräftiges Wasser dort geflossen, und in den siebziger Jahren hat es so hergeschaut, als ob man es mit dem weltberühmten Gastein aufnehmen könnte. Und eine Zeitlang ist eine echte Erzherzogin zu Besuch gekommen und hat eine verschollene kaiserlich-königliche Pracht zurückgelassen, die jetzt, im wachsenden Verfall, einen fast gespenstischen Eindruck gemacht hat.

Der Wirt selber hat auf der Rückseite des Hauses gewohnt, behaglich warm in zwei Stuben, aus deren einer uns der bunte Schimmer eines altmodisch und überreich geputzten Christbaumes begrüßt hat. Für die ebenso spärlichen wie sparsamen einheimischen Gäste, die Bauern, Holzknechte und Fuhrleute, hat er eine gemütliche Schenke eingerichtet, in die auch wir uns zu einem späten Mittagessen gesetzt haben, während unser wintermodriges Zimmer gelüftet und geheizt worden ist.

Wir haben dann droben unsre noch immer feuchten Überkleider aufgehängt, die Rucksäcke ausgepackt und es uns so bequem wie möglich gemacht. Denn unsere kühnen Pläne haben wir aufgeben müssen, weil ja doch ein ganzer Tag verloren gewesen ist und weil es auch bei dem vielen Schnee nicht ratsam geschienen hat, über die lawinengefährliche Platte zu gehen. Wir sind bescheiden geworden, höchstens zu der Scharte wollten wir noch aufsteigen, sonst aber für diesmal faul und gemütlich sein und am zweiten Feiertag auf dem Wege zurückkehren, den wir gekommen waren.

Wir sind dann durch den Ort geschlendert, der im frühen Dämmern schon still geworden ist. Vor den Haustüren haben die Bewohner den Schnee weggeschöpft, zwischen den riesigen weißen Hügeln sind von Haus zu Haus Wege gelaufen wie Mausgänge; und die Straße ist an mannshohen Mauern bis zum Gasthaus gegangen, dann ist die Welt zu Ende gewesen. Ein richtiges Kirchdorf ist Hintertaxbach nicht, nur eine Kapelle ist zwischen den schwarzbraunen Holzhäusern gestanden, ganz und gar eingeschneit, ein Kirchenkind sozusagen.

Unvermutet sind wir um eine Ecke gegangen und mitten in einen Schwarm spielender Buben und Mädel gestoßen; wie sie uns gesehen haben, sind sie kichernd auseinandergelaufen. Aber ein Bürschlein, von acht Jahren vielleicht, haben wir doch erwischt, und das hat sich jetzt zappelnd unter unsern Händen gewunden. Die Kinder haben nicht recht gewußt, ob es Ernst oder Spaß ist, was wir da treiben, sie haben aus der sicheren Entfernung neugierig hergeäugt, was wir wohl mit unserem Gefangenen anstellen würden.

Der Knirps ist schnell zutraulich geworden, wie wir ihn mit Schokolade gefüttert haben. Auch die anderen haben wieder Schneid gekriegt, und bald sind wir von Kindern umringt gewesen. Sie haben miteinander gewispert und getuschelt und immer wieder eines nach vorn gestoßen, daß es den Wortführer machen soll. Und das eine hat gefragt, woher wir kämen, und das andere, ob das wahr ist, daß man mit solchen Brettern, wie wir sie mitgebracht haben, auf den Berg steigen und wieder herunterrutschen kann? Und ein drittes hat ganz keck wissen wollen, ob das stimmt, daß in der Stadt die Häuser so groß sind wie die Berge und die Berge so klein wie die Häuser?

Wir haben ihnen Rede und Antwort gestanden, so gut es gegangen ist, und dann haben auch wir die Kinder ausgefragt, ob das Christkind heut abend kommt und was es wohl Schönes bringt. Aber da haben sie nur verlegen gelacht, und das eine hat gesagt, sie hätten ihr Sach schon vom Nikolo gekriegt, und ein andres hat eifrig berichtet, daß er ihnen Äpfel und Kletzen in die Schuhe gesteckt hat, und wieder eins hat uns eine goldne Nuß gezeigt, die es im Bett gefunden hat. Und ein ganz geschnappiges Dirndl hat uns erzählt, die Mutter hätte gesagt, daß das Christkindl nur dort hinflöge, wo ein Baum stünde, und einen Baum hätte nur der Wirt. Wir haben also die Wahrheit aus erster Quelle erfahren, daß tief in den Bergen, wo alles erst später hinkommt, das Gute wie das Schlechte, der Christbaum bis in die jüngste Zeit noch nicht Brauch gewesen ist.

Wir fragen die Kinder, ob sie ein Weihnachtslied singen können, aber sie kichern bloß; wir helfen ihnen drauf; ob sie in der Schule oder daheim nicht was gelernt haben, vom Stall in Bethlehem und vom Stern, von den Hirten oder den Heiligen Drei Königen. Sie winden sich geschämig, und eins versteckt sich hinterm andern. Und schließlich sagt die Geschnappige: Ja, singen könnten sie schon.

Also, sagen wir, dann singen wir am Abend, und wer mittun mag, darf nach dem Gebetläuten in die Wirtsstube kommen, und vielleicht bringt doch das Christkindl noch was, wenn sie alle schön brav sind. Die Kinder geben keine Antwort, sie drucksen an einem verlegenen Lachen herum und verschwinden in den Häusern. Es ist inzwischen völlig Nacht geworden, die Sterne sind aufgegangen, kalt, hoch und klar ist der Himmel gestanden nach all den wolkigen Tagen. Im ganzen Dorf ist kein Laut zu hören gewesen, und wenn nicht da und dort ein winziges Viereck geleuchtet hätte, wären wir ganz aus der Menschenwelt gewesen, mitten in dem ungeheuren Schweigen der starrenden Berge. Wir haben uns dann in die Wirtsstube gesetzt, haben gegessen und getrunken, wie man so nur im alten Österreich essen und trinken kann, heiß von der Pfanne und kühl aus dem Keller, wir haben gescherzt darüber, daß wir jetzt doch einmal Weihnachten am vierundzwanzigsten feiern, wie es sich gehört. Und der Wirt ist bei uns gesessen, ein verständiger alter Mann, wir sind ins Reden gekommen und haben eigentlich nicht mehr daran gedacht, daß die Kinder wirklich noch erscheinen würden. Aber auf einmal ist die Tür aufgegangen und die Kinder sind hereinspaziert, sechse, sieben oder acht, im Gänsemarsch, voran der Knirps, den wir am Nachmittag gefangen haben. »Jetzt samma da!« sagt er und pflanzt sich erwartungsvoll vor uns auf...

Der Glaube von Kindern ist unbestechlich, und es ist eine üble Sache, ihnen nicht zu halten, was man versprochen hat. Die Verlegenheit ist an uns gewesen, wir haben uns da selber, wie mein ältester Bruder lachend gemeint hat, eine rechte Bescherung eingebrockt, denn es ist gar nicht so leicht, mit einem halben Dutzend Bauernkinder was anzufangen, für Zwanzigjährige gar. Sie sind, Mädel und Buben, stumm auf der Bank gesessen und haben uns angeschaut wie die Schwalben. Es ist aber dann doch alles besser gegangen, als wir gedacht haben. Wir haben alle Süßigkeiten geholt, die wir dabei gehabt haben, ein Päckchen Kakao ist auch dabei gewesen. Milch hat's genug gegeben; und vor den dampfenden Tassen sind die Kinder immer munterer geworden. Wir haben ihnen Geschichten vom Christkind erzählt, so gut wir es gewußt haben – und haben, beschämt genug, gemerkt, wie arm der Verstand der Verständigen vor einem Kindergemüt doch ist. Aber dann haben wir ein paar bewährte, unfehlbare Zauberstücklein zum besten gegeben, die auf den Handrücken gelegte und heimlich in die Haut geklemmte Zündholzschachtel, die geisterhaft auf- und niedersteigt, das Geheimnis mit dem ausgerissenen und wieder anwachsenden Daumen, das jeder erfahrene Onkel kennt, und die mit zahnlosen Kiefern Brot mulfernde alte Frau, dargestellt durch die bloße Hand, der ein umgebundenes Taschentuch und ein mit einem verkohlten Hölzchen aufgemaltes Auge in der Tat ein beängstigendes Aussehen verleiht.

Immer mutiger sind die Kinder geworden, immer gesprächiger, immer seliger. Sie haben fest geglaubt, daß wir echte Zauberer sind, und wir haben uns durch ihre Begeisterung zu immer verwegeneren Künsten verleiten lassen, bis wir selber gespürt haben, daß es hohe Zeit ist, wieder in die Frömmigkeit des Weihnachtsabends umzustimmen. Von unserem Spielen verlockt, sind auch ein paar Knechte und Mägde aus dem Haus in die Stube gekommen, der Wirt selber ist ja ein einschichtiger Mann gewesen, ohne Frau und Kinder. Er hat drüben den Baum angezündet, wir sind hinübergegangen, ich habe meine Querpfeife mitgebracht, und mein Bruder hat die verstaubte Gitarre gestimmt. Mit dem Singen freilich ist es zuerst nicht viel gewesen, weil die Kinder herkömmliche Lieder nicht gekonnt haben; aber in dem Lichterschein ist es dann doch ein inniges Musizieren geworden, und zum Schluß haben sich gar der Wirt und die Köchin als Sänger alter Tiroler Weisen gezeigt, so daß jetzt wir Städter die Beschenkten gewesen sind. Sie haben vom König David gesungen und seiner Weissagung, vom bösen Herodes und von den Hirten auf dem Feld, vom Kasper, Melchior und Balthasar, ich hab mir nur ein paar Bruchstücke merken können, vom frohen Getümmel, Schalmeien vom Himmel und daß die Hirten schon gemeint haben, ganz Bethlehem brennt, so stark ist der Schein gewesen und der Braus in der Heiligen Nacht. Die Lieder sind hundert Jahre alt gewesen, und älter, von Mund zu Mund sind sie gegangen, und wie sie jetzt erklungen sind, von den zwei alten, brüchigen Stimmen, aber herzhaft und ohne Fehl, vor den Kindern und Kerzen, in der großen Bergstille, das ist schön gewesen, und ich schäme mich nicht zu sagen, rührselig, denn das ist ein gutes Wort, und erst wir haben es zu einem schlechten gemacht.

So pünktlich, wie er sie gebracht hat, hat unser Knirps seine Schar wieder fortgeführt. Jeder hat jedem Kind die Hand gegeben, sie sind, wieder im Gänsemarsch, hinausgetrippelt, ohne Dank und fast ohne Gruß, aber mit einem unvergeßlichen Leuchten in den Augen.

Der Seppei, sagt der Wirt, wie sie gegangen sind, wär ein armes Bürscherl, die Lahn hätte ihm vor drei Jahren den Vater verschüttet. Das ganze Häusl, sagt er, hätte der Schnee begraben, drei, vier Meter hoch wäre die Grundlawine gewesen. Die Mutter wäre mit dem Buben grade im Geißenstall gewesen, und den hätte der Schnee aufgehoben und auf den Rücken genommen und ganz sanft an die zwanzig Meter ins Tal hinausgetragen.

Wir sind in die Gaststube zurück und haben uns noch eine Weile über den Schnee unterhalten, der Wirt, nur noch flüchtig am Tisch stehend, hat uns erzählt, wie schier Jahr um Jahr die Lawinen sich ihre Opfer holen, die kleinen Holzhäuser und die Ställe überrennend, Fuhrleute mit Roß und Wagen in die Tobel reißend, im Auswärts gar, wenn die Berge in Aufruhr kommen und die schweren Schlaglawinen niederbrechen und sich rauschend und polternd bis in die Gassen des Dorfes wälzen.

Ein Wort hat das andere gegeben, wir haben auch noch allerhand Erlebnisse berichtet, von Schneebrettern und Eisbrüchen, lauter Dingen, die scheußlich zu erleben sind, aber gut zu erzählen, wenn man noch einmal davongekommen ist. Und zum Schluß haben wir den Wirt, der nur mit halbem Ohr zugehört hat, gefragt, ob er, seiner Erfahrung nach, auch jetzt, im Frühwinter, eine Lawine für möglich halte. Der Wirt schüttelt den Kopf und sagt: Ausgeschlossen! Und: ausgeschlossen nicht, sagt er gleich darauf, gar nicht ausgeschlossen, im Gegenteil, wahrscheinlich sogar bei dem vielen lockeren Schnee und der Kälte obendrein. Bis ins Dorf hinein wird wohl keine kommen. Aber, sagt er, und rundet das Gespräch mit einem Scherz ab, bei Weibern und anderen Naturgewalten weiß man nie, was sie vorhaben. Und, eine gute Nacht wünschend, fragt er, mehr beiläufig, ob die Herren vielleicht mit in die Christmette gehen möchten, nach Kaltenbrunn. Um halb elf Uhr würde aufgebrochen, denn eine Stunde Wegs müßte man bei dem Schnee rechnen. Ein Winterabend ist lang, wenn man sich um fünf Uhr schon an den Tisch setzt; und so ist es jetzt auf neun gegangen. Ich bin, wie das oft so geht, auf einmal bleiern müde gewesen. Meine Brüder haben nach kurzem Zögern zugesagt, sie haben die anderthalb Stunden noch aufbleiben wollen, und wie ich mich nun angeschickt habe, hinaufzugehen, um mich schlafen zu legen, haben sie mich einen Schwächling gescholten und einen faden Kerl, der keinen Sinn für Poesie hat. Beinahe hätten sie mich noch umgestimmt. Ich habe, einen seligen Augenblick lang, das liebliche Bild wie im Traum vor mir aufsteigen sehen, die Mitternacht im Schnee, das honigsüße Kerzenlicht, den Orgelbraus des Gloria und die vielen Wanderer auf dem Wege, Bauern aus allen Weilern und Einöden, heute so fromm wie die Hirten vor zweitausend Jahren. Aber der Teufel muß mich geritten haben in der gleichen Sekunde, ich habe nein gesagt, und um meiner Ablehnung einen scherzhaften Ton zu geben, sage ich, daß ich heute daheim bleiben will, für damals, wo sie mich vor die versperrte Kirchentür gesprengt haben. Und meinen Schutzengel, sag ich, will ich ihnen mitgeben, zum Schlafen brauch ich ihn nicht, und es ist dann einer mehr zum Hallelujasingen.

Vielleicht hätten meine Brüder gelacht und das lästerliche Wort wäre so ohne Wirkung geblieben, wie es im Grunde gemeint war. Aber der Wirt hat einen roten Kopf gekriegt, er hat ein feindseliges Gesicht gemacht und hat nachdrücklich gesagt, daß der Herr seinen Schutzengel so leichtsinnig in Urlaub schicke, möchte ihn am Ende gereuen. Halten zu Gnaden, sagt er, aber so was höre er ungern. Und ist ohne Gruß hinausgegangen. Nun ist die Stimmung verdorben gewesen, und wie ich jetzt, als Säckelmeister, unwirsch die Kellnerin rufe, um zu zahlen, erhebt keiner Einspruch. Sie lassen mich gehen, ohne Vorwurf, aber auch ohne Trost; und daß ich dem alten Mann innerlich recht geben muß, daß ich selber nicht weiß, warum ich so dumm dahergeredet habe, ist bitter genug, um mir das Herz bis zum Rande zu füllen.

Ich bin droben noch eine Weile in der Finsternis am offenen Fenster gestanden und habe mit mir gehadert. Die stille, heilige Nacht hat über dem lautlosen Tal gefunkelt, ein Licht, das von den Sternen gekommen ist, hat die weißen Tafeln des beglänzten Schnees und die bläulichen Schatten der Dunkelheit mit einem wunderlichen Feuer umspielt, und ich habe, wie es in solchen Augenblicken geschieht, durch die Landschaft hindurch weit in mein Leben und ins Wandern der Planeten gespäht, viele Gestalten, verhüllt und schwer zu deuten, haben mich mit Traumesgewalt sprachlos angeschaut, und der Himmel hat mir erlaubt, das törichte und vermessene Wort zu vergessen. Ich bin dann versucht gewesen, doch noch hinunterzugehen und zu sagen, daß ich mitkommen wollte in die Christmette. Aber ich habe den Mut zu dem ersten, schweren Schritt nicht gefunden, und das Gute ist ungetan geblieben, wie es oft ungetan bleibt im Leben.

Es ist gewesen, als wäre ein Sausen in den Sternen, aber es hat wohl nur der Schnee leise gebraust und gesotten, der die Luft ausgestoßen und sich gesetzt hat. Morgen würde ein strahlender Tag werden.

Ich habe das Fenster geschlossen und das Licht angedreht, ich habe mich ausgezogen und in eins der großen, wiegenden Betten gelegt. Und noch einmal hat es mich getrieben, wieder aufzustehen und mitzupilgern zur Mitternachtsmesse. Aber ich habe trotzig das Licht gelöscht. Zuletzt habe ich noch die Berge gesehen, steil und schwarzdrohend im Viereck des Fensters. Ich habe weinen wollen, nachträglich, wie ein gescholtenes Kind, aber da bin ich schon eingeschlafen.

Eiskalt rührt es mich an; traumtrunken haue ich um mich: Blödsinn! will ich lallen, aus tiefem Schlaf tauche ich rasend schnell empor. Die Brüder, denke ich, Schnee, rohe Bande! Und ehe ich wach bin, höre ich rumpelnden Lärm, das sind die Brüder nicht! Das Fenster klirrt, ein Stoß geht durchs Haus, ein Schwanken und Fallen, ein Knistern und Fauchen. Ein geisterhaft weißer Hauch schießt herein, kein Hauch mehr, ein knatterndes Vorhangtuch, Sturm. Die Fenster platzen auf. Sturm, denke ich, noch immer nicht wach, Schneesturm? Aber da peitscht es schon herein, wilde, weiße, wogende Flut: Schnee – Schnee! Ins Zimmer, ins Bett, ins Hemd, ins Gesicht, in die Augen, in den Mund – ich schreie, ich fahre auf, ich wehre mich. Und jetzt erst, wo es wie mit nassen Handtüchern auf mich einschlägt, begreife ich: Die Lawine! Im gleichen Augenblick ist es auch schon vorbei. Nur noch ein Seufzen geht durch das Zimmer, es ist, als schwände eine weiße, wehende Gestalt. Von drunten höre ich es dumpf poltern, und noch einmal bebt und ächzt das Haus. Dann ist es dunkel und still.

Ich bin jetzt ganz wach. Eine heiße Quelle von Angst schießt aus mir heraus. Ich habe das Gefühl, als ob bärenstarke Männer auf meiner Brust knieten und mich an Armen und Beinen hielten. Ich versuche, mich loszureißen, ich bekomme eine Hand frei, ich wische mir übers Gesicht, ich spucke den Schnee aus dem Mund. Ich bin völlig durchnäßt, ich schlottere vor Kälte und glühe zugleich vor Anstrengung, mich aus der Umklammerung dieser unbarmherzigen Fäuste zu befreien. Es gelingt, Glied um Glied, der linke Fuß ist wie in Gips eingeschlossen, ich zerre ihn mit beiden Händen heraus, des Schmerzes nicht achtend. Ich krieche aus dem Bett, ich tappe im Finstern, mit bloßen Füßen. Ich taste die Gegenstände ab, mit unbeholfenen, erstarrenden Händen, aber die Unordnung verwirrt mich noch mehr, ich kenne mich überhaupt nicht mehr aus; es ist für einen Schlaftrunkenen in einem vertrauten Raum schon schwer, Richtung zu halten, aber hier erst, zwischen umgestürzten Stühlen und queren Tischen, eingemauert im Eis, mit nackten Füßen im zerworfenen, glasharten Schnee! Natürlich habe ich den Lichtschalter gesucht, aber es ist eine sinnlose Sucherei, ich werde immer kopfloser.

Ich nehme mich plötzlich zusammen, ich sage laut vor mich

hin: Nur Ruhe! Und jetzt finde ich den Lichtschalter wirklich. Ich drehe ihn mit klammen Fingern, aber es ist vergebens. Es bleibt stockdunkel. Ich kämpfe meine Erregung nieder. Ich werde doch zum Teufel eine Zündholzschachtel auftreiben. In der Rocktasche ist eine, im Rucksack. Ich wandre also wieder im Zimmer herum, meine Füße schmerzen mich, es ist nirgends ein trockenes Plätzchen zu ertasten. Aber auch nirgends eine Spur von einem Kleidungsstück oder von einem der drei Rucksäcke.

Aber den Türgriff habe ich unvermutet in der Hand. Ich drücke ihn nieder, ich rucke und reiße. Oben geht wippend ein Spalt auf, aber unten weicht die Türe nicht einen Zoll. Ich fange an, scheußlich zu frieren, ich kann kaum noch stehen. Aber es ist wenigstens nicht mehr so undurchdringlich finster, die Augen gewöhnen sich an die Nacht, ich sehe das matte Viereck des Fensters den graugeballten Schnee und die schwärzlichen Umrisse der durcheinandergeworfenen Möbel. Ich stolpere also gegen den blassen Schein, und schon fahre ich mit der ausgestreckten Hand in die Glasscherben. Ich blute. Ich heule aus Verzweiflung, so herumzulaufen, wie ein blinder Maulwurf. Und mit einemmal wird mir klar, daß meine Lage weit ernster sein kann, als ich bedacht habe. Ich weiß ja nicht, wieviel Uhr es ist. Es kann elf Uhr sein, und die anderen sind ahnungslos auf dem Weg in die Mette. Oder ist es schon gegen Morgen – und die Lawine hat die Heimkehrenden in der Gaststube drunten überrascht, und sie sind schon tot, während ich hier oben auf ihre Hilfe warte?

Ich überlege, ob ich schreien soll. Es hat wohl keinen Sinn. Wenn die Lawine niemand wahrgenommen hat, dann hört auch keiner mein Rufen. Aber ich will doch nichts unversucht lassen. So wunderlich es klingen mag, ich muß erst eine drosselnde Beschämung überwinden, ehe ich mich richtig zu schreien getraue. Dann tut es freilich gut, die eigene Stimme zu hören. Ich rufe sechsmal, wie es die Vorschrift ist; dann schweige ich und horche... Lautlose, schwarze Stille. Der Vers fällt mir ein und geht mir nicht aus dem Kopf: »Wie weit er auch die Stimme schickt, nichts Lebendes wird hier erblickt!«

Das ganze Gedicht rast in wirbelnden Fetzen durch mein Hirn, ich ärgere mich über den Blödsinn, es nützt nichts: »So muß ich hier verlassen sterben.« Ich bin nahe am Weinen und lache zugleich, ich setze zu neuem Rufen an – da höre ich irgendwo aus dem Hause eine Uhr schlagen.

Nie habe ich so bang auf einen Uhrenschlag gelauscht: Eins, zwei, drei – vier! Und dann voller und tiefer: Eins – zwei...

Und jetzt vernehme ich rufende Stimmen und sehe den huschenden Schein von Laternen draußen über den Schnee gehen. Meine Brüder haben mir später erzählt, daß ich immer wieder gebrüllt hätte: »Eine Lawine, eine Lawine!« – als ob sie es nicht selber gesehen hätten, was geschehen war.

Sie sind dann von rückwärts ins Haus gedrungen und haben die Tür eingeschlagen. Ich habe meinen älteren Bruder noch mit erschrockenem Gesicht auf mich zukommen gesehen, dann hat mich das Bewußtsein verlassen.

Wie ich wieder aufgewacht bin, da bin ich auf den Kissen und Decken in der Stube des Wirts gelegen, und am Christbaum haben die Kerzen gebrannt. Das ist freilich nur so gewesen, weil das Licht nicht gegangen ist, aber für mich hat es doch eine tiefe und feierliche Bedeutung gehabt. Meine Brüder sind besorgt und doch lächelnd dagestanden, und jetzt ist auch der Wirt mit einem Krug heißen Weins gekommen, ich habe wortlos getrunken und bin gleich wieder eingeschlafen.

Am Vormittag bin ich dann überraschend munter gewesen, nur meine Füße haben mir wehgetan und die Hand, die ich mir mit den Glasscherben zerschnitten habe. Ich bin in allerhand drollige Kleidungsstücke gesteckt worden, und wir haben lachen müssen über meinen wunderlichen Aufzug. Meine eigenen Sachen sind noch im Schnee vergraben gewesen. Beim Frühstück, das zugleich unser Mittagessen war, denn es ist schon spät gewesen, ist es dann ans Erzählen gegangen. Ich habe zu meiner Überraschung gehört, daß zwischen dem Losbruch der Lawine und der Heimkehr meiner Brüder kaum mehr als eine Viertelstunde gelegen ist. Die Pilger haben, fast schon bei den ersten Häusern des Dorfes, einen wehenden Schein gesehen und später noch ein dumpfes Poltern gehört. Sie haben daraufhin wohl ihre

Schritte beschleunigt, aber keiner, auch der Wirt nicht, hat sich denken können, daß die Lawine so stark gewesen ist, wie sich nachher gezeigt hat.

Nach dem Essen haben wir die Verwüstungen angeschaut, die die Staublawine angerichtet hat. Im Erdgeschoß sind die Räume gemauert voll Schnee gestanden. Vom Gesinde, das hier schläft, wäre nicht einer lebend davongekommen. Sie sind aber alle in der Christmette gewesen. Im ersten Stock waren die Fenster eingedrückt, oft mitsamt den Fensterstöcken. In manche Zimmer hat man bloß von außen mit einer Leiter einsteigen können. Der Schnee, der leichte Schnee, der wie ein Geisterhauch hingeweht ist, jetzt ist er zu Eis gepreßt worden, der Luftdruck hat ihn mit Gewalt in alle Winkel geworfen.

Wir haben von dem geschwiegen, was uns zuinnerst bewegt hat. Wir haben sogar gescherzt, wie wir unsere Kleider und unsre Habseligkeiten aus dem Schnee gescharrt haben, soweit sie noch zu finden waren, oft genug an entlegenen Orten. Am Nachmittag sind wir talaus gewandert, der Wirt war in seinen Räumen beschränkt, ihm ist nur die leidlich erhaltene Rückfront seines Hauses geblieben.

Wie wir zu ihm getreten sind, um nach unserer Schuldigkeit zu fragen und um Abschied von ihm zu nehmen, hat er grad eine Scheibe in den Rahmen gekittet. Er hat angestrengt auf seine Arbeit geblickt, wohl nur, damit er mich nicht noch einmal hat anschauen müssen. Fürs Übernachten, sagte er mit brummigem Humor, könnte er billigerweise nicht was verlangen, denn übernachtet hätten wir ja wohl nicht. Aber wenn einer der Herren einen Stutzen Geld übrig hätte, könnte er gern was in den Opferstock von Kaltenbrunn legen, zum Dank, daß der Herrgott in der Christnacht so viele Engel unterwegs gehabt hätte: ein gewöhnlicher Schutzengel hätte vielleicht nicht genügt diesmal.

Er ist weggegangen, ehe wir ihm die Hand geben konnten. Am Abend sind wir in Kaltenbrunn gewesen und haben uns für die Nacht einquartiert. Die Kirche ist hoch über dem Dorf gestanden, kaum hat sich die weiße Wand vom weißen Schnee abgehoben in der Finsternis. Aber die Glocken haben gerade den Feierabend eingeläutet. Ich bin die hundert Stufen hinaufgestiegen und haben den Messner gesucht; aber er ist nirgends zu finden gewesen, die Glocken waren still.

Da bin ich wieder, wie damals vor Jahren, an der verschlossenen Kirchentür gestanden; freilich nicht einen Tag zu früh, sondern einen Tag zu spät. Und doch inbrünstig diesmal vor der Gnade, daß ich so habe stehen dürfen und daß es nicht zu spät gewesen ist für immer.

Joachim Ringelnatz
Einsiedlers Heiliger Abend

Ich hab' in den Weihnachtstagen –
Ich weiß auch, warum –
Mir selbst einen Christbaum geschlagen,
Der ist ganz verkrüppelt und krumm.

Ich bohrte ein Loch in die Diele
Und steckte ihn da hinein
Und stellte rings um ihn viele
Flaschen Burgunderwein.

Und zierte, um Baumschmuck und Lichter
Zu sparen, ihn abends noch spät
Mit Löffeln, Gabeln und Trichter
Und anderem blanken Gerät.

Ich kochte zur heiligen Stunde
Mir Erbsensuppe mit Speck
Und gab meinem fröhlichen Hunde
Gulasch und litt seinen Dreck.

Und sang aus burgundernder Kehle
Das Pfannenflickerlied.
Und pries mit bewundernder Seele
Alles das, was ich mied.

Es glimmte petroleumbetrunken
Später der Lampendocht.
Ich saß in Gedanken versunken.
Da hat's an die Türe gepocht,

Und pochte wieder und wieder.
Es konnte das Christkind sein.
Und klang's nicht wie Weihnachtslieder?
Ich aber rief nicht: »Herein!«

Ich zog mich aus und ging leise
Zu Bett, ohne Angst, ohne Spott,
Und dankte auf krumme Weise
Lallend dem lieben Gott.

Kurt Tucholsky
Groß-Stadt – Weihnachten

Nun senkt sich wieder auf die heim'schen Fluren
die Weihenacht! die Weihenacht!
Was die Mamas bepackt nach Hause fuhren,
wir kriegens jetzo freundlich dargebracht.

Der Asphalt glitscht. Kann Emil das gebrauchen?
Die Braut kramt schämig in dem Portemonnaie.
Sie schenkt ihm, teils zum Schmuck und teils zum Rauchen,
den Aschenbecher aus Emalch glasé.

Das Christkind kommt! Wir jungen Leute lauschen
auf einen stillen heiligen Grammophon.
Das Christkind kommt und ist bereit zu tauschen
den Schlips, die Puppe und das Lexikohn.

Und sitzt der wackre Bürger bei den Seinen,
voll Karpfen, still im Stuhl, um halber zehn,
dann ist er mit sich selbst zufrieden und im reinen:
»Ach ja, son Christfest is doch ooch janz scheen!«

Und frohgelaunt spricht er vom ›Weihnachtswetter‹,
mag es nun regnen oder mag es schnein.
Jovial und schmauchelnd liest er seine Morgenblätter,
die trächtig sind von süßen Plauderein.

So trifft denn nur auf eitel Glück hernieden
in dieser Residenz Christkindleins Flug?
Mein Gott, sie mimen eben Weihnachtsfrieden...
»Wir spielen alle. Wer es weiß, ist klug.«

Alfred Polgar
Bescherung

In der Woche vor Weihnachten kam der alte Mann auf die Idee, durch Verkauf von Christbäumen etwas Geld zu verdienen. Er ging weit hinaus in den winterlichen Wald und kehrte mit einem Bündel von Nadelbäumen auf dem Rücken in sein Asyl zurück, einen Schuppen, wo die Straßenarbeiter ihr Werkzeug aufzubewahren pflegen. Ein Recht, dort zu nächtigen, hatte der Mann nicht, er hatte auch gewiß kein Recht, Bäume aus dem Wald fortzutragen. Doch machte er sich darüber wenig Gedanken. Er war ein ehrlicher Mensch, und eben um das zu bleiben, mußte er für sich den Begriff des moralisch Zulässigen etwas weitherziger auslegen. Seine Not sagte nicht, sie kenne kein Gebot; aber sie war aus taktischen Gründen gezwungen, die Bekanntschaft hie und da zu verleugnen.

Der alte Mann hatte nichts, nicht Besitz noch Arbeit noch irgendwen, der den Mittler hätte machen wollen zwischen ihm und der Welt, damit er diese nicht als völlig sinnlose Zumutung empfände und ablehne. Zuweilen, das kam vor, fragte er sich deshalb, wozu er denn eigentlich lebe, und fand keine andere Antwort als diese: dazu, um mir den Kopf zu zerbrechen, wovon ich leben soll. Immerhin ist auch solches Kopfzerbrechen eine Art von Tätigkeit und Beschäftigung – und solange der Mensch derlei hat, hat er etwas, das ihn ans Dasein bindet. Man weiß gar nicht, wie sehr manchen nur die Schwierigkeit, zu leben, noch am Leben hält.

Der Mann bot also seine Tannenbäume in der Stadt zum Verkauf aus. Auch dazu hatte er natürlich kein Recht. Und damit Konkurrenz und Polizei ihm nicht in den Handel pfuschten, wählte er als Standort eine entlegene Straße im entlegenen Bezirk. Dort wohnten freilich nur ganz arme Leute, aber nur für solche auch hätten die Christbäume des guten Alten getaugt, denn es waren klägliche Bäume in zerschlissenem Nadelkleid, unterernährt, dünn, rachitisch wie die Kinder, für deren Weihnachtstisch allein derlei Tannen-Ausschuß in Betracht kommen konnte. Nur ein einziges Stück war darunter, das hatte Kraft und

Haltung. Für dieses zimmerte der Mann auch ein hölzernes Bodenkreuz. Und damit der Sturm dem Prachtstück nichts anhaben könne, nagelte er das Holzkreuz fest an den Boden, steifte der Tanne noch überdies durch geeignete technische Maßnahmen das Rückgrat. Sie sah jetzt wirklich nach einem richtigen Christbaum aus. Und solchen Eindruck verstärkte der Mann noch dadurch, daß er abends eine kleine Laterne mit rotem Schutzglas an die Spitze des Stammes hing. Sie war dem Werkzeugschuppen der Straßenarbeiter entlehnt und diente sonst zur Nachtzeit als Warnung vor Löchern im aufgerissenen Pflaster.

Der Mann hatte seine Freude an dem Baum und die Vorübergehenden vielleicht auch.

Aber niemand kaufte das preiswerte Stück, und niemand kaufte eins von den anderen Bäumchen. Es war sechs Uhr abends, am 24. Dezember, und fünfzehn Grad Celsius unter Null. Durch die entlegene Straße im entlegenen Bezirk ging niemand mehr als der eisige Wind, der das Laternchen schaukeln machte, was so aussah, als gäbe der Baum, wie das die Männer von der Eisenbahn tun, irgendwem irgendwohin Signal. Doch niemand beachtete es. Aus Fenstern da und dort schimmerte Kerzenlicht, überall schon war das himmlische Kind geboren worden und die diesjährige Konjunktur für Christbäume also endgültig vorüber.

Der alte Mann dachte wiederum einmal darüber nach, wozu er lebe, und gab sich wiederum die gewohnte Antwort. Aber war es Kummer über die Entwertung seiner Ware auf Null, war es eine durch Kälte, Hunger und Einsamkeit gesteigerte Oppositionslust, kurz, diesmal genügte dem Frager die bewährte Antwort nicht. Er geriet vielmehr in ausgesprochen lebensfeindliche Stimmung. Es kränkte ihn über die Maßen, daß sein stattlicher, mit so viel Müh beschaffter und betreuter Baum weihnachtlich ungenützt bleiben sollte. Mitleid überwältigte sein Herz, Mitleid sowohl mit sich selbst wie auch mit dem Baum, der doch wirklich allen Anspruch darauf hatte, Lichter zu tragen und mit schmückenden Zeug behängt zu werden.

Und wie der Mann so grübelte, was er vielleicht doch noch für sich und für den Baum tun könne, fand er eine Lösung. Er hängte seine Kleiderlumpen an die Äste, legte sich auf die steifgefrorene Erde und überließ das weitere den fünfzehn Graden unter Null.

Der Polizist, der den Tannenbaum mit dem wunderlichen Aufputz und darunter das schon aus seinen Hüllen genommene Weihnachtsgeschenk als erster sah und entsprechend amtshandeln mußte – obwohl er gerne schon wieder in der Wachstube gesessen wäre, wo auch ein Christbäumchen stand, zwischen Gummiknüppeln, Rosinenstollen, Notizbüchern, Punsch und Handfesseln –, brummte: »Schöne Bescherung!«

Er meinte das aber nicht im rechten festtäglichen Sinn.

Ludwig Thoma
Heilige Nacht

So ward der Herr Jesus geboren
im Stall bei der kalten Nacht.
Die Armen, die haben gefroren,
den Reichen war's warm gemacht.
Sein Vater ist Schreiner gewesen.
Die Mutter war eine Magd.
Sie haben kein Geld besessen,
die haben sich wohl geplagt.
Kein Wirt hat ins Haus sie genommen,
sie waren von Herzen froh,
daß sie noch in Stall sind gekommen.
Sie legten das Kind auf Stroh.
Die Engel, die haben gesungen,
daß wohl ein Wunder geschehn.
Da kamen die Hirten gesprungen
und haben es angesehn.
Die Hirten, die will es erbarmen,
wie elend das Kindelein sei.
Es ist eine Gschicht für die Armen.
Kein Reicher war nicht dabei.

Das Paket des lieben Gottes

Nehmt eure Stühle und eure Teegläser mit hier hinter an den Ofen und vergeßt den Rum nicht. Es ist gut, es warm zu haben, wenn man von der Kälte erzählt.

Manche Leute, vor allem eine gewisse Sorte Männer, die etwas gegen Sentimentalität hat, haben eine starke Aversion gegen Weihnachten. Aber zumindest ein Weihnachten in meinem Leben ist bei mir wirklich in bester Erinnerung. Das war der Weihnachtsabend 1908 in Chicago.

Ich war anfangs November nach Chicago gekommen, und man sagte mir sofort, als ich mich nach der allgemeinen Lage erkundigte, es würde der härteste Winter werden, den diese ohnehin genügend unangenehme Stadt zustande bringen könnte. Als ich fragte, wie es mit den Chancen für einen Kesselschmied stünde, sagte man mir, Kesselschmiede hätten keine Chance, und als ich eine halbwegs mögliche Schlafstelle suchte, war alles zu teuer für mich. Und das erfuhren in diesem Winter 1908 viele in Chicago, aus allen Berufen.

Und der Wind wehte scheußlich vom Michigan-See herüber durch den ganzen Dezember, und gegen Ende des Monats schlossen auch noch eine Reihe großer Fleischpackereien ihren Betrieb und warfen eine ganze Flut von Arbeitslosen auf die kalten Straßen.

Wir trabten die ganzen Tage durch sämtliche Stadtviertel und suchten verzweifelt nach etwas Arbeit und waren froh, wenn wir am Abend in einem winzigen, mit erschöpften Leuten angefüllten Lokale im Schlachthofviertel unterkommen konnten. Dort hatten wir es wenigstens warm und konnten ruhig sitzen. Und wir saßen, so lange es irgend ging, mit einem Glas Whisky, und wir sparten alles den Tag über auf dieses eine Glas Whisky, in das noch Wärme, Lärm und Kameraden mit einbegriffen waren, all das, was es an Hoffnung für uns noch gab.

Dort saßen wir auch am Weihnachtsabend dieses Jahres, und das Lokal war noch überfüllter als gewöhnlich und der Whisky noch wässriger und das Publikum noch verzweifelter. Es ist einleuchtend, daß weder das Publikum noch der Wirt in Feststimmung geraten, wenn das ganze Problem der Gäste darin besteht, mit einem Glas eine ganze Nacht auszureichen, und das ganze Problem des Wirtes, diejenigen hinauszubringen, die leere Gläser vor sich stehen hatten.

Aber gegen zehn Uhr kamen zwei, drei Burschen herein, die, der Teufel mochte wissen woher, ein paar Dollar in der Tasche hatten, und die luden, weil es doch eben Weihnachten war und Sentimentalität in der Luft lag, das ganze Publikum ein, ein paar Extragläser zu leeren. Fünf Minuten darauf war das ganze Lokal nicht wiederzuerkennen.

Alle holten sich frischen Whisky (und paßten nun ungeheuer genau darauf auf, daß ganz korrekt eingeschenkt wurde), die Tische wurden zusammengerückt, und ein verfroren aussehendes Mädchen wurde gebeten, einen Cakewalk zu tanzen, wobei sämtliche Festteilnehmer mit den Händen den Takt klatschten. Aber was soll ich sagen, der Teufel mochte seine schwarze Hand im Spiel haben, es kam keine rechte Stimmung auf. Ja, geradezu von Anfang an nahm die Veranstaltung einen direkt bösartigen Charakter an. Ich denke, es war der Zwang, sich beschenken lassen zu müssen, der alle so aufreizte. Die Spender dieser Weihnachtsstimmung wurden nicht mit freundlichen Augen betrachtet. Schon nach den ersten Gläsern des gestifteten Whiskys wurde der Plan gefaßt, eine regelrechte Weihnachtsbescherung, sozusagen ein Unternehmen größeren Stils, vorzunehmen.

Da ein Überfluß an Geschenkartikeln nicht vorhanden war, wollte man sich weniger an direkt wertvolle und mehr an solche Geschenke halten, die für die zu Beschenkenden passend waren und vielleicht sogar einen tieferen Sinn ergaben.

So schenkten wir dem Wirt einen Kübel mit schmutzigem Schneewasser von draußen, wo es davon gerade genug gab, damit er mit seinem alten Whisky noch ins neue Jahr hinein ausreichte. Dem Kellner schenkten wir eine alte, erbrochene Konservenbüchse, damit er wenigstens ein anständiges Servicestück hätte, und einem zum Lokal gehörigen Mädchen ein schartiges Taschenmesser, damit es wenigstens die Schicht Puder vom vergangenen Jahr abkratzen könnte.

Alle diese Geschenke wurden von den Anwesenden, vielleicht nur die Beschenkten ausgenommen, mit herausforderndem Beifall bedacht. Und dann kam der Hauptspaß.

Es war nämlich unter uns ein Mann, der mußte einen schwachen Punkt haben. Er saß jeden Abend da, und Leute, die sich auf dergleichen verstanden, glaubten mit Sicherheit behaupten zu können, daß er, so gleichgültig er sich auch geben mochte, eine gewisse, unüberwindliche Scheu vor allem, was mit der Polizei zusammenhing, haben mußte. Aber jeder Mensch konnte sehen, daß er in keiner guten Haut steckte.

Für diesen Mann dachten wir uns etwas ganz Besonderes aus. Aus einem alten Adreßbuch rissen wir mit Erlaubnis des Wirtes drei Seiten aus, auf denen lauter Polizeiwachen standen, schlugen sie sorgfältig in eine Zeitung und überreichten das Paket unserm Mann.

Es trat eine große Stille ein, als wir es überreichten. Der Mann nahm zögernd das Paket in die Hand und sah uns mit einem etwas kalkigen Lächeln von unten herauf an. Ich merkte, wie er mit den Fingern das Paket anfühlte, um schon vor dem Öffnen festzustellen, was darin sein könnte. Aber dann machte er es rasch auf.

Und nun geschah etwas sehr Merkwürdiges. Der Mann nestelte eben an der Schnur, mit der das »Geschenk« verschnürt war, als sein Blick, scheinbar abwesend, auf das Zeitungsblatt fiel, in das die interessanten Adreßblätter geschlagen waren. Aber da war sein Blick schon nicht mehr abwesend. Sein ganzer dünner Körper (er war sehr lang) krümmte sich sozusagen um das Zeitungspapier zusammen, er bückte sein Gesicht tief darauf herunter und las. Niemals, weder vor- noch nachher, habe ich je einen Menschen so lesen sehen. Er verschlang das, was er las, einfach. Und dann schaute er auf. Und wieder habe ich niemals, weder vor- noch nachher, einen Mann so strahlend schauen sehen wie diesen Mann.

»Da lese ich eben in der Zeitung«, sagte er mit einer verrosteten, mühsam ruhigen Stimme, die in lächerlichem Gegensatz zu seinem strahlenden Gesicht stand, »daß die ganze Sache einfach schon lang aufgeklärt ist. Jedermann in Ohio weiß, daß ich mit der ganzen Sache nicht das Geringste zu tun hatte.« Und dann lachte er.

Und wir alle, die erstaunt dabei standen und etwas ganz anderes erwartet hatten und fast nur begriffen, daß der Mann unter irgendeiner Beschuldigung gestanden und inzwischen, wie er eben aus dem Zeitungsblatt erfahren hatte, rehabilitiert worden war, fingen plötzlich an, aus vollem Halse und fast aus dem Herzen mitzulachen, und dadurch kam ein großer Schwung in unsere Veranstaltung, die gewisse Bitterkeit war überhaupt vergessen, und es wurde ein ausgezeichnetes Weihnachten, das bis zum Morgen dauerte und alle befriedigte.

Und bei dieser allgemeinen Befriedigung spielte es natürlich gar keine Rolle mehr, daß dieses Zeitungsblatt nicht wir ausgesucht hatten, sondern Gott.

MARIE LUISE KASCHNITZ
Das Wunder

Die Schwierigkeit, die man im Verkehr mit Don Crescenzo hat, besteht darin, daß er stocktaub ist. Er hört nicht das geringste und ist zu stolz, den Leuten von den Lippen zu lesen. Trotzdem kann man ein Gespräch mit ihm nicht einfach damit anfangen, daß man etwas auf einen Zettel schreibt. Man muß so tun, als gehöre er noch zu einem, als sei er noch ein Teil unserer lauten, geschwätzigen Welt.

Als ich Don Crescenzo fragte, wie das an Weihnachten gewesen sei, saß er auf einem der Korbstühlchen am Eingang seines Hotels. Es war sechs Uhr, und der Strom der Mittagskarawanen hatte sich verlaufen. Es war ganz still, und ich setzte mich auf das andere Korbstühlchen, gerade unter das Barometer mit dem Werbebild der Schiffahrtslinie, einem weißen Schiff im blauen Meer. Ich wiederholte meine Frage, und Don Crescenzo hob die Hände gegen seine Ohren und schüttelte bedauernd den Kopf. Dann zog er ein Blöckchen und einen Bleistift aus der Tasche, und ich schrieb das Wort *Natale* und sah ihn erwartungsvoll an.

Ich werde jetzt gleich anfangen, meine Weihnachtsgeschichte zu erzählen, die eigentlich Don Crescenzos Geschichte ist. Aber vorher muß ich noch etwas über diesen Don Crescenzo sagen. Meine Leser müssen wissen, wie arm er einmal war und wie reich er jetzt ist, ein Herr über hundert Angestellte, ein Besitzer von großen Wein- und Zitronengärten und von sieben Häusern. Sie müssen sich sein Gesicht vorstellen, das mit jedem Jahr der Taubheit sanfter wirkt, so als würden Gesichter nur von der beständigen Rede und Gegenrede geformt und bestimmt. Sie müssen ihn vor sich sehen, wie er unter den Gästen seines Hotels umhergeht, aufmerksam und traurig und schrecklich allein. Und dann müssen sie auch erfahren, daß er sehr gern aus seinem Leben erzählt und daß er dabei nicht schreit, sondern mit leiser Stimme spricht.

Oft habe ich ihm zugehört, und natürlich war mir auch die Weihnachtsgeschichte schon bekannt. Ich wußte, daß sie mit der Nacht anfing, in der der Berg kam, ja, so hatten sie geschrien: der Berg kommt, und sie hatten das Kind aus dem Bett gerissen und den schmalen Felsenweg entlang. Er war damals sieben Jahre alt, und wenn Don Crescenzo davon berichtete, hob er die Hände an die Ohren, um zu verstehen zu geben, daß dieser Nacht gewiß die Schuld an seinem jetzigen Leiden zuzuschreiben sei.

Ich war sieben Jahre alt und hatte das Fieber, sagte Don Crescenzo und hob die Hände gegen die Ohren, auch dieses Mal. Wir waren alle im Nachthemd, und das war es auch, was uns geblieben war, nachdem der Berg unser Haus ins Meer gerissen hatte, das Hemd auf dem Leibe, sonst nichts. Wir wurden von Verwandten aufgenommen, und andere Verwandte haben uns später das Grundstück gegeben, dasselbe, auf dem jetzt das Albergo steht. Meine Eltern haben dort, noch bevor der Winter kam, ein Haus gebaut. Mein Vater hat die Maurerarbeiten gemacht, und meine Mutter hat ihm die Ziegel in Säcken den Abhang hinuntergeschleppt. Sie war klein und schwach, und wenn sie glaubte, daß niemand in der Nähe sei, setzte sie sich einen Augenblick auf die Treppe und seufzte, und die Tränen liefen ihr über das Gesicht. Gegen Ende des Jahres war das Haus fertig, und wir schliefen auf dem Fußboden, in Decken gewickelt, und froren sehr.

Und dann kam Weihnachten, sagte ich und deutete auf das Wort *Natale*, das auf dem obersten Zettel stand.

Ja, sagte Don Crescenzo, dann kam Weihnachten, und an diesem Tage war mir so traurig zumute, wie in meinem ganzen Leben nicht. Mein Vater war Arzt, aber einer von denen, die keine Rechnungen schreiben. Er ging hin und behandelte die Leute, und wenn sie fragten, was sie schuldig seien, sagte er, zuerst müßten sie die Arzneien kaufen und dann das Fleisch für die Suppe, und dann wolle er ihnen sagen, wieviel. Aber er sagte es nie. Er kannte die Leute hier sehr gut und wußte, daß sie kein Geld hatten. Er brachte es einfach nicht fertig, sie zu drängen, auch damals nicht, als wir alles verloren hatten und die letzten Ersparnisse durch den Hausbau aufgezehrt waren. Er versuchte es einmal, kurz vor Weihnachten, an dem Tage, an dem wir unser letztes Holz im Herd verbrannten. An diesem Abend brachte meine Mutter einen Stoß weißer Zettel nach Hause und legte sie vor meinen Vater hin, und dann nannte sie ihm eine Reihe von Namen, und mein Vater schrieb die Namen auf die Zettel und jedesmal ein paar Zahlen dazu. Aber als er damit fertig war, stand er auf und warf die Zettel in das Herdfeuer. Das Feuer flackerte sehr schön, und ich freute mich darüber, aber meine Mutter fuhr zusammen und sah meinen Vater traurig und zornig an.

So kam es, daß wir am vierundzwanzigsten Dezember kein Holz mehr hatten, kein Essen und keine Kleider, die anständig genug gewesen wären, damit in die Kirche zu gehen. Ich glaube nicht, daß meine Eltern sich darüber viel Gedanken machten. Erwachsene, denen so etwas geschieht, sind gewiß der Überzeugung, daß es ihnen schon einmal wieder besser gehen wird und daß sie dann essen und trinken und Gott loben können, wie sie es so oft getan haben im Laufe der Zeit. Aber für ein Kind ist das etwas ganz anderes. Ein Kind sitzt da und wartet auf das Wunder, und wenn das Wunder nicht kommt, ist alles aus und vorbei…

Bei diesen Worten beugte sich Don Crescenzo vor und sah auf die Straße hinaus, so als ob dort etwas seine Aufmerksamkeit in Anspruch nähme. Aber in Wirklichkeit versuchte er nur, seine Tränen zu verbergen. Er versuchte, mich nicht merken zu lassen, wie das Gift der Enttäuschung noch heute alle Zellen seines Körpers durchdrang.

Unser Weihnachtsfest, fuhr er nach einer Weile fort, ist gewiß ganz anders als die Weihnachten bei Ihnen zu Hause. Es ist ein sehr lautes, sehr fröhliches Fest. Das Jesuskind wird im Glasschrein in der Prozession getragen, und die Blechmusik spielt. Viele Stunden lang werden Böllerschüsse abgefeuert, und der Hall dieser Schüsse wird von den Felsen zurückgeworfen, so daß es sich anhört wie eine gewaltige Schlacht. Raketen steigen in die Luft, entfalten sich zu gigantischen Palmenbäumen und sinken in einem Regen von Sternen zurück ins Tal. Die Kinder johlen und lärmen, und das Meer mit seinen schwarzen Winterwellen rauscht so laut, als ob es vor Freude schluchze und singe. Das ist unser Christfest, und der ganze Tag vergeht mit Vorbereitungen dazu. Die Knaben richten ihre kleinen Feuerwerkskörper, und die Mädchen binden Kränze und putzen die versilberten Fische, die sie der Madonna umhängen. In allen Häusern wird gebraten und gebacken und süßer Sirup gerührt.

So war es auch bei uns gewesen, solange ich denken konnte. Aber in der Christnacht, die auf den Bergsturz folgte, war es in unserem Haus furchtbar still. Es brannte kein Feuer, und darum blieb ich so lange wie möglich draußen, weil es dort immer noch ein wenig wärmer war als drinnen. Ich saß auf den Stufen und sah zur Straße hinauf, wo die Leute vorübergingen und wo die Wagen mit ihren schwachen Öllämpchen auftauchten und wieder verschwanden. Es waren eine Menge Leute unterwegs, Bauern, die mit ihren Familien in die Kirche fuhren, und andere, die noch etwas zu verkaufen hatten, Eier und lebendige Hühner und Wein. Als ich da saß, konnte ich das Gegacker der Hühner hören und das lustige Schwatzen der Kinder, die einander erzählten, was sie alles erleben würden heute nacht. Ich sah jedem Wagen nach, bis er in dem dunklen Loch des Tunnels verschwand, und dann wandte ich den Kopf wieder und schaute nach einem neuen Fuhrwerk aus; als es auf der Straße stiller wurde, dachte ich, das Fest müsse begonnen haben, und ich würde nun etwas vernehmen von dem Knattern der Raketen und den Schreien der Begeisterung und des Glücks. Aber ich hörte nichts als die Geräusche des Meeres, das gegen die Felsen klatschte, und die Stimme meiner Mutter, die betete und mich aufforderte, einzustimmen in die Litanei. Ich tat es schließlich, aber ganz mechanisch und mit verstocktem Gemüt. Ich war sehr hungrig und wollte mein Essen haben, Fleisch und Süßes und Wein. Aber vorher wollte ich mein Fest haben, mein schönes Fest...

Und dann auf einmal veränderte sich alles auf eine unfaßbare Art. Die Schritte auf der Straße gingen nicht mehr vorüber, und die Fahrzeuge hielten an. Im Schein der Lampen sahen wir einen prallen Sack, der in unseren Garten geworfen, und hochgepackte Körbe, die an den Rand der Straße gestellt wurden. Eine Ladung Holz und Reisig rutschte die Stufen herunter, und als ich mich vorsichtig die Treppe hinauftastete, fand ich auf dem niederen Mäuerchen, auf Tellern und Schüsseln, Eier, Hühner und Fisch. Es dauerte eine ganze Weile, bis die geheimnisvollen Geräusche zum Schweigen kamen und wir nachsehen konnten, wie reich wir mit einem Male waren. Da ging meine Mutter in die Küche und machte Feuer an, und ich stand draußen und sog inbrünstig den Duft in mich ein, der bei der Verbindung von heißem Öl, Zwiebeln, gehacktem Hühnerfleisch und Rosmarin entsteht.

Ich wußte in diesem Augenblick nicht, was meine Eltern schon ahnen mochten, nämlich, daß die Patienten meines Vaters, diese alten Schuldner, sich abgesprochen hatten, ihm Freude zu machen auf diese Art. Für mich fiel alles vom Himmel, die Eier und das Fleisch, das Licht der Kerzen, das Herdfeuer und der schöne Kittel, den ich mir aus einem Packen Kleider hervorwühlte und so schnell wie möglich überzog. Lauf, sagte meine Mutter, und ich lief die Straße hinunter und durch den langen, finsteren Tunnel, an dessen Ende es schon glühte und funkelte von buntem Licht. Als ich in die Stadt kam, sah ich schon von weitem den roten und goldenen Baldachin, unter dem der Bischof die steile Treppe hinaufgetragen wurde. Ich hörte die Trommeln und die Pauken und das Evvivageschrei und brüllte aus Leibeskräften mit. Und dann fingen die großen Glocken in ihrem offenen Turm an zu schwingen und zu dröhnen.

Don Crescenzo schwieg und lächelte freudig vor sich hin. Gewiß hörte er jetzt wieder, mit einem inneren Gehör, alle diese heftigen und wilden Geräusche, die für ihn so lange zum Schweigen gekommen waren und die ihm in seiner Einsamkeit noch viel mehr als jedem anderen Menschen bedeuteten: Menschenliebe, Gottesliebe, Wiedergeburt des Lebens aus dem Dunkel der Nacht.

Ich sah ihn an, und dann nahm ich das Blöckchen zur Hand. Sie sollten schreiben, Don Crescenzo, Ihre Erinnerungen. – Ja, sagte Don Crescenzo, das sollte ich. Einen Augenblick lang richtete er sich hoch auf, und man konnte ihm ansehen, daß er die Geschichte seines Lebens nicht geringer schätzte als das, was im Alten Testament stand oder in der Odyssee. Aber dann schüttelte er den Kopf. Zuviel zu tun, sagte er.

Und auf einmal wußte ich, was er mit all seinen Umbauten und Neubauten, mit der Bar und den Garagen und dem Aufzug hinunter zum Badeplatz im Sinne hatte. Er wollte seine Kinder schützen vor dem Hunger, den traurigen Weihnachtsabenden und den Erinnerungen an eine Mutter, die Säcke voll Steine schleppt und sich hinsetzt und weint.

Fritz Müller-Partenkirchen
Halifax und Biwifax

Zu Weihnachten bekam der Max Stadelmann Schlittschuhe. Und dabei hatte er sie gar nicht auf den Wunschzettel geschrieben, wie er uns nachher erzählte. Während ich mir extra Schlittschuhe gewünscht hatte und anstatt dessen drei Paar wollene Strümpfe und sechs Hemden bekam. Mit Wonne hätte ich natürlich fünfhundert Hemden und fünftausend Strümpfe drangegeben für ein Paar Halifax. Ein Paar Halifax, wie der Max Stadelmann sie hatte. Ei, wie glänzten diese Halifax verführerisch! Und natürlich hatte sie der Max Stadelmann schon am zweiten Weihnachtsfeiertag an einem Riemen über dem Arme hängen, als wir ihn auf der Straße trafen.

»Wie, laß sehen, Stadelmann!«

»Von mir aus.«

»Das sind ja feine Schlittschuhe.«

»Ich kriege überhaupt nur feine Sachen zu Weihnachten.«

»Jegerlein, andere Leut auch!«

»So? Wo sind denn dann deine Schlittschuhe?« Das war eine bösartige Frage von Stadelmann an meine Eigenliebe. Ja, wenn ich keine Zeugen gehabt hätte! Aber da standen die Schulkameraden herum und paßten genau auf, was ich jetzt sagen würde.

»Meine Schlittschuhe?« sagte ich so gleichgültig, als ich konnte. »Meine Schlittschuhe sind daheim.«

»Warum nimmst du sie denn nicht mit?«

»Meinst du vielleicht, ich lauf mit meinen Schlittschuhen auf der Straße umeinander, wenn es kein Eis gibt?«

Die Kameraden lachten. Der Stadelmann war ausgestochen. Für den Augenblick wenigstens.

»Nun, ich hab sie euch ja nur zeigen wollen«, lenkte er ein, »sind die deinigen auch Halifax?«

Jetzt war ich schon im Lügen. Halifax oder andere Faxen – jetzt war's gleich. »Nein«, sagte ich ehern, »ich habe Biwifax-Schlittschuhe bekommen.«

»Biwifax? Was sollen denn das für welche sein?«

»Was, du kennst nicht einmal die Biwifax-Schlittschuhe? Gelt, Gruber, du kennst sie aber?«

Der Gruber schrieb von mir immer alle Rechenaufgaben ab. Also kannte er die Biwifax-Schlittschuhe. »Natürlich«, sagte er geschwollen, »natürlich kenn ich die Biwifax. Aber selten sind sie. In einem jeden Laden hängen sie nicht, mein Lieber.«

Ich sah den Gruber zweifelnd an. Hatte er die schwindelhafte Herkunft meiner Biwifax-Schlittschuhe durchschaut? Nein, nein, ich sah es ihm ja an: Er glaubte dran. Nur, daß er mich ein wenig unterstützen wollte. Nun glaubten auch die anderen daran. Sogar der Stadelmann. Und wenn ich mich recht erinnere, auch für mich bekamen sie jetzt Leben, meine Biwifax.

»Aber deine Biwifax haben doch keinen Hohlschliff wie die meinigen?« wagte Stadelmann noch einzuwerfen.

»Was? Meine Biwifax hätten keinen Hohlschliff? Zweimal so lang wie bei dir ist der Hohlschliff bei meinen Biwifax, mein Lieber.«

»Aber dann kann man sie doch nicht mit einer Schraube auf einmal anschrauben wie meine Halifax.«

»Was? Meine Biwifax brauchen überhaupt keine Schrauben, die halten ganz von selber.«

Das war sogar dem Gruber ein wenig zuviel. Wenigstens sagte er: »So? Von selber? Aber es kann schon sein. Angehabt hab ich sie noch nicht.«

»Aber die meinigen sind in einer Fabrik gemacht, hat mein Vater gesagt, wo fünftausend Arbeiter beschäftigt sind. Und das ist in England, hat mein Vater gesagt.«

»So? Und meine Biwifax sind aus einer Fabrik mit zehntausend Arbeitern, und die liegt in Amerika!«

»Und das hat ihm sein Vater nicht erst zu sagen brauchen«, stand mir Gruber bei, »das weiß er, das wissen wir selber, mein Lieber.«

Der Stadelmann wußte nichts mehr zu erwidern. Er ließ die Schlittschuhe und die Ohren hängen. Die Sache war erledigt. Meine Biwifax hatten glänzend gesiegt über die Halifax. Der Stadelmann kehrte um. Auf einmal fiel ihm doch noch etwas ein: »Du, ich möchte deine Biwifax einmal anschauen.«

Ich fühlte, das war die Nagelprobe meiner Lügerei. Allen meinen Mut nahm ich zusammen und sagte: »Wenn's Eis gibt, siehst du sie sowieso.« Und dann gingen wir beide auseinander.

Ich war den ganzen Tag nicht fröhlich. Die Lügen-Biwifax lagen schwer auf meiner Seele. Wie hatte ich mich auch nur so in die Lügerei hineinreden können? Aber da war nur der Stadelmann schuld mit seiner Halifax-Protzerei, so dachte ich und versuchte mich, so gut es ging, herauszureden. Auf einmal durchfuhr es mich wieder siedendheiß: Und wenn es denn nun morgen frieren würde? Aber es fror nicht am nächsten Tag. Auch nicht am übernächsten Tag. Die ganzen Weihnachten fror es nicht.

Einmal fror es aber dennoch. »Morgen ist die Decke dick genug«, erklärte der Gruber auf dem Heimweg von der Schule, »morgen können wir laufen.«

»Dann weiß doch der Stadelmann«, sagte ein anderer, »warum er seine Halifax zu Weihnachten bekommen hat.«

»Ja«, setzte wieder einer zu, »und der Müller seine Biwifax.«

Ich hörte beklommen zu. Denn meine Biwifax hatten sich in der Schule herumgesprochen. Und wie das immer geht, jeder hatte was dazugemacht, so daß die wildesten Gerüchte über meine Biwifax umliefen. Nicht nur, daß sie einen Riesenhohlschliff hatten, nein, auch aus Nickel waren sie, und die geheimnisvoll gebogene Spitze war vergoldet. Und eine selbsttätige Feder hatten sie, vermöge derer sie den Fahrer blitzschnell fortbewegten, so daß man selbst sich diese Mühe sparen konnte... Und zu jeder Wunderzutat wurde meine Bestätigung eingeholt. Was sollte ich tun? Ich mußte nicken, nicken – wie ein Vater aufkommen muß für die immer verwegeneren Streiche seiner schlechtgeratenen Jungen. Denn die Biwifax, die waren nun einmal mein Kind.

»Und dann können wir auch dem Stadelmann seine Halifax mit dem Müller seinen Biwifax vergleichen«, sagte der Gruber, ehe wir uns trennten.

Am anderen Tag stand es in der Zeitung: »Heute Eislauf auf dem Kleinhesseloher See.« Und in der Nacht auf diesen Tag fuhr ich Schlittschuhe. Auf meinen Biwifax aus der amerikanischen Fabrik mit den zehntausend Arbeitern. Im Traum natürlich. Aber so lebendig, daß ich mir im Traum überlegte: »Also ist doch alles wahr, also habe ich die Biwifax zu Weihnachten bekommen und keine Hemden und Strümpfe, und es ist gerade umgekehrt: Die Hemden und die Strümpfe sind erlogen.«

Dann fuhr ich mit dem Finger über den wundervollen Hohlschliff. Au, beinahe hätte ich mich daran geschnitten. Und der Gruber stand dabei und zeigte auf das glänzende Nickel und die vergoldete Spitze und sagte zu den anderen, die im Kreise standen: »Nun, seht ihr's jetzt? Was habe ich euch gesagt?! Schaut, auch keine Schraube ist da. Jetzt paßt erst auf, wenn er sie anlegt. Das gibt einen Knacks, dann sitzen sie wie angegossen.«

Und siehe da, als ich die Schlittschuhe nur leicht an meine Sohlen hielt, da gab es wirklich einen Knacks – schon saßen sie wie angeschlossen.

»Und habt ihr die Feder nicht gesehen?« fuhr der Gruber fort. »Ganz von selbst fahren die Biwifax.«

Rrr – schon fuhren sie mit mir davon. Oh, war das schön!

»Kommt mit! Kommt mit!« rief ich. Aber meine Biwifax fuhren so schnell. Sie konnten mich nicht mehr einholen. Auseinander kamen wir.

Im Nebel sah ich meine Freunde verschwinden. Meine Biwifax trugen mich mit Windeseile und auf Nimmerwiedersehen von ihnen fort.

»Halt!« rief ich. Aber meine Biwifax kehrten sich nicht daran.

»Halt! Um Gottes willen, halt!« Aber meine Biwifax fuhren noch schneller. Das blaue Eis blitzte unter mir weg. Die Bäume am Wasserrande schossen wie Telegrafenstangen an mir vorbei. Jetzt kam ein Eishügel – und darüber ging's mit Knirschen und Gestiebe. Jetzt kam eine Mulde – wie tollgewordene Hunde hetzten mich meine Biwifax hinunter und hinauf. Weite, einsame Flächen kamen. Kein Mensch mehr weit und breit. Nur ich mit meinen Biwifax, die mit mir machten, was sie wollten. Die mich jagten, deren unaufhaltsamer Lauf mir Schauer über den Rücken laufen ließ. Aber plötzlich – »Herr im Himmel, halt, halt!«

Dort drüben gähnte ein Spalt im Eis, nein, ein großes Loch. Und meine Biwifax zielten haarscharf genau darauf. Ich zerbog mir meine Knie, nicht einen Zoll hinüber oder herüber lenkte ich die Biwifax. Das Loch, das Loch, sie wollten mein Verderben. Und jetzt hörte ich sie lachen. Meine Biwifax lachten unter meinen Füßen hämisch herauf, schadenfroh. Und jetzt blieben sie mit einem Ruck knapp vor dem Loche stehen und schleuderten mich in einem hohen Schwung hinein in den Tod.

»Nein, Sie dürfen ihn nicht aufstehen lassen«, hörte ich die Stimme unseres Arztes, »er hat Fieber, aber ich hoffe, daß es nicht gefährlich ist.« Dann ging er.

Und dann spürte ich meiner Mutter Hand auf der glühenden Stirne. Es wurde mir sonderbar. Ein Geständnis hatte sich da unten in meiner Brust gelockert. Es wollte herauf.

»Mutter«, sagte ich, »gelt, heute ist Eislauf auf dem Kleinhesseloher See?«

»Nein, Kind, eben waren Kameraden da, um dir mitzuteilen, daß es getaut hätte und daß große Löcher aufgebrochen wären.«

»Und was haben sie noch gesagt, Mutter?« fragte ich angstvoll.

»Daß es so schade wäre, denn sie hätten sich so sehr auf deine neuen Schlittschuhe gefreut, auf deine – deine Biwifax, sagten sie.«

»Und, Mutter, was – hast du gesagt?« stieß ich hervor.

»Ich? Ich sagte, daß wir deine – deine Biwifax unserem Vetter nach Stettin geschickt hätten, wo es dieses Jahr besser friere als bei uns.«

»O Mutter, das hast du gesagt?«

»Ja, mein Sohn, das sagte ich, und nun mußt du bald wieder gesund werden«, sprach sie ruhig und ließ ihre Hand nicht von meiner Stirne.

Ich aber drückte diese Hand und sagte leise: »Mutter, ich muß dir noch meinen Traum erzählen, meinen Traum von den Biwifax.«

»Ja«, sie nickte.

Und als ich meinen Traum erzählt hatte, lächelte sie, und ich war, ehe noch das Fieber von mir ging, geheilt von meinen Biwifax und gewarnt vor manchen anderen Biwifaxen, deren Hohlschliff und vergoldete Spitze und selbständige Fortbewegung am Horizont meines Lebens sichtbar wurden.

Siegfried Lenz
Eine Art Bescherung

Damals lebten wir in einer Baracke mit Tarnanstrich, sieben Familien in sieben Räumen, und von den alten Jegelkas trennte uns nur eine Wand aus zerknittertem Packpapier. Wie eine Ansammlung von reglosen Schiffen lagen die Baracken in der verschneiten Ebene, leichte, hölzerne, transportable Bauwerke, kühn konzipiert von den Architekten des 20. Jahrhunderts, Gemeinschaftswasserleitung, Gemeinschaftstoilette, dazu von außen ein Tarnanstrich: weiße gezackte Zungen, dunkelgrüne hochschlagende Flammen, rostrote, ungleichschenklige Dreiecke –: gegen Sicht waren wir sehr gut geschützt. Nachdem die Feuerwerker verschwunden waren, die hier während der letzten

Kriegsjahre getarnt an einer Mehrzweck-Mine gefeilt hatten, machten sie die Baracken zu einem Auffanglager, zweigten ein Rinnsal von dem großen Treck ab und ließen die Baracken einfach vollaufen, bis jeder Winkel ausgenutzt war. Auch Mama wurde hier aufgefangen wie all die andern, die das Trapez der Geschichte verfehlt hatten; wir erhielten einen der sieben Räume und dekorierten ihn mit den Sachen, die Mama während der ganzen Flucht mitgeschleppt hatte: mit dem Elchgeweih, dem riesigen Küchenwecker und dem Vogelbauer, in dem sie jetzt Papiere aufbewahrte.

Wir hatten soviel zu tun, um satt zu werden, warm zu werden, daß wir uns um kein Datum kümmerten, und wir hätten auch nichts von Weihnachten gemerkt, wenn nicht Fred zurückgekommen wäre aus dem Donezbecken. Nur weil sie ihn zu Weihnachten aus der Gefangenschaft entlassen hatten, wußten wir, daß es uns bevorstand; doch obwohl wir es nun wußten, erwähnten wir es nie, forschten nicht heimlich nach Wünschen, handelten nicht lieb hinterm Rücken. Fred machte sich ein Lager aus Zeitungspapier, deckte sich mit seiner erdgrauen Wattejacke zu und schlief Weihnachten entgegen, vier Tage und vier Nächte, während Mama und ich frierend herumgingen und verhalten mit den alten Jegelkas zankten, um für Fred Ruhe zu schaffen. Als uns der Heilige Abend ereilt hatte, war immer noch kein Wort über Weihnachten gefallen, doch jetzt stand Fred auf, hauchte die Eisblumen vom Fenster, blickte lange über die traurige Landschaft Schleswig-Holsteins und zu dem rötlichen Himmel über der Stadt; dann ging er hinaus, rasierte sich über dem Gemeinschaftsausguß, und als er zurückkam, sagte er: »Ich fahr mal in die Stadt rüber.«

Gegen Mittag spürte ich, daß Mama mich am liebsten rausgeschickt hätte, doch sie sagte nichts, und da nahm ich mir einen der kratzigen Zuckersäcke, verschwand heimlich, stapfte durch den Schnee zum Bahndamm, stieg den Bahndamm hinauf, dort wo die Steigung beginnt und die Züge langsamer fahren. Hinter einem Baum, einem harzverkrusteten Fichtenstamm, wartete ich. Es begann heftig zu schneien, und die Schienen blinkten matt in der Dämmerung. Ich trampelte, um die Füße warm zu bekommen, denn es war wichtig für den Sprung auf den fahrenden Zug; der Fuß mußte den Sprung kalkulieren, verantworten: mit einem gefühllosen Fuß war man verraten wie der kleine Kakulka, der sich enorm verschätzte und es bezahlen mußte.

Den D-Zug, der wie ein Büffel durch das Schneetreiben donnerte, ließ ich in Ruhe, aber der Güterzug dann: von weitem schon hörte ich ihn rattern, schlingern, und ich kam hinter dem Baum hervor, machte mich fertig zum Sprung. Ich fühlte mich nicht sehr sicher, denn ich hatte kein verläßliches Gefühl im Sprungbein, doch ich war entschlossen, den Güterzug anzugreifen. Und da kam er heran: eine schwarze, drohende Stirn, die durch das Schneegestöber stieß, die Lokomotive, der Tender, auf dem die Kohlen lagen, die uns Wärme bringen sollten an den Weihnachtstagen. Ich streckte die Hände aus, suchte nach dem Gestänge; in diesem Augenblick hörte ich den Ruf des Heizers, sah sein Gesicht, oder vielmehr das Weiße seiner Augen, das Weiße seiner Zähne, und ich entdeckte den gewaltigen Kohlenbrocken, den er über dem Kopf hielt und jetzt zu mir hinabschleuderte. Der Heizer wußte, daß wir manchmal an der Steigung des Bahndamms warteten, wenn die Kohlenzüge kamen: diesmal hatte er auf uns gewartet.

Ich schob den gewaltigen Brocken in den Zuckersack, rutschte den Bahndamm hinab, stapfte durch den Schnee zu den getarnten Baracken und blieb zwischen den Erlen stehen, als ein Schatten den Lehmweg herunterkam. Es war Fred. »Schnell«, sagte er, »ich kann nicht solange draußen bleiben.«

Er zeigte auf eine Zigarrenkiste; der Deckel hatte eine Anzahl von Luftlöchern, und im Kasten kratzte und scharrte und flatterte es. Gemeinsam betraten wir die Baracke, schoben uns zu unserem Apartment. »Woher kommst du«, fragte ich Fred. »Vom Schwarzen Markt«, sagte er, »das ist eine sehr gute Einrichtung.«

In unserm Raum hatte sich etwas verändert. Es war da eine gewisse Verwandlung erfolgt. Auf einer Bierflasche steckte eine Kerze, und das Elchgeweih, das Mama als wesentliches Fluchtgepäck mitgeschleppt hatte, war mit Tannengrün behängt. Auch an den Wänden hing Tannengrün, nur der Küchenwecker war nackt und ungeschmückt – vielleicht, weil man kein Tannengrün an ihm befestigen konnte. Aber es hatte sich noch mehr verändert, und ich brauchte eine Weile, bis ich merkte, daß der Vogelbauer fehlte. »Wo ist denn der Käfig«, fragte Fred. »Hier«, sagte Mama, und ließ uns in einen Topf blicken, in dem ein weißliches Stück Speck lag, »ich habe den Käfig eingetauscht gegen den Braten. Das ist mein Geschenk.« – »Und das ist mein Geschenk«, sagte Fred und gab Mama die Zigarrenkiste, in der es kratzte und scharrte und flatterte. Vorsichtig öffnete Mama die Kiste, doch nicht vorsichtig genug; denn als sie den Deckel lüftete, schoß ein Dompfaff heraus, kurvte durch den Raum und ließ sich erschöpft auf dem Küchenwecker nieder.

Jetzt wandten sich beide zu mir, blickten auf den Sack, forschend, räuberisch, und da erlöste ich sie aus der Ungewißheit und ließ mein dreißigpfündiges Geschenk herausplumpsen.

Später zerschlug ich den Kohlebrocken mit dem Hammer. Wir heizten ein, daß der Kanonenofen glühte und das Packpapier, das uns von den alten Jegelkas trennte, zu knistern begann vor Hitze; und dann brachte Mama den geschmorten, glasigen Speck auf den Tisch: schweigend aßen wir, mit fettigen Mündern: nur unser Seufzen war zu hören, mit dem wir die Wärme in uns aufnahmen, ein tiefes, neiderregendes Seufzen über die unermeßliche Wohltat, die uns geschah, und Fred zog seine erdbraune Wattejacke aus, ich den Marinepullover, so daß wir schließlich nur im Hemd dasitzen konnten – winters in einer Baracke im Hemd! – und auch jetzt noch die Wärme spürten, die unsere Gesichter rötete, das Blut in den Fingern klopfen ließ. Und dies vor allem spüre ich, wenn ich an das Weihnachten von damals denke: die erbeutete Wärme, und ich höre Mama sagen: »Daß sich keiner, ihr Lorbasse, unterstehen mecht', das Fensterche aufzumachen oder de Tier: den schmeiß ich eijenhändig raus, daß er Weihnachten haben kann mit de Fixe, pschakref.«

Roswitha Fröhlich
Wie Joschi zu seinem Meerschweinchen kam

Seit er sechs Jahre alt war, wünschte sich Joschi ein Meerschweinchen. Aber jedesmal, wenn er davon anfing, sagte seine
Mutter: »Meerschweinchen stinken« oder »Meerschweinchen
gehören in den Kleintierzoo« oder »Was soll das arme Tier in
unserer Vierzimmerwohnung?« und lauter solche Sachen. In
diesem Jahr hatte Joschi sich geschworen, daß sein Wunsch endlich in Erfüllung gehen müsse.

»Wetten, daß ich zu Weihnachten ein Meerschweinchen
kriege?« sagte er zu seinem Freund Karli. »Du wirst schon sehen…« Und dann schmiedete er einen Plan.

Endlich war es soweit. »Nur noch 24 Tage bis Weihnachten«,
sagte seine Mutter. »Höchste Zeit, daß du deinen Wunschzettel
aufs Fensterbrett legst, damit der Weihnachtsmann ihn abholen
kann.«

Joschi nickte höflich, machte ein möglichst harmloses Gesicht
und begann mit der Arbeit. *Lieber Weihnachtsmann,* schrieb er, *ich
wünsche mir dringend ein Nilpferd.* Ordentlich legte er den Zettel
draußen vors Fenster und wartete gespannt, wie es weitergehen
würde.

Schon am nächsten Morgen konnte er feststellen, daß sein
Plan sich bewährte. Als er nämlich in aller Frühe das Fenster
öffnete, um zu sehen, ob der Zettel abgeholt worden war, entdeckte er etwas höchst Merkwürdiges: Du spinnst wohl! hatte
jemand in leuchtend roten Buchstaben auf einen Briefbogen geschrieben, der groß und deutlich die Unterschrift Der Weihnachtsmann trug.

Gut so! dachte Joschi. Dann nahm er den Brief an sich und
schrieb einen neuen Zettel. *Und wie wär's mit einem Krokodil? Es
könnte in der Badewanne schwimmen.* Auch diesmal klappte es vor-
züglich. Ein neuer Weihnachtsmannbrief leuchtete ihm am Morgen entgegen. Krokodile leider nicht lieferbar stand darauf, diesmal in grünen Buchstaben.

Noch besser, dachte Joschi, nahm den Brief an sich und
schrieb den nächsten Zettel. *Ein Känguruh-Pärchen* lautete sein

Wunsch. BEUTELTIERE FÜHREN WIR NICHT hieß diesmal die Antwort.

Von nun an war alles ganz einfach. Joschi brauchte sich nur noch ein paar ungewöhnliche Tiere einfallen zu lassen, und schon lief alles wie am Schnürchen.

Drei Hängebauchschweine schrieb er am nächsten Tag. BLÖDSINN hieß die Antwort. Und in diesem Stil ging es weiter. Zwölf volle Tage war er damit beschäftigt, neue Zettel zu schreiben und die Weihnachtsmann-Antwortbriefe einzusammeln. So lange dauerte es nämlich noch bis zum Heiligen Abend.

Die Reihenfolge, die Joschi sich errechnet hatte, war so:

12. Dezember: *Ein Schimpanse.*

Antwort: UND WER KAUFT DIE BANANEN?

13. Dezember: *Ein Berber-Löwe.*

Antwort: SCHON MAL WAS VON MENSCHENFRESSENDEN RAUBTIEREN GEHÖRT?

14. Dezember: *Dann eine Tüpfelhyäne.*

Antwort: UND WO SOLL SIE SCHLAFEN?

15. Dezember: *Ein Merionschaf.*

Antwort: SELBER SCHAF!

16. Dezember: *Ein junger Pottwal.*

Antwort: WOHL GRÖSSENWAHNSINNIG GEWORDEN?

17. Dezember: *Eine Pythonschlange.*

Antwort: KRIECHER UNERWÜNSCHT.

18. Dezember: *Eine Hausziege.*

Antwort: ZIEGENMILCH SCHMECKT ABSCHEULICH!

19. Dezember: *Erbitte dringend wenigstens ein Bergzebra.*

Antwort: WO SIND DENN HIER BERGE?

20. Dezember: *Ein Dromedar würde sich bei uns bestimmt wohlfühlen.*

Antwort: WARUM NICHT GLEICH EIN KAMEL?

21. Dezember: *Einverstanden, habe mich außerdem für eine Giraffe entschieden.*

Am nächsten Tag endlich geschah das, was Joschi schon lange erwartet hatte. Auf dem Fensterbrett lag nämlich nicht nur die übliche kurze Antwort in roten oder grünen Großbuchstaben, sondern ein regelrechter Brief, hastig mit einem gewöhnlichen Tintenkuli geschrieben und fast eine halbe Seite lang.

Lieber Joschi, stand dort, *wie Du auf dem Kalender siehst, ist über-morgen Weihnachten. Da Du es bisher nicht geschafft hast, mir einen einzi-gen vernünftigen Wunsch aufzuschreiben, und da alle Tiere, die Du mir genannt hast, nicht in eine Wohnung passen, ersuche ich Dich hiermit, um-gehend bescheidener zu werden und Dich auf eine kleinere Tiergattung zu beschränken. Herzlichen Gruß. Der Weihnachtsmann.*

Joschi wußte sofort, was er zu tun hatte. Hundertmal hatte er das Wort, das er jetzt niederschrieb, in Gedanken geübt. Er nahm den saubersten Zettel, den er finden konnte, und verfaßte den ordentlichsten Wunschzettel seit 22 Tagen:

Lieber Weihnachtsmann, schrieb er, *entschuldige bitte, daß ich so unbe-scheiden war. Ich sehe ein, daß ich zuviel von Dir verlangt habe, und schwöre, mich zu bessern. Darum wünsche ich mir nur noch ein winziges Meerschweinchen. Am liebsten so eins wie das von Karli. Also weiß mit kleinen schwarzen Tupfern. Karli sagt, daß ein Meerschweinchen über-haupt keine Arbeit macht. Außerdem finde ich es so niedlich. Vielen Dank im voraus! Dein Joschi, Mühltalerstraße 7.*

Am nächsten Tag schlich Joschi noch früher als sonst zum Fenster, weil er es vor Spannung nicht mehr erwarten konnte. Ob der Weihnachtsmann ihm auch darauf antworten würde? Dies-mal aber war das Fensterbrett leer. Nur ein paar Schneeflocken konnte er entdecken, denn draußen hatte es angefangen zu schneien.

»Nun?« fragten seine Eltern, als er zum Frühstück kam. »Freust du dich schon auf morgen?«

»Und wie!« antwortete Joschi. Mehr brachte er nicht heraus vor Aufregung.

Dann endlich war er da, der große Tag. *24. Dezember* stand auf dem Kalender über Joschis Bett. Joschi sah das Kalenderblatt eine Weile ganz genau an und dachte an sein Meerschweinchen. Ob der Weihnachtsmann endlich begriffen hatte?

Stunde um Stunde rückte der Augenblick näher, in dem sich alles entscheiden würde. Und dann war es soweit. Die Tür zum Weihnachtszimmer wurde geöffnet, und Joschi sah etwas, was schöner war als alle Christbaumkugeln und Weihnachtskerzen und Zimtsterne und Silbernüsse zusammen – nämlich ein winzi-ges, schwarz getupftes Meerschweinchen in einer Kiste unter

dem Tannenbaum, das neugierig den Tannenduft schnupperte
und fast so aussah wie das Meerschweinchen vom Karli.

»Hoffentlich stinkt es nicht«, sagte die Mutter.

»Immer noch besser als Dromedare und Giraffen«, sagte der
Vater.

Aber Joschi hörte nicht, was sie sagten. Er war viel zu sehr
damit beschäftigt, sein Meerschweinchen auf den Arm zu nehmen und eine Dankesrede an den Weihnachtsmann zu verfassen
– in Gedanken natürlich. Daß auch ein kleiner Trick dabeigewe-
sen war, wußte der Weihnachtsmann ja sowieso. Denn ein Weihnachtsmann weiß alles. Oder etwa nicht? »Ich nenne es *Trick*«,
sagte Joschi, während das Meerschweinchen leise quiekte. Fast
klang es, als ob es kicherte.

JOSEF LADA

Die Tiere an der Krippe

Tief im Wald lebte vorzeiten ein alter Einsiedler mit seinem
Hund Lumpi. Dieser Einsiedler konnte weissagen, und oft sagte
er wichtige Dinge voraus. Alle diese Weissagungen schrieb er in
ein dickes Buch, und später sah er dort nach, ob er richtig pro-
phezeit hatte.

Eines Tages holte der Einsiedler das Buch wieder einmal vom
Wandbrett, setzte eine sehr bedeutsame Miene auf und weis-
sagte: »In der Nacht vom vierundzwanzigsten auf den fünfund-
zwanzigsten Dezember dieses Jahres wird um Mitternacht in der
Stadt Bethlehem das Jesuskind geboren werden, der Heiland der
Welt. Es wird in einem armseligen Stall zur Welt kommen, auf
blankem Stroh wird es liegen, nur ein Ochs und ein Eselein werden es mit ihrem Atem wärmen…«

Da spitzte der Hund Lumpi die Ohren und lauschte, aber
mehr erfuhr er nicht. Danach überlegte er den ganzen Tag,
warum von allen Tieren nur Ochs und Esel die Ehre haben sollten, das Jesulein anzuhauchen. Hätte man den heiligen Dienst
nicht so einteilen können, daß sich alle Tiere darin abwechsel-

ten? Aber was einmal geweissagt war, ließ sich wohl nicht mehr ändern.

Nun beschloß Lumpi, alle anderen Tiere zu benachrichtigen, damit jedes ein Geschenk für das Jesulein vorbereite. Er lief in den Wald zu der schwatzhaften Elster. Ihr erzählte er, was er von seinem Herrn, dem Einsiedler, vernommen hatte. Die Elster riß staunend den Schnabel auf. Dann flog sie davon, um die große Neuigkeit im ganzen Wald zu verkünden.

Nun überlegten die Tiere fleißig, welche Gaben sie für das Jesulein zurüsten sollten.

Manche hatten sogleich ein schönes Geschenk bereit, andere zerbrachen sich lange vergeblich den Kopf, bis ihnen etwas Passendes einfiel.

Die Gans zupfte sich jeden Tag ein paar Flaumfedern aus und verwahrte sie in einem alten Mehlsack. Davon sollte das Jesulein ein Federbett bekommen.

Die Geiß holte sich bei ihr Rat, was sie schenken solle. »Ich habe doch gar nichts, was ich schenken könnte«, klagte sie. Beide überlegten hin und her, bis ihnen ein feiner Gedanke kam.

Von dieser Zeit an mußte sich die alte Bäuerin, der die Geiß gehörte, schrecklich mit ihr ärgern, denn sie wollte sich plötzlich nicht mehr melken lassen: Sie sparte ihre Milch als Geschenk für das Christkind auf.

Der Iltis wollte dem Jesulein eigenhändig eine weiche Pelzdecke überreichen. Aber er befürchtete, wegen seines Gestanks werde man ihm den Zutritt zur Krippe verwehren. Deshalb scheuerte er sich täglich am Bach und rieb sich mit wohlriechenden Kräutern ein, daß er bald duftete wie ein ganzer Gewürzladen.

Der Dachs, dieser alte Eigenbrödler, war ganz betrübt.

»O weh!« jammerte er. »Warum muß das Jesulein ausgerechnet im Winter zur Welt kommen, wenn ich im tiefsten Winterschlaf liege? Nun werde ich das schöne Fest verschlafen!« Und er klagte sein Leid dem Gevatter Fuchs. Meister Reinecke schaffte Rat. Er selbst holte aus dem Jägerhaus eine Weckeruhr und lehrte den Dachs, wie man sie stellte und aufzog.

So ließ sich nun der alte Griesgram Nacht für Nacht aus

dem Winterschlaf wecken und sah nach, ob das Bündel Süßholz, das er für das Jesulein vorbereitet hatte, noch an seinem Platz lag. Dann schlief er zufrieden weiter, bis ihn am nächsten Tag das Weckerrasseln von neuem aufschreckte. Aber als er sich wieder einmal die Augen rieb, setzte er sich verwundert auf, weil seine Höhle von goldenem Glanz erfüllt war. Nun blickte er zum Fenster hinaus, und das Herz im Leib stockte ihm.

Draußen am Himmel strahlte ein gewaltiger Stern. Dies war für die Tiere das Zeichen, daß es nun Zeit sei, sich aufzumachen. Der Bär und der Iltis, der wilde Eber und das übrige Waldgetier stiegen von den Berglehnen und den bewaldeten Gipfeln ins Tal hernieder. Einträchtig zogen sie mit den Haustieren auf der Landstraße nach Bethlehem.

Auf einem ruhigen Steiglein hastete die Schnecke dahin. Unterwegs holte sie der Frosch ein.

»Ich eile zum Jesulein und will ihm mein Häuschen anbieten«, prahlte sie, »denn ich habe gehört, daß es in einem armseligen Stall zur Welt gekommen ist.«

So kamen die Tiere aller Arten herbeigeströmt. Sie drängten sich um den Stall, jedes trug sein Geschenk und wartete geduldig, bis es eintreten durfte. Am Eingang des Stalles sorgte der Polizeihund für Ordnung. Er prüfte die Gaben und ließ ein Tier nach dem anderen zur Krippe hinein. Den mächtigen Elefanten, der größer war als der ganze Stall, bat er höflich, sich vor dem Stall auf die Vorderpfoten zu knien; auch so könne er das Jesulein aus der Nähe betrachten. Hinter dem Stall lag der Löwe auf der Lauer; er strich sich den Schnurrbart glatt und knurrte: »Ich lauere hier auf den König Herodes, der das Kind in der Krippe umbringen lassen will!«

Immer neue Tiere kamen zum Stall von Bethlehem. Amseln, Drosseln und Nachtigallen flogen herbei und sangen dem Jesulein Wiegenlieder.

Auch die Schlange glitt heran und schenkte dem Christkind ihre alte Haut; die war zu einem Röllchen zusammengewickelt, aber wenn man sie aufpustete, konnte man meinen, es werde wieder eine richtige Schlange daraus.

Der Schlange folgte das Eichhörnchen mit einem Sack voll Haselnüsse auf dem Rücken; die waren von der allerbesten Sorte, denn es hatte sie eigenhändig ausgewählt.

Der Bär brachte auf einem Stück Birkenrinde eine Honigwabe. Er war völlig verschwollen, so sehr hatten ihn die Bienen zerstochen; aber er lachte fröhlich von einem Ohr zum andern, als er sah, wie sehr sich das Jesulein über seine Gabe freute.

Die Affen hüpften vor der Krippe umher, sie schnitten Grimassen, vollführten allerhand Kunststücke und schossen Purzelbäume, daß es ein allgemeines Gelächter gab. Auch das Jesukind lachte von Herzen mit.

Als aber die Zeit gekommen war, da die Hirten zur Krippe kommen sollten, ließ der Polizeihund nur noch die Gans mit ihren Bettfedern zum Jesulein vor. Dann forderte er die Tiere auf, in aller Ordnung nach Hause zu wandern. Da gehorchten sie und gingen auseinander.

HEINRICH VON KLEIST
Betrachtungen eines Greises über die Weihnachtsbescherungen

In meines Vaters Hause hatte die Weihnachtsbescherung noch einen Reiz, den ich in diesen leichtfertigen Zeiten überall vermisse. Die Geschenke welche jedes von uns Kindern erhielt, waren nicht zu verachten: sie waren von der Mutter so fein und passend ausgedacht, daß keine Wünsche unerfüllt blieben. Aber die Hauptsache war, etwas das nicht geschenkt, womit weder gespielt noch was nützlich verbraucht wurde: ein bloßes Schaustück, das man uns nur einmal jährlich den Weihnachtsabend sehen ließ, und das dann in die Polterkammer, in den großen eichnen Schrank mit den gewundenen Füßen, wieder verschwand. –

Erwartet nichts besonderes! es war die Geburt Christi, ein großes zierliches Schnitzwerk, mit allem Beiwesen der sonderbaren Geschichte, den Tieren an der Krippe, den Hirten mit ihren

Schafen, den Engeln in der Luft, den drei magischen Königen, und vor allem mit dem Sterne über der Hütte, der mit einem Glanze strahlte, daß die Lichter auf den Geschenktischen trüb und freudenlos schienen. Hinter der herrlichen Vorstellung war an den Rollen der Fenstervorhänge befestigt eine große Tapete, die, mit goldnen und silbernen Sternen besät, oben und unten und nach allen Seiten das Schaustück umgab, und in die sich zuletzt der trunkne Blick der Kinder verlor, wie nachher nie wieder im Anblick des Himmels selbst.

Noch heut ist es die reizendste Erinnerung für mich, wie, in späteren Jahren, da ich schon hinter die Coulissen sehn durfte und bei dem herrlichen Bau für die jüngern Geschwister selbst angestellt war, an den Vorabenden des lustigsten Tages, wenn die Kinder schon schlafen gegangen waren, nun der blaue Vorhang hervorgezogen und für das bevorstehende Fest mit frischgeschnitzten goldnen und silbernen Sternen beklebt wurde.

Das große Schaustück stand an der Fensterwand in der Mitte, da wo an Werkeltagen der Spiegel hing, widerstrahlend von Gold, Grün und Weiß, und dreimal heller erleuchtet als die kleinen Tische, die an den beiden Wänden, links mit den Geschenken für das Hausgesind und rechts mit denen für die Kinder, umherstanden. – Wenn wir von der unvergleichlichen Lust an dem himmlischen Bilde zurückkehrten zu der irdischen, handgreiflichen und schmackhaften Lust unsrer Tische, so schien uns die Welt zu gehören, und wenn auch, wie in den schlimmen Zeiten des Krieges, die ganze Bescherung nur in Äpfeln, Nüssen und einigem Backwerk bestand, und wir in unsern Erwartungen noch so ungemessen gewesen waren.

Fühlt ihr wohl die große Weisheit der Väter in solchem Doppelgeschenk eines unerreichbaren, das immer in demselben Glanze wiederkehrte, und eines andern handgreiflichen von allerlei Brauchbarkeiten und Genießbarkeiten? – Fühlt ihr wohl, was ihr verloren habt, seitdem diese Bilderschrift heiliger Vorgänge, hervorgegangen aus dem Drange der Gemüter, denen das Wort und der Buchstabe des Ewigdenkwürdigen nicht genügte, als Aberglaube verfolgt werden. Nichts hat meine Seele aufgeklärt und erhoben, wie dieser Weihnachts-Aberglaube. – Nachher ist die Freude immer trockner geworden.

Meiner Kinder Kinder haben nicht einmal Christmarkt, Christgeschenke sagen dürfen, und darüber habe ich mir selbst das dürre liebesleere Wort – Weihnachten – angewöhnt. – – Arme Kinder! Ihr werdet den Vorwitz und die Vermessenheit eurer Eltern büßen in der Kälte eures Herzens, da wo es sich entzünden müßte, für Gott, also für Vaterland und König, die heiligen Wesen, die nur empfindet, wer Gott im Herzen trägt.

Jetzt zeigen sich reich aufgestapelt die Tische, und Lichter und außerdem die irdischen Geber, Vater und Mutter, sonst nichts! und jeden neuen Weihnachten ist es ganz anders und eleganter: die Neigungen wechseln, die Begierden töten sich im albernen Wettlauf: nichts bleibt, nichts kehrt wieder; es gibt keinen Geber aller Geber, kein Geschenk aller Geschenke, und kein Bild, das nicht mit dem irdischen, handgreiflichen Glücke und mit dem Leben verlöschte.

KARLHEINZ SCHAAF
Die Flucht nacht Ägypten fand nicht statt

Für die Bewohner des Allgäudorfes Obergschwend war es so sicher wie das Amen in der Kirche, daß jedes Jahr an den Weihnachtsfeiertagen ein richtiges Theaterstück über die Bühne im Saal des *Wirtshauses zum Lamm* ging. Dabei wurde alles aufgeboten, was nach dem Herkommen erforderlich war: naturgetreue Kulissen, historische Kostüme und eine vielfarbige Beleuchtung. Die Spielergruppe war in der ganzen Umgebung bekannt, ja geradezu berühmt. Sie konnte gewiß sein, auch am Neujahrs- und Dreikönigstag ein volles Haus zu haben.

Vor einigen Jahren nun war ein junger Lehrer nach Obergschwend versetzt worden. Man hieß ihn gebührend willkommen und lud ihn am Abend des ersten Schultages zu einer kleinen Begrüßungsfeier ins *Lamm* ein. Wie es sich für rechte Allgäuer gehört, wurden ein paar gemütliche Stunden daraus.

Mitten im Reden und Erzählen winkte der Bürgermeister den neuen Lehrer zur Seite, druckste ein wenig herum und sagte: »Ich hätte da eine Bitte, Herr Lehrer. Vielleicht wissen Sie, daß wir in Obergschwend jedes Jahr ein Weihnachtstheater aufführen. Ihr Vorgänger hat bisher die Stücke einstudiert. Jetzt sollten halt Sie die Leitung der Spielgruppe übernehmen.« »Na ja«, meinte der junge Mann darauf, »ich kann da wohl schlecht nein sagen. Also gut, ich bin einverstanden. Aber ich möchte dann schon selber den Text für das nächste Spiel aussuchen.« So kam es, daß die Obergschwender Schauspieler Mitte Oktober vom Lehrer erfuhren, welches Stück auf die Bühne gebracht werden sollte. Es hieß »Die Flucht nach Ägypten« und bestand aus fünf großangelegten Akten.

Bei der ersten Probe, als die Rollen verteilt werden sollten, gab es zunächst ein Theater besonderer Art. Die Obergschwender stritten sich darum, wer den heiligen Josef, die Mutter Maria oder die Heiligen Drei Könige darstellen sollte. Keiner war bereit, im Spiel als der finstere, bösartige König Herodes oder als dessen keifendes Weib aufzutreten. Der Lehrer war indes geschickt genug, die erhitzten Gemüter zu beruhigen. Die Probenarbeit konnte beginnen. In der zweiten Dezemberwoche hatte der Malermeister mit seinen Gesellen das Bühnenbild fertig. Die Kostüme lagen bereit. Das Spiel nahm Form und Gestalt an. Nur einer fehlte noch: der Esel, der nach Meinung der Obergschwender unbedingt zur Flucht nach Ägypten gehörte.

Nun weiß man, daß vierbeinige Esel in den letzten zehn oder zwanzig Jahren recht selten geworden sind. Doch nach einigem Suchen fand der *Lamm*-Wirt ein geeignetes Tier. Und damit war die Obergschwender Schauspielgruppe gewissermaßen komplett.

Der Grauschimmel wurde in den folgenden Proben an die Bühne und an seinen Herrn, den Darsteller des heiligen Josef, gewöhnt. Seine Auftritte klappten nach anfänglichen Schwierigkeiten ganz gut.

Am zweiten Weihnachtsfeiertag war es dann so weit. Die Bewohner Obergschwends zogen wie in einer großen Prozession zum *Lamm*. Der Saal füllte sich mehr und mehr. Das Gewirr vieler Stimmen drang durch den Vorhang auf die Bühne. Biergläser klirrten, Rauchschwaden trieben unter der Decke hin.

Das Klingelzeichen ertönte dreimal, und der Vorhang hob sich zum ersten Akt. Nun zeigte sich, daß die Probenarbeit in den langen Wochen vorher nicht umsonst so mühevoll gewesen war. Das Spiel lief wie am Schnürchen.

Die Zuschauer freuten sich mit dem heiligen Paar über den Besuch der Bürger Bethlehems und vor allem über den der Heiligen Drei Könige. Sie verfolgten im zweiten Akt gespannt, welche Pläne und Machenschaften am Hof des Königs Herodes ausgeheckt wurden.

Draußen vor dem Bühneneingang wartete unterdessen geduldig der Esel. Sein Auftritt kam erst im dritten Akt. Dies sollte nach der Meinung der Spieler einer der Höhepunkte der Aufführung werden.

Jetzt fing die entscheidende Szene an. Maria mit dem Kind, einer Puppe, im Arm, setzte sich hinter den Kulissen auf den Rücken ihres Reittieres. Der heilige Josef schnürte auf der Bühne den letzten Packen zusammen. Die Heilige Familie war bereit zur Flucht nach Ägypten.

Nun kam das Stichwort: »So will ich denn auf Gottes Geheiß antreten diese schwere Reis'.« Richtig schob der Grauschimmel seinen Kopf aus den Kulissen. Aber dabei blieb es auch.

Josef faßte ihn ruhig am Halfter und kraulte ihn zwischen den Ohren. Der Esel stand wie angewurzelt.

»Nun komm schon«, versuchte es der Nährvater des Jesuskindes mit gutem Zureden. Es half nichts. Josef gab dem Helfer in den Kulissen einen Wink. Der drückte und schob den Esel mit aller Kraft. Nichts geschah.

Im Spiel war für diesen Fall keine Formel vorgegeben. So blieb dem Darsteller des heiligen Mannes nichts anderes übrig, als selber einen passenden Text zu erfinden. »Nun komm schon! Hüh, los, hüh!« rief er. Das widerspenstige Vieh rührte sich nicht von der Stelle.

Inzwischen war der Bürgermeister hinter die Bühne gerannt. Die Szene mußte gerettet werden, denn der gute Ruf Obergschwends stand auf dem Spiel.

Jetzt drückten zwei Männer gegen das Hinterteil des Esels und versuchten, ihn um jeden Preis vorwärts zu schieben. Josef zerrte und riß am Halfter. Der Schweiß stand dem wackeren Mann in hellen Tropfen auf der Stirn. Er war mit seiner Geduld am Ende. Als sich das Tier noch immer nicht bewegte, schrie er es an: »Du kommst jetzt mit uns nach Ägypten, und wenn du verrecken solltest!«

Diese Sprache muß der Esel verstanden haben. Er sprang mit einem einzigen Satz mitten auf die Bühne. Josef stolperte rückwärts und konnte gerade noch das Gleichgewicht wiederfinden. Maria hielt sich krampfhaft mit einer Hand am Sattel fest.

Da aber setzte der Grauschimmel mit einem zweiten Sprung über die Rampe hinweg. Unmittelbar davor stand der Tisch, an dem der Pfarrer und die Gemeinderäte von Obergschwend saßen. Und gerade auf diesem Tisch landete der Esel. Er schlitterte mit dem Tischtuch noch ein Stück vorwärts und blieb dann stocksteif mit gestreckten Vorderbeinen stehen. Das geschah mit einem jähen Ruck.

Maria konnte sich nicht länger im Sattel halten. Sie flog mitsamt dem Kind in hohem Bogen herunter, streifte im Sturz den hochwürdigen Herrn und rief entsetzt: »Jesus, Maria, Josef!« Was weiter geschah, ging im Gelächter der Zuschauer unter. Starke Männerhände zerrten den störrischen Esel auf die Bühne zurück. Maria verdrückte sich durch einen Seitenausgang und rieb die schmerzende Hüfte. Der Vorhang fiel und verdeckte den wie erstarrt dastehenden Josef und die Eseltreiber.

Die Flucht nach Ägypten fand nicht statt.

ALBERT PARIS GÜTERSLOH
Das vergebliche Mahl

Die Kinder waren Holz stehlen gegangen in den Wald.

Unter ihren Jahren klein und dank ihrer Armut fast nicht zu unterscheiden von dem erstorbenen Kleide der schneelosen Wintererde, hatten sie die leichtere Aufgabe. Wenn der Förster kam, verbarg sie eine Wurzel, und vor dem Landjäger schützte sie der glücklich steigende Nebel des Heimwegs. Das unbeweglich liegende Bündel Reisig konnte dann für einen Maulwurfshügel gelten.

Viel schwerer hatte es der Vater, der außerhalb des Dorfes im halbverharschten Straßengraben lag und aus den heimkehrenden Gänseherden ein abirrendes, fettes Tier – fast unter den Augen des hütenden Buben – mit unwiederholbarem Griff lautlos verschwinden lassen sollte.

Der Mutter war das weiblichere Teil geworden: Milch zu betteln bei den Kuhmägden oder in einem unbewachten Augenblick die mitgebrachte Kanne vollrinnen zu lassen unter dem Euter.

Es war das erste Mal in ihrem teils kurzen, teils langen Leben, daß sie stahlen. Doch wie erfahrenes Diebsgesindel kamen sie erst nach Einbruch der vollen Dunkelheit zurück. Zuerst die Kinder mit dem Holze, das sie durch eine Lücke des Zauns in den Nachbarsgarten schoben. Niemand hatte sie diese Klugheit gelehrt. Dann der Vater mit der erwürgten Gans, die er alsogleich rupfte. Beträchtlich später kam die Mutter. Sie hatte – natürlich – geplaudert. Um so peinlicher ihr die volle Kanne unter den weiten Rücken ward, desto länger zog sie das Gespräch mit der Magd, die sie beinahe überrascht hätte. Als ob sie von einem unschuldigen Einkauf käme, berichtete sie das Erfahrene. Erst als der Vater sie bei der Hand nahm und ihr wie mit einer blendenden Leuchte in die Augen blickte, erkannte sie die holde Täuschung und schwieg jäh.

Das unrechte Gut wärmte, briet und sott wie in guten Zeiten das rechte. Alles war wie früher, vor einem Jahr etwa. In einer Ecke schufen die Kinder aus einem hölzernen Löffel und einigen Lappen einen Menschen, kleideten ihn an und aus, riefen den Arzt, gaben ihm zu essen und Medizin, legten ihn zu Bett und beteten mit ihm, in einer einzigen Minute, das Abend- und das Morgengebet. Aber ihre gefalteten Händchen waren noch schmutzig vom geplünderten Walde. Vor dem Herde, der aus allen Löchern, notwendigen und vom Verfall geschlagenen, glühte wie eine Geisterburg, bewegte sich die Mutter. Die Kunst des Kochens, so lange nicht geübt, stieg als Lebens- und Forschenslust rot in ihre Wangen, und wie sie bald unten, bald oben eine schlotternde Klappe öffnete, einen der Ringe von den Bratlöchern nahm oder ihnen zulegte, war ihr, als stünde sie auf einer mächtigen Maschine, käme endlich vom Platze und führe siegreich über das widerborstige Land. Der Vater saß wie einst, da er noch von Geschäften hatte heimkehren können, in dem gewohnten Stuhle und in dem lauen Bade des Feierabends, das noch einmal heraufbeschworene Bild eines glücklichen Familienlebens betrachtend. In seinen lang schon untätigen Händen wand sich, wie eines erst heut ergriffenen Handwerks ungewohntes Instrument, noch immer der Hals der Gans.

Endlich standen sie um den so reich bedeckten Tisch, baten den Herrn zu Gast, dankten ihm für die gnädig beschiedenen Gaben, anders nicht als gestern, da sie nur für ein altes, ehrliches Brot zu danken hatten, und langten zu. Sie aßen wie unbescholtene Leute. Dem Vater fielen Geschichten aus seiner Kindheit ein, in denen – er merkte es nicht – das Böse bestraft wurde. Die Kinder jubelten, die Mutter fühlte sich eins mit den Guten, die belohnt und gerettet wurden. Der Diebsbissen schwoll ihnen nicht im Munde. Ihr Elend war zu groß, der Entschluß, es zu enden, zu gewaltig, die Leistung, welche Wärme, Gans und Milch in die Stube gezaubert hatten, zu ungewöhnlich gewesen. Sie hatten gestohlen: aber sie wußten es noch nicht. Sie waren keine ehrlichen Leute mehr: aber eine solche Wandlung vollzieht sich nicht an einem Tage. Noch war das entwendete Gut so etwas wie entliehenes Geld, das man zurückzahlen wollte bei erster Gelegenheit.

Wie groß ihr Elend wirklich war, konnte man sehen, als der Landjäger sein Gesicht und die goldenen Knöpfe seines Mantels an die Fensterscheibe drückte, was er bei wohlhabenden Leuten nie getan haben würde. Aber die Armen sind ja so nackt wie die Goldfische in ihrem Bassin: die Sonnenstrahlen gehen durch sie hindurch und die Blicke der Menschen.

Sie hätten weiteressen sollen wie Schuldlose oder Abgefeimte. Aber es erstarrten ihnen das Fett am Munde und der Knochen in der Hand. Ihr Schicksal, so glaubten sie mit blöd geöffneten Lippen, hinge an einem Haare. Weiter dachten sie nichts. Es war das

Dunkel von eben Geköpften in ihren Häuptern. Da wandte sich der mächtige Landjäger – er war in Wirklichkeit ein kleiner Mann, und nur sein Schnurrbart war groß – und ging langsam über die mondbeschienene Straße auf die andere Seite, wo die verhauchten Scheiben der Schenke gilbten. »Das sind wahrhaftig glückliche Festtage«, sagte der Vater. »Ja, Gott ist wirklich mit uns«, sagte die Mutter und drückte dem Manne die Faust, darin noch steif das Messer stak. Die Kinder erschauderten und suchten als Unmündige, die noch einer mittelnden Vorstellung bedürfen, das Heiligenbild, welches schief aus einer Zimmerecke hing. So groß also war ihr Elend.

Als sie gegessen hatten, die Mutter sogleich den Tisch säuberte, das große Nachher begann, worin bereits der Keim des neuen Hungers knistert und der erkaltende Ofen zu Turmesgröße erwächst, der Rausch der Mahlzeit allzuschnell verflogen war und der weiter gefristete Tag in keinem Verhältnis mehr zu den gemachten Anstrengungen stand, fragte der Vater – so vorsichtig, als er einst um ihre Hand geworben hatte – die Frau: »Bist du noch immer bereit?« Die dachte eine Weile nach, dann sagte sie: »Ja, denke dir, Mann, ich bin's.«

»Wir haben gut gegessen, haben's warm«, sagte eindringlich der Vater. »Morgen ist Feiertag. Da geben uns die grausamen Leute Ruh und Frist auch, um sie von neuem zu besänftigen. Da kommen uns rettende Gedanken. Die Hoffnung erhebt sich wieder...«

»Nein. Ich sehe nichts. Ja, wir haben gut gegessen. Aber wir haben schon zu viel gehungert. Da wird man wohl satt, aber nicht mehr froh. Mir ist, als hätt ich nicht gegessen.«

Der Vater saß tiefgebeugt da. Mit der einen Hand wühlte er in seinem Haare, das so lebendig war. Unter seinen Fingern öffneten und streckten sich sanft Löckchen und Strähne.

»Wenn die einfachen Mittel nicht mehr wirken, mein Armer, ist es zu spät. Was haben wir – du weißt es gut – heimlich gehofft von dieser warmen Stube, von dieser guten Speise. Hätten wir sonst gestohlen? Nicht essen, nein, nicht uns wärmen wollten wir, nein, wir hofften auf das Wunder des Mutes. Daß noch einmal uns die Nacht, schwerer als unsere Sorgen, zum nächsten Tage trüge. Sieh aber, wir können uns nicht heben vom nüchternen Boden. Nahrung wird nicht mehr Blut, Wärme nicht mehr Leben. Wie eine fürchterliche Krankheit hat Armut den natürlichen Zusammenhang zerfressen.«

Der Mann sah die Frau lange an. Es war so grausam klar, was sie sagte. Dann erhob er sich. »So wollen wir denn geh'n!«

»Wirklich?« fragte die Frau.

Ihm war, als könnte er jetzt, in diesem einen Augenblick noch, sie zurückhalten. Eine Sekunde lang rauschte ihm das volle Leben im Ohr. Er wollte seine Hand heben. Da war es auch schon zu spät. Er hatte sie auch nicht um Haaresbreite gehoben. Es war ja nur eine Sekunde gewesen.

»Vergib, mein Lieber«, sagte die Frau. »Es war die Schwäche des Herzens. Sie ist vorbei.«

Er ging drei Wände der Stube ab, Hut, Mantel und Stock zu nehmen. An der vierten stand der Tod. Der Mann kam mit leeren Händen wieder in die Mitte der Stube, wo an dem Tische, über einem zerfetzten Bilderbuche, die Kinder saßen, schlaftrunken die Seiten blätternd und, weil sie müde waren, einig über jedes Bild.

»Kommt«, sagte die Mutter mit einer sehr harten Stimme und hatte die vielgeflickten Wämser und die schon flaumlosen Wollmützen in der Hand.

Die Hände auf den Tisch gestützt, das Aug zu seiner Tafel gesenkt, wo es jeden Sprung, jede Kratzspur, jedes eingeritzte Herzchen, die Vornamen der Kinder und den kindisch eingegrabenen eignen wahrnahm, dachte er dieses: Herr Gott, du hast doch dem Weibe das schwerste Teil gegeben. Sie hart aus dem Leben zu rufen, die du so süß hineingelockt.

»Wir gehen fort von hier, weit fort. In ein Land, wo wir sehr glücklich sein werden. Habt also keine Angst. Auch wenn wir an das große Wasser kommen. Wohl ist es finster und tief. Doch müssen wir hindurch, denn kein andrer Weg führt zu dem guten Manne, der euch alles geben wird, was wir euch nicht geben können.«

»Bei dem guten Manne«, fragte das eine, »ist auch bei ihm heute Weihnacht?«

»Gewiß, und viele, viele Geschenke liegen dort schon unter dem Lichterbaume.«

»Auch die Eisenbahn?«

»Und die große, blonde Puppe, die der Krämer im Schaufenster hat?«

»Gewiß. All das und noch viel mehr liegt dort unter dem goldenen Baum und erwartet euch. Ihr dürft nur nicht Angst haben vor dem großen Wasser.«

»Oh, wir werden mutig sein!« riefen sie, und ihre Wangen glühten.

»Und euch auch nicht fürchten, wenn ihr zu ertrinken glaubt. Wir sind ja mit euch!«

»Nein, nein, Vater, Mutter! Kommt, gehen wir. Schnell!«

»Wickelt euch nur fest ein«, sagte die Mutter, »daß ihr euch nicht verkühlt.«

Des Mannes Auge hing mit unendlicher Bewunderung an dieser Frau. Sie erschien ihm so groß und stark, ein unfehlbarer Engel, dem man sich ruhig anvertrauen darf.

Als sie gut in ihre letzten, kümmerlichen Sachen gewickelt waren, als sie das Licht gelöscht, das Haus versperrt, den Schlüssel auf das Fensterbrett gelegt hatten, gingen sie. Nur der Vater ging ohne Mantel, ohne Hut und ohne Stock: der See war ja so nah. Die Mutter merkte es nicht mehr, und die Kinder, an der Eltern Händen ziehend, merkten es schon gar nicht.

Weihnachtsstern – Die Heiligen Drei Könige

Michel Tournier
Kaspar von Meroe
Der liebeskranke Negerkönig

Es war einmal südlich von Ägypten ein Königreich namens Meroe, dessen Herrscher Kaspar hieß. Wie seine Eltern, seine Frauen, wie sein ganzes Volk war Kaspar schwarz, doch er wußte es nicht, denn er hatte noch nie einen Weißen gesehen. Und er war nicht nur schwarz, er hatte zudem eine stumpfe Nase, winzige Ohren und gekräuseltes Haar, und all dies wußte er gleichfalls nicht.

Eines Abends jedoch, als er vor einem über und über sternflimmernden Nachthimmel auf der Terrasse des Palastes stand und träumte, stockte plötzlich sein Blick bei einem verschwommenen, unsteten Lichtschein, der den südlichen Horizont erzittern ließ.

Sogleich ließ er seinen Astrologen kommen. Der hieß Barka Mai und hatte einen weißen Bart und weißes Haar, obwohl auch er ein Schwarzer war.

»Was ist denn das für ein Lichtschein?« fragte ihn Kaspar und wies mit seinem Zepter aus Rhinozeroshorn auf den Horizont.

»Ja, Herr«, erwiderte der Astrologe, »gerade wollte ich mit dir darüber sprechen. Das ist ein Komet, der von der Nilquelle her zu uns kommt.«

Dabei muß man wissen, daß der Nil, ein ungeheurer, majestätischer Strom, das ganze Gebiet von Meroe durchfloß. Noch nie aber war es einem Reisenden geglückt, weit genug ins Innere Afrikas vorzudringen, um die Quelle des Nils zu finden. Aus diesem Grund blieb diese Nilquelle geheimnisumwoben, und über allem, was von ihr kam, lag der Glanz des Märchenhaften.

»Ein Komet?« sprach Kaspar. »Erklär mir gefälligst, was das ist: ein Komet.«

»Das Wort stammt von den Griechen und bedeutet *Haarstern*. Das ist ein schweifender Stern; er erscheint und verschwindet überraschend am Himmel und besteht aus einem Kopf, der eine mächtige, wallende Mähne hinter sich herzieht.«

»Ein abgeschlagenes Haupt also, das wunderlich durch die Lüfte fliegt? Das finde ich nicht übel! Und dieser Komet, der kommt von der Nilquelle? Was weißt du sonst noch über ihn?«

»Zunächst, daß er von Süden kommt und nordwärts fliegt, daß er dazwischen aber innehält, Sprünge macht, Haken schlägt – so daß es keineswegs sicher ist, ob er demnächst über unseren Himmel zieht. Wenn nicht, wäre das für dein Volk und für dich selbst eine große Erleichterung, denn das Erscheinen eines Kometen kündet von großen Ereignissen, und die sind selten erfreulich.«

»Weiter.«

»Der Komet, mit dem wir's zu tun haben, hat etwas recht Sonderbares an sich: die Woge von Haar, die er hinter sich herzieht, scheint gelb zu sein.«

»Ein Komet mit goldenem Haar! Das ist wahrlich bizarr. Aber ich finde es eher dazu angetan, meine Neugier zu reizen als meine Besorgnis zu wecken«, sprach Kaspar.

Der König von Meroe hatte sich nämlich von jeher für die Dinge der Natur interessiert. Er hatte in seinen Gärten eine Art Tierpark einrichten lassen; darin hielt er Gorillas, Zebras, Gazellen, heilige Ibisse und Seidenäffchen. Er erwartete sogar einen Phönix, einen Drachen, eine Sphinx und einen Zentauren, die durchreisende Fremde ihm zugesagt hatten und die er ihnen, um sicher zu gehen, im voraus bezahlt hatte.

Einige Zeit danach zog er mit seinem Gefolge über den Markt zu Baaluk, der berühmt war wegen der Vielfalt seiner Waren und deren Herkunft aus fernen Ländern. Weil Kaspar seit Jahren Meroe nicht verlassen hatte und von einer weiten Reise träumte, kaufte er zuallererst einen Posten Kamele:

– Bergkamele aus dem Tibesti, schwarz, mit krausem Fell, unermüdlich, doch eigensinnig und gewalttätig;

– Lasttiere aus Batha, mächtig und schwer, mit glattem, gelbbraunem Haar, ob ihrer Unbeholfenheit im Gebirge nicht brauchbar, doch im Sumpfgelände ebenso unempfindlich gegen Stechmücken wie gegen Blutegel;

– Meharis aus dem Hoggar, weiß wie das Hermelin, feingliedrig, schnell, Reittiere für Jagd und Krieg, wie man sie sich nicht besser träumen kann.

Auf dem Sklavenmarkt erstand er ein Dutzend winzig kleiner, im Urwald nahe dem Äquator eingefangener Pygmäen. Er hatte sich vorgenommen, sie als Ruderer auf der königlichen Feluke einzusetzen, mit der er auf dem Nil den Silberreiher jagte. Schon hatte er wieder den Rückweg eingeschlagen, als ihm plötzlich, verloren in der Menge der schwarzen Sklaven, zwei goldene Flekken ins Auge fielen. Es waren eine junge Frau und ein Jüngling. Sie kamen aus Phönizien, hatten eine Haut, so hell wie Milch, Augen, so grün wie Wasser, und über ihre Schultern schüttelten sie eine Flut goldenen Haares.

Verblüfft blieb Kaspar stehen. Dergleichen hatte er noch nie gesehen. Er wandte sich an den Verwalter, der ihn begleitete.

»Glaubst du, daß ihre Körperhaare von gleicher Farbe sind wie ihr Kopfhaar – oder andersfarbig?«

»Ich geh und sage dem Händler, er möge sie ihr zerlumptes Zeug ablegen lassen«, erwiderte der Verwalter.

»Nein, sag ihm lieber, daß ich sie kaufe. Ich setze sie in meinen Tierpark zu den anderen Affen.«

Dann ging er hinüber zu der königlichen Karawane, die zum Heimweg nach Meroe, zum Palast, bereitstand.

Für die siebzehn Frauen seines Harems brachte er einige Scheffel Schönheitspuder und zu seinem persönlichen Gebrauch ein ganzes Kästchen voll Weihrauchstäbchen mit. Er fand es geziemend, bei religiösen Feierlichkeiten oder wenn er in seiner Hauptstadt erschien, von Räucherpfannen umgeben zu sein, von denen wohlriechender Rauch emporwirbelte. Das hat etwas Majestätisches und wirkt auf die Gemüter, dachte er. Weihrauch gehört zur Krone wie der Wind zur Sonne.

Kaspar schien Komet und blonde Sklaven vergessen zu haben, als er einen seiner vertrauten Spaziergänge in den Gärten des Palastes unternahm, zu denen das Volk Zugang hatte. Man kannte ihn, und man liebte ihn genug, um das Verlangen zu respektieren, das er ein für allemal geäußert hatte: daß man so tue, als bemerkte man ihn nicht. Und so mischte er sich gern unter die Menge wie irgendeiner seiner eigenen Untertanen.

Er trat an einen Käfig, der eine neulich erst eingetroffene Vampirfamilie beherbergte. Diese riesigen Fledermäuse, die sich von Früchten ernähren, aber auch bei Tieren Blut saugen, hingen, vom überhellen Licht gelähmt, gleich grauen Lumpen kopfunter an den Ästen des Baumes, der in der Mitte des Käfigs stand.

Kaspar und sein kleines Gefolge hielten sich jedoch nicht bei den Vampiren auf, denn ein ungewohnter Menschenauflauf rings um den Paviangraben zog ihre Aufmerksamkeit auf sich. Der König fragte, was solche Neugier errege. »Deine blonden Sklaven«, erhielt er zur Antwort. Er begab sich sogleich an den Rand des Grabens, der zweigeteilt war: ein Abteil für die männlichen Affen, das andere für die Weibchen. Was das Interesse und die Lust des Publikums anzog, war im ersten Gelaß, mitten unter den Affen, ein Mann am Boden, entkräftet und mit Wunden bedeckt, unter den Affenweibchen eine in einem Felswinkel kauernde Frau. Die Leute bewarfen sie mit Schalen von Wassermelonen und mit fauligen Granatäpfeln. Wenn ein Wurf so recht ins Ziel traf, brüllte die Menge vor Lachen.

»Wer hat sie da hineinsperren lassen?« fragte Kaspar wütend.

Sein Verwalter winkte den Aufseher der Gärten heran, der sich in respektvoller Entfernung gehalten hatte. Sie wechselten einige Worte.

»Da muß wohl ein Mißverständnis vorliegen«, stammelte der Verwalter. »Wir meinten, es sei dein Befehl gewesen.«

Und wirklich erinnerte sich Kaspar, bei der Anweisung, die blonden Sklaven zu kaufen, etwas in diesem Sinne geäußert zu haben.

»Holt sie sofort aus diesem Loch heraus!« befahl er.

Hatte er einen Befehl gegeben, so war es sein Grundsatz, niemals dabei zu sein, wenn er ausgeführt wurde. Die Gewißheit, er werde befolgt, mußte genügen. Doch diesmal hielt eine seltsame Neugier ihn fest. Bald darauf standen die zwei Weißen vor ihm. Kaspar konnte seinen Blick nicht von der Frau losreißen. Und doch! wie häßlich war sie mit ihrer bläulich marmorierten, an einigen Stellen geröteten, an anderen leichenblassen Haut, mit ihren großen, nicht am Kopf anliegenden, vom strähnigen Flachshaar nur schlecht verdeckten Ohren, mit ihrer langen, spitzen, traurig erdwärts hängenden Nase! Ganz und gar das Gegenteil zu den schwarzen Schönheiten seines Harems, deren Haut sich so glatt anfühlte, als wären sie aus Ebenholz oder Obsidian. Kaspar empfand eine Mischung aus Mitleid und Widerwillen gegenüber diesen so andersartigen Wesen vom Ende der Welt.

Denn obschon er ein großer Liebhaber von Kuriositäten der Natur war – die schönsten Früchte und die schönsten Tiere kamen für ihn stets aus dem Süden. Karawanen von jenem kalten Meer des Nordens, das man das Mittelmeer nennt, hatten ihm einmal ein paar jener Früchte Europas gebracht, die ohne Wärme und Sonne zu reifen vermögen und die Äpfel, Birnen, Aprikosen heißen. Aus purer Gewissenhaftigkeit hatte er davon gekostet, aber wie fad fand er sie im Vergleich zu den Ananas, Mangos und selbst zu den schlichten Datteln seiner afrikanischen Obstgärten!

An diesem Abend aber lehnte er es ab, Karmina, seine erste Haremsdame, im königlichen Schlafgemach zu empfangen, und zog sich ganz allein auf die Südterrasse zurück. Er konnte seine Gedanken nicht lösen von der blonden Sklavin, die er eben erst aus einem Affenkäfig befreit hatte und von der er nichts, nicht einmal den Namen wußte.

Da gewahrte er über dem Horizont eine goldene Kugel, die sich um sich selbst zu drehen schien. Sogleich ließ er Barka Mai kommen.

»Wie steht's mit deinem Kometen?« fragte er ihn.

»Da siehst du ihn«, antwortete der Astrologe. »Der letzte Rest meiner Hoffnung, er werde seine Bahn noch von uns abwenden, schwindet von Stunde zu Stunde. Daß er über unsere Köpfe hinwegfliegen wird, ist schon fast sicher. Wir können nur noch beten, daß er auf sie nicht irgendein Unheil herunterfallen läßt.«

Kaspar sprach kein Wort. Er mußte sich eingestehen, daß das Bild der blonden Sklavin, erniedrigt und entstellt, von der hohnlachenden Menge mit Unrat beworfen, ihm nicht aus dem Kopf ging.

Zum ersten Mal sah er eine Verbindung zwischen der blonden

Sklavin und dem Kometen mit dem goldenen Haar, die beide ins Königreich Meroe und in sein Leben getreten waren. War etwa gerade die Frau jenes Unheil, das der Komet zu bringen drohte?

Nun wird ein König stets von seiner Umgebung aufs genaueste beobachtet, und der Stimmungswandel Kaspars entging seinen Vertrauten im Palast nicht. Jeder deutete ihn in seinem Sinne, und die Frauen im Harem, von Eifersucht geplagt, schrieben ihn der weißen Frau zu. Kaspar bemerkte das bei Kallaha, einer Nigerianerin, die, nachdem sie die Gunst von Kaspars Vater genossen hatte, Aufseherin des Harems geworden war. Sie war es denn auch, die als erste in Gegenwart des Königs den Namen der blonden Frau aussprach.

»Diese Biltine«, sagte sie eines Tages, »weißt du, wie sie die Leute ihrer Rasse nennt? Sie nennt sie die Weißen! Und uns, weißt du, wie sie uns nennt? Farbige! Welche Unverschämtheit! Die Farbigen, das sind sie, diese angeblich ›Weißen‹, denn sie sind nicht weiß, nein, sie sind rosa. Rosig wie die Schweine. Und obendrein stinken sie!«

Kaspar kannte und teilte alle Vorurteile der Schwarzen gegen die Weißen. Doch für ihn war es das ungeheuer Überraschende der letzten Tage gewesen, zu sehen, wie sich, wenn die weiße Sklavin bei ihm war, das Abstoßende gegen seinen Willen zum Anziehenden wandelte.

Aber ist nicht gerade dies Liebe? Dinge, die wir zuvor abstoßend fanden – den Kuß auf den Mund, zum Beispiel – und die allmählich so köstlich werden, daß wir nicht mehr ohne sie leben können?

»Geh, hol sie!« befahl er. Kallaha war verblüfft, doch der Befehl war in einem Ton ergangen, der jeden Verzug ausschloß. Sie wandte sich zur Tür, steif und würdig, aber bevor sie hinausging, konnte sie nicht umhin, sich umzudrehen und als letztes zu sagen:

»Und, weißt du, sie hat Haare auf Waden und Unterarmen!«

Es ärgerte Kaspar nicht, daß er, bis Biltine kam, eine ganze Weile warten mußte. »Sie sind dabei, sie zu waschen, zu frisieren und zu kleiden«, dachte er. So war es auch. Als sie erschien, glich sie wahrlich nicht mehr dem Schmutzfink aus dem Affenkäfig. Rosig, das war sie, ja – Kaspar dachte an Kallahas böses Wort –, aber rosig wie eine Rose, und außerdem auch blau und golden...

Sie blieben voreinander stehen und betrachteten einander, die weiße Sklavin und der schwarze König. Und Kaspar fühlte, wie sich in ihm ein ganz eigenartiger Wandel vollzog: indem er Biltine unverwandt anblickte, sah er auf einmal nicht mehr Biltine, sondern er sah sich, so wie Biltine ihn sehen mußte. »So hell, so licht«, dachte er, »wie schwarz muß sie mich finden!« Und zum ersten Mal drangen ihm Traurigkeit und eine Art Scham – ja, Scham – ins Herz, ein Neger zu sein. »Sie muß wohl gerade so viel Lust haben, sich mir in die Arme zu werfen wie in ein Teerfaß zu springen!« Und während seine Liebe mehr und mehr wuchs, fühlte er zugleich, wie ein Kummer ohne Hoffnung an ihm nagte.

Sie erzählte ihm ihre Geschichte. Ihr Bruder Galeka und sie stammten aus Byblos in Phönizien, einem kleinen Küstenland, berühmt für seine Seeleute und seine Schiffe. Sie waren auf dem Weg nach Sizilien, zu Verwandten, als ihr Schiff numidischen Seeräubern in die Hände fiel. Man hatte sie dann irgendwo unweit von Alexandria an Land gesetzt und mit einer Karawane nach Süden geschickt.

Kaspar stellte sodann eine Frage, die die junge Frau erstaunte und sie zu belustigen schien:

»Sind die Bewohner Phöniziens alle blond?«

»Weit gefehlt!« erwiderte sie. »Es gibt Schwarzhaarige, Dunkelbraune und Hellbraune. Auch Rothaarige gibt es.«

Dann runzelte sie die Stirn, als entdeckte sie zum ersten Mal eine neue Wahrheit. Ihr schien, die Sklaven seien brauner, tiefbraun, obendrein kraushaarig, und bei den Freien nehme, je höher man auf der gesellschaftlichen Leiter stieg, die Helle der Haut und das Blond der Haare zu.

Sie lachte, als hätten diese frechen Reden einer blonden Sklavin, die sich an einen König wendet, nicht die Peitsche oder den Pfahl verdient!

Er ließ sie jeden Abend kommen. Eines Nachts endlich beschloß er, sie in die Arme zu nehmen. Vorab hatte er ein feines Souper auftragen lassen, dessen erlesenstes Stück ein Schafschwanz war, ein wahrer Sack voll Hammelfett. Das ist für die Leute in Meroe das Köstlichste. Biltine tat dem Nationalgericht ihres Herrn und Meisters Ehre an. Doch als Kaspar sich neben sie legte, konnte er die Augen nicht von dem Gegensatz losreißen, den seine schwarzen Hände auf Biltines schneeweißer Haut bildeten, und das Herz wurde ihm schwer.

Und sie? Was empfand sie? Er sollte es ohne Verzug erfahren. Jäh entriß sie sich seinen Armen, lief zur Brüstung der Terrasse und mußte sich, den Oberkörper zu den Gärten hinausgelehnt, von Stößen geschüttelt, übergeben. Dann kam sie zurück, sehr bleich und hohlwangig, und legte sich sittsam auf den Rücken.

»Der Schafschwanz ist mir nicht bekommen«, erklärte sie schlicht.

Traurig sah Kaspar sie an. Er glaubte ihr nicht. Nein, nicht der Schafschwanz war der Grund, weshalb sich die Frau, die er liebte, vor Ekel übergeben hatte!

Er herhob sich und suchte, von Kummer überwältige, wortlos seine Gemächer auf.

Kaspar sah Biltine auch weiterhin, doch wahrte er Abstand, obschon er vor Begierde nach ihr brannte. Um dem quälenden Verlangen, sie in die Arme zu nehmen, nicht zu erliegen, ließ er immer ihren Bruder Galeka mitkommen. So bildeten sie ein dem Anschein nach glückliches Trio. Sie segelten auf dem Nil, jagten in der Wüste Antilopen, führten die Schirmherrschaft bei Volksfesten mit fröhlichem Tanzen und Kamelrennen. Des Abends weilten sie lange auf der hohen Terrasse des Palastes, und Biltine sang phönizische Melodien und begleitete sich selbst auf einer Kithara.

Kaspar beobachtete dabei seine beiden Freunde, und mit der Zeit fielen ihm große Unterschiede zwischen ihnen auf. Zu Anfang, fasziniert von ihrer weißen Haut und ihrem blonden Haar, hatte er gefunden, sie seien einander ganz und gar ähnlich, seien Zwillinge lediglich verschiedenen Geschlechts. Doch mit wachsender Vertrautheit sah er sie besser, und manchmal zweifelte er sogar, ob sie wirklich Geschwister wären, wie sie es behaupteten.

Unterdessen waren die Frauen des Harems wütend darüber,

welchen Platz Biltine beim König einnahm, und das ganze Personal des Palastes teilte ihren Haß gegen die beiden Eindringlinge. Jeder lauerte auf eine Gelegenheit, sie ins Verderben zu stürzen.

So begehrte denn eines Nachts Kallaha dringendst den König zu sprechen. Kaspar ließ sie eintreten, denn er hatte keinen Schlaf gefunden. Und sofort platzte die Haremsaufseherin heraus:

»Deine Phönizier, Herr! Die sind so wenig Geschwister wie du und ich!«

»Was sagst du da?« fragte Kaspar, der das Unheil kommen fühlte.

»Wenn du mir nicht glaubst, komm mit; dann siehst du gleich, ob sie sich wie Bruder und Schwester umarmen oder auf andere Art!«

Das war es also! Kaspar stand auf und warf sich einen Mantel über. Kallaha, erschrocken über sein verzerrtes Gesicht, wich zur Tür zurück.

»Auf, marsch, alte Schindmähre, nichts wie hin!«

Was nun kam, überstürzte sich wie die Bilder eines Alptraums: die Liebenden, jäh in der Umarmung betroffen, die herbeigerufenen Soldaten, der junge Bursche, in ein Verlies fortgeschleppt, Biltine, schöner denn je, nur in ihr langes Haar gekleidet, in eine Zelle mit vergittertem Fenster gesperrt, und am Ende der König ganz allein auf seiner Terrasse, mit tränenerfüllten Augen den Himmel betrachtend, der ebenso schwarz war wie sein Herz und seine Haut. Doch am Horizont glomm vage ein Schimmer, der wie sein Blut zu pulsieren schien.

Am leisen Geräusch von Sandalen merkte er, daß sich hinter ihm jemand näherte. Es war Barka, der Astrologe. Erleichtert empfing Kaspar den alten treuen, so klar blickenden Freund.

»Entfernt sich«, sagte er. »Und entschwindet gen Norden.«

Kaspar, noch ganz im Bann des Geschehens, das er gerade erlebt hatte, dachte zunächst, er rede von Biltine. Dann begriff er, daß Barka den Kometen meine. Übrigens war es schon lange so, daß die phönizische Sklavin und der Komet mit den blonden Haaren in seinem Gemüt durcheinandergingen.

»Er kehrt zurück nach Phönizien«, sagte er, »in das Land der blonden Frauen.«

Traurig sah Barka ihn an. Mußte sich denn sein Herr in diese Sklavin verlieben! Aber er kam auf seine eigenen astrologischen Ideen zurück.

»Er geht dahin«, sagte er, »und noch kann niemand sagen, was er Schlimmes angerichtet hat. In einem Monat, in einem Jahr wird vielleicht über Meroe eine Pestseuche oder eine verheerende Dürre hereinbrechen, wenn nicht gar Wolken von Heuschrecken sich über die Felder hermachen.«

»Nein«, sprach Kaspar, »einen Monat oder ein Jahr braucht man nicht zu warten. Ich kenne es schon, das Schlimme, das er mir angetan hat, und das Herz ist mir schwer davon.«

Und plötzlich zu Barka gewandt, klagte er ihm sein Leid, dieses Blond, das ihn zunächst wie etwas Ungeheuerliches abgestoßen, ihn bald aber in seinen Bann gezogen und das er am Ende nicht mehr habe entbehren können. Wie eine Droge sei es gewesen! Und das Schlimmste sei, daß er jetzt sein eigenes Volk mit anderen Augen sehe, mit den Augen des Weißen! Er habe das Schwarzsein entdeckt und liebe es nicht, ebensowenig wie er sich selbst liebe.

Nach diesen Geständnissen verharrte Barka lange in Schweigen. Wie schwer war sie, seine Verantwortung als Vertrauter des Königs! Das helle Zucken des Kometen am Horizont hatte aufgehört. Nach seinem Vorüberziehen schien der Himmel leer und wie verlassen. Da sagte Barka zu seinem Herrn ein Wort, nur ein einziges Wort: »Reise!«

»Du meinst, ich soll reisen?«

»Jedenfalls rate ich es dir, da du geruht hast, mir deine Nöte anzuvertrauen. Wasser, das unbewegt steht, wird brackig und trüb. Lebendig strömendes Wasser hingegen bleibt rein und klar. So ist das Herz des seßhaften Menschen ein Gefäß, in dem endlos wiedergekäute Vorwürfe gären. Dem Herzen dessen, der reist, entspringen in reinen Strömen neue Ideen und überraschende Taten. Brich auf! Damit der blonde Planet, der dein Leben zerrüttet hat, dir auch das Heilmittel bringe. Folge ihm. Mach eine

Pilgerfahrt in die Länder der weißen Menschen. Reise bis hinauf an die Ufer jenes grauen, kalten Meeres, das sie das Mittelmeer nennen. Und dann komm uns wieder, froh und geheilt!«

Um Meroe zu verlassen, benutzte Kaspar, altem Brauch gemäß, die große königliche Sänfte aus goldbestickter roter Wolle, an deren hölzerner Spitze, von Straußenfedern bekrönt, grüne Standarten flatterten. Vom großen Schloßportal bis zur letzten Palme – danach kommt die Wüste – beklatschte und beweinte das Volk von Meroe die Abreise seines vielgeliebten Herrschers. So wollte es die Tradition, der er sich nicht entziehen konnte. Doch bei der ersten Rast ließ er das auf dem Rücken eines elefantengroßen Dromedars befestigte Prunkgehäus abschlagen und nahm Platz auf einer schlanken, leichtgesattelten Kamelstute, fein und schnell wie eine Gazelle. Wie sanft wiegte der geschmeidige Paß- gang seines Tieres sein wundes Herz! Wie wohltuend ver- scheuchte die heiße Wüstensonne die schwarzen Gedanken, die er im Kopf hatte.

Tag für Tag zogen sie am Ufer des Nils dahin, entlang den Papy- russtauden, deren Dolden einander im Wind mit seidigem Ra- scheln streiften. So langten sie in Theben an, und Kaspar stellte fest, daß es hier schon ziemlich viele weiße Menschen gab. Noch machten sie nur helle Flecken in der Masse der Schwarzen aus, doch Kaspar sagte sich, bald, wenn sie weiter nach Norden zö- gen, würden die Schwarzen nur noch schwarze Flecken in der Menge der Weißen bilden.

Sie nächtigten in Luxor, zu Füßen der beiden Memnonskolos- se, riesige Steingestalten, die gelassen dasitzen, die Hände auf die Knie gelegt. Kaspar konnte die Legende nachprüfen, wonach diese beiden ägyptischen Götter am Morgen die frohen Schreie eines kleinen Kindes ausstoßen, wenn ihre Mutter, die Morgen- röte, sie mit ihren warmen Strahlen liebkost.

Dann mußten sie auf elf Barkassen, die sie zu diesem Zweck gemietet hatten, das Rote Meer überqueren. Diese friedliche Überfahrt, die eine Woche dauerte, war eine Ruhepause für alle, ganz besonders für die Kamele, die sich im Dunkel der Laderäume nicht rühren, sich aber sattfressen und -trinken konnten, so daß ihr Höcker wieder zu voller Größe anschwoll.

Von Elath – wo sie an Land gingen – nach Jerusalem sind es zwei oder drei Tagesmärsche, doch zu Hebron wurde Kaspars Karawane durch eine höchst bedeutsame Begegnung aufgehalten. Hebron ist nur ein bescheidener kleiner Marktflecken auf drei grünenden Hügeln, die mit Oliven-, Granatäpfel- und Feigenbäumen bepflanzt sind. Doch soll er am Anfang der Zeiten der Zufluchtsort Adams und Evas gewesen sein, als sie aus dem Paradies vertrieben worden waren. Hebron wäre demnach die bei weitem älteste Stadt der Welt.

Kaspar hatte sich vorgenommen, dort sein Lager aufzuschlagen, um die denkwürdigen Stätten anzusehen, die sich dort befinden, als seine Kundschafter ihm berichteten, eine aus dem Osten angereiste Karawane sei ihm zuvorgekommen. Sogleich sandte er einen offiziellen Botschafter aus, der sich erkundigen sollte, wer diese Fremdlinge seien und was sie im Schilde führten. Diese Männer, so wurde berichtet, seien das Gefolge König Balthasars IV., des Herrschers über das chaldäische Fürstentum Nippur; dieser heiße ihn willkommen und bitte ihn, am Abend bei ihm zu speisen.

König Balthasars Lager beeindruckte durch seine Pracht. Der liebenswürdige Greis, hochgebildet und ein großer Kunstliebhaber, sah keinen Grund, sich durch die Reise um die Annehmlichkeiten seines Palastes bringen zu lassen. So zog er denn durch die Lande mit großem Aufwand an Schmuckteppichen, Tafelgeschirr, Pelzwerk und wohlriechenden Essenzen und mit einem Gefolge von Malern, Zeichnern, Bildhauern und Musikern.

Kaum angekommen, wurden Kaspar und seine Gefährten gebadet, frisiert und parfümiert, und zwar von kundigen jungen Mädchen, deren eigenartige äußere Erscheinung ihre Wirkung auf ihn nicht verfehlte. Später erklärte man ihm, sie seien alle Stammesgenossinnen der Königin Malvina aus dem geheimnisvollen, fernen Hyrkanien. Von dort ließ Balthasar, als feinsinnige Huldigung an seine Frau, alle Dienerinnen im Palast zu Nippur kommen. Trotz ganz weißer Haut hatten sie schweres, jadeschwarzes Haar, mit dem ihre hellen blauen Augen entzückend kontrastierten. Durch sein unglückliches Erlebnis auf derlei Dinge aufmerksam geworden, hatte Kaspar sie während der ganzen Zeit, in der sie ihn fein machten, mit den Augen verschlungen. Unablässig hatte er sie einerseits mit seinen schwarzen Frauen, andererseits mit der blonden Biltine verglichen. Als die erste Überraschung vorüber war, kam er jedoch bald zu der Ansicht, diese dunkelhaarigen, blauäugigen Schönheiten seien nicht ohne Makel. Eine ganz weiße Haut und üppiges schwarzes Haar – das war gewiß sehr hübsch, doch war der Kontrast nicht ohne Gefahr. So bemerkte er zum Beispiel auf ihrer Oberlippe eine Spur dunklen Flaums und kam zu dem Schluß, Schwarze und Blonde seien weniger gefährdet, weil sie Gegensätzliches nicht zu verbinden suchen.

Tags darauf besuchten die beiden Könige gemeinsam die Grotte, welche die Gräber von Adam, Eva und Abraham birgt. Sacht strichen sie mit der Hand über den Stamm der riesigen Terebinthe, die als letzter Baum des irdischen Paradieses gilt. Sie kamen an dem öden, von Dornen starrenden Gelände vorbei, wo Kain seinen Bruder Abel erschlagen hatte. Was sie jedoch am meisten fesselte, war der von Weißdornhecken umschlossene, frisch gepflügte Acker, aus dem Jahwe die Gestalt Adams geformt hatte, bevor er ihm dann das Leben einblies.

Balthasar beugte sich nieder, nahm eine Handvoll dieser ehrwürdigen Erde und betrachtete sie ein Weilchen in der offenen Hand. Dann blickte er auf, sah Kaspar an und hielt dem Negerkönig die Handvoll Erde vors Gesicht.

»Weißt du, was Adam auf hebräisch bedeutet? Es bedeutet *Ockererde*. Und sie ist wirklich ockerfarben, diese Erde. Ockergelb, braun, rot, schwarz – ich kann es nicht genau sagen. Doch eines ist sicher: ihre Farbe ist dieselbe, ja, ganz genau dieselbe wie die Farbe deiner Haut, Freund Kaspar.

Demnach wäre es doch vernünftig anzunehmen, daß der erste Mensch ein Neger war. Ein schwarzer Adam? Warum nicht, nach alledem? Doch sonderbar: Obschon ich mir, zwar überrascht, aber nicht empört, einen schwarzen Adam gefallen lasse – eine Eva, die Negerin ist, kann ich nicht hinnehmen!«

Eine kleine Weile schwieg er und ließ die bräunliche Erde durch seine Finger rieseln. Dann wischte er sich die Hände ab.

»Nein, wahrhaftig«, setzte er hinzu, »ich kann mir Eva nicht anders als weiß vorstellen. Ja, sogar blond mit blauen Augen...«

»Mit einer frechen Nase, einem kindlichen Mund und mit Unterarmen voller golden schimmernder Härchen«, ergänzte Kaspar, der an nichts anderes dachte als an Biltine.

Doch diese Vorstellung von einem schwarzen Adam, von einem Neger als erstem Menschen, hatte ihn mit einem Stolz und einer Freude erfüllt, wie er sie seit langem nicht mehr empfunden, seitdem der Komet sein Leben verheert hatte.

Am übernächsten Tag hielten die zwei vereinten Karawanen – weiße Männer und schwarze Männer, Pferde und Dromedare bunt gemischt – ihren Einzug in Jerusalem. Und da stieß ein junger Prinz zu ihnen, Melchior, der aus Palmyrenien kam. Melchior reiste zu Fuß, ganz allein mit seinem einstigen Hauslehrer, denn von dem Thron – der ihm nach dem Tod seines Vaters zustand – war er durch seinen Onkel vertrieben worden, und der trachtete ihm nach dem Leben. Balthasar beschloß, sich dieses kleinen Königs ohne Land anzunehmen und ihn unter seinen Pagen zu verbergen.

Jerusalem, das war die Hauptstadt Herodos' des Großen, des Königs der Juden. Zwei mächtige Bauwerke beherrschten die Stadt: der Palast des Herodes' und der neue Tempel, dessen Ausschmückung gerade vollendet wurde. Seit dreißig Jahren hallte der ganze Orient wider von Herodes' Untaten und Großtaten, von den Schreien seiner Opfer und von seinen Siegesfanfaren. Die Pracht und die ungeheure Größe seines Palastes und seines Tempels waren dieses Rufes würdig. Noch nie hatten die Könige eine solche Fülle von monumentalen Treppen, übereinander gestuften Terrassen, von marmornen Säulenhallen, von Türmen und Kuppeln gesehen. Es war wirklich eine Stadt in der Stadt, mit einer eigenen Bevölkerung von Soldaten, Bedienten, Priestern und Künstlern. Achtzehntausend Arbeiter waren mit dem Wiederaufbau des Tempels beschäftigt gewesen.

Prunkvoll empfing Herodes die so weither angereisten Gäste.

Er wies ihnen Wohngemächer zu, gab ihnen zu Ehren ein großes Festmahl, bewilligte ihnen Audienzen unter vier Augen. Sie begriffen bald, daß er über ein umfangreiches Netz von Spionen und Nachrichtenagenten verfügte und daß ihm von alledem, was sie nach Judäa geführt hatte, nichts unbekannt geblieben war. Natürlich hatte er den Kometen beobachtet und seine Astrologen und Theologen dazu befragt. Er unterrichtete die Könige, der schweifende Stern tue kund, es werde zu Bethlehem – einem Dorf eine Wegstunde von Jerusalem – ein göttliches Kind geboren werden, das berufen sei, König der Juden zu werden. Er legte ihnen nahe, dorthin zu gehen, doch sollten sie wiederkommen und ihm berichten, was sie gesehen hätten. Und es lag etwas wie ein dumpf drohendes Grollen in dieser Aufforderung.

Selbstverständlich kannte Herodes die Geschichte von Kaspars unglücklicher Liebe und vom Verrat Biltines. Er unterhielt sich mit ihm darüber bei einer Privataudienz, die den Negerkönig tief beeindruckte. Der König der Juden hatte in seiner Jugend ein Drama erlebt, über das er nie hinweggekommen war. Mariamne, seine erste Frau, die einzige, wie er sagte, die er je geliebt, hatte ihn verunglimpft. Schlimmer noch: Während seines Besuchs bei Kaiser Augustus in Rom hatte sie ein Mordkomplott gegen ihn angezettelt, um mit dem Heerführer, der ihr Geliebter war, allein regieren zu können. Da daraus ein offener Skandal geworden war, hatte er nicht vermeiden können, daß Mariamne vor Gericht gestellt wurde. Sie war zum Tode verurteilt und erdrosselt worden. Herodes hatte geglaubt, er müsse vor Kummer sterben. Er hatte den Leib, den er so sehr geliebt, in einen offenen, mit Honig gefüllten Sarkophag legen lassen, um ihn möglichst lange in seiner Nähe behalten zu können. Noch jetzt konnte er sich jenes fernen Geschehens nicht erinnern, ohne daß ihm die Tränen kamen.

Kaspar hatte diesem schrecklichen Geständnis mit seinem ganzen, wunden Herzen zugehört. Konnte denn die Liebe, anstatt Quelle von Güte und Zärtlichkeit zu sein, zu soviel Blut und Leid führen? Hätte er wie Herodes handeln und Biltine und Galeka hinrichten lassen müssen? Doch zwei neue Gedanken beschäftigten ihn, und sie gaben ihm Mut und trugen dazu bei, ihn von seinem Liebesleid abzulenken. Einmal die Entdeckung des schwarzen Adam zu Hebron, die begonnen hatte, ihn mit seiner Hautfarbe zu versöhnen. Zum anderen ein großes Licht der Hoffnung: Was geschah zu Bethlehem? Was würde er antreffen in diesem Dorf, das ja schon berühmt war, denn es war ehedem die Wiege König Davids gewesen?

Noch einmal machte sich die Doppelkarawane auf den Weg. Sie zog hinab in das tiefe Tal von Gihon und erklomm die rauhen Hänge am Berg des Bösen Rates. Gedankenvoll reisten sie, die beiden Könige und der gestürzte Prinz, die Augen noch geblendet durch den Glanz von Herodes' Palast und Tempel, die Ohren noch betäubt von den Berichten, die sie an seinem Hof gehört hatten. Doch sie waren getragen von einer großen Hoffnung. Den Blick fest auf den Kometen gerichtet, der wieder am Himmel erschienen war, schritten sie dahin und fragten sich, was sie wohl erwarten würde in dem heiligen Dorf.

»Was wir zu Bethlehem gefunden haben?« wird später der König Kaspar seinen Kindern, seinen Enkeln, seinen Urenkeln erzählen, alle schwarz und kraushaarig wie er selber. »Nach Herodes schwebte uns eine Art Über-Herodes vor, ein Palast, noch prächtiger als der in Jerusalem, ein König, der noch mächtiger wäre.

Ganz das Gegenteil traf ein. Ein elender Stall, Hirten, Handwerker, ein Ochs und ein Esel.«

»Und all diese Leute waren schwarz?«

»Nein, nein! Weiße, nichts als Weiße, so daß wir uns fremd vorkamen unter ihnen, wir Neger aus Meroe. Tatsächlich standen alle im Kreis um eine Wiege aus Stroh, in der ein Kindlein strampelte. Konnte das wirklich der neue König der Juden sein? Der Komet, von dem ein Lichtstreif bis herab auf das Dach des Stalles fiel, bezeugte es.

Einer nach dem andern sind wir dann hineingegangen, dem Kind zu huldigen. Ich wollte ihm das Kästchen mit Weihrauchstäbchen schenken, das ich in Baaluk gekauft hatte. Ich bin vorgetreten, habe das Knie gebeugt, habe mit den Lippen meine Finger berührt und mit der Hand eine Bewegung gemacht, um dem Kind einen Kuß zuzuwerfen. Und da habe ich eine wundersame Überraschung erlebt, die mich seitdem unablässig erleuchtet und mir das Herz erwärmt. Wie ich mich über die Krippe beuge – was sehe ich da? Ein Kindlein, ganz schwarz, mit krausem Haar, mit einem niedlichen Stupsnäschen, kurz, ein Kindlein ganz wie ihr; meine geliebten kleinen Afrikaner!«

»Zuerst ein schwarzer Adam, dann ein schwarzer Jesus!«

»Und die Eltern, Maria und Josef?«

»Weiße!« beteuerte Kaspar. »Ich sag es ganz deutlich: Weiße, wie Balthasar, Melchior und...«

»Wie Biltine«, ergänzte eines der Kinder, das die Geschichte des alten Königs kannte.

»Und was sagten die anderen, als sie das Wunder sahen: ein Negerkind von weißen Eltern?«

»Also, wißt ihr, die haben nichts gesagt, und auch ich kam aus Taktgefühl, um sie nicht zu kränken, später mit keinem Wort auf das schwarze Kind zurück, das ich in der Krippe gesehen hatte.

Im Grunde frage ich mich, ob sie genau hingeschaut haben. Denn es war ein wenig dämmrig dort in dem Stall. Vielleicht bin ich der einzige, der gemerkt hat, daß Jesus ein Neger ist...«

Er schweigt still und versenkt sich ganz in diese exemplarische Geschichte: der vom Zauber des blonden Haares behexte und liebeskranke Negerkönig, der nun für immer geheilt ist, versöhnt mit sich selbst und seinem Volk durch das Wunder von Bethlehem.

Rainer Maria Rilke
Die Heiligen Drei Könige
Legende

Einst als am Saum der Wüsten sich
auftat die Hand des Herrn
wie eine Frucht, die sommerlich
verkündet ihren Kern,
da war ein Wunder: Fern
erkannten und begrüßten sich
drei Könige und ein Stern.

Drei Könige von Unterwegs
und der Stern Überall,
die zogen alle (überlegs!)
so rechts ein Rex und links ein Rex
zu einem stillen Stall.

Was brachten die nicht alles mit
zum Stall von Bethlehem!
Weithin erklirrte jeder Schritt,
und der auf einem Rappen ritt,
saß samten und bequem.
Und der zu seiner Rechten ging,
der war ein goldner Mann,
und der zu seiner Linken fing
mit Schwung und Schwing
und Klang und Kling
aus einem runden Silberding,
das wiegend und in Ringen hing,
ganz blau zu rauchen an.
Da lachte der Stern Überall
so seltsam über sie,
und lief voraus und stand am Stall
und sagte zu Marie:

Da bring ich eine Wanderschaft
aus vieler Fremde her.
Drei Könige mit *magenkraft**,
von Gold und Topas schwer
und dunkel, tumb und heidenhaft, –
erschrick mir nicht zu sehr.
Sie haben alle drei zuhaus
zwölf Töchter, keinen Sohn,
so bitten sie sich deinen aus
als Sonne ihres Himmelblaus
und Trost für ihren Thron.
Doch mußt du nicht gleich glauben: bloß
ein Funkelfürst und Heidenscheich
sei deines Sohnes Los.
Bedenk, der Weg ist groß.
Sie wandern lange, Hirten gleich,
inzwischen fällt ihr reifes Reich
weiß Gott wem in den Schoß.
Und während hier, wie Westwind warm,
der Ochs ihr Ohr umschnaubt,
sind sie vielleicht schon alle arm
und so wie ohne Haupt.
Drum mach mit deinem Lächeln licht
die Wirrnis, die sie sind,
und wende du dein Angesicht
nach Aufgang und dein Kind;
dort liegt in blauen Linien,
was jeder dir verließ;
Smaragda und Rubinien
und die Tale von Türkis.

Berlin-Schmargendorf, 23. Juli 1899

---

* mittelhochdeutsch: ›Macht‹ (RMR.)

Johann Wolfgang Goethe
Epiphanias

Die heil'gen drei König mit ihrem Stern,
Sie essen, trinken, und bezahlen nicht gern;
Sie essen gern, sie trinken gern,
Sie essen, trinken, und bezahlen nicht gern.

Die heil'gen drei König sind kommen allhier,
Es sind ihrer drei und sind nicht ihrer vier;
Und wenn statt drei es viere wär',
So wär' ein heil'ger drei König mehr.

Ich erster bin der weiß und auch der schön',
Bei Tage solltet ihr mich nur erst sehn!
Doch ach, mit allen Spezerein
Werd ich sein Tag kein Mädchen mir erfrein!

Ich aber bin der braun' und bin der lang',
Bekannt bei Weibern wohl und beim Gesang.
Ich bringe Gold statt Spezerein,
Da werd ich überall willkommen sein.

Ich endlich bin der schwarz' und bin der klein'
Und kann auch wohl einmal recht lustig sein.
Ich esse gern, ich trinke gern,
Ich esse, trinke und bedank mich gern.

Die heil'gen drei König' sind wohl gesinnt,
Sie suchen die Mutter und auch das Kind;
Der Joseph fromm sitzt auch dabei,
Der Ochs und Esel liegen auf der Streu.

Wir bringen Myrrhen, wir bringen Gold,
Dem Weihrauch sind die Damen hold;
Und haben wir Wein von gutem Gewächs,
So trinken wir drei so gut als ihrer sechs.

Da wir nun hier schöne Herrn und Fraun,
Aber keine Ochsen und Esel schaun;
So sind wir nicht am rechten Ort
Und ziehn unsers Weges weiter fort.

Der vierte König

Vor fast 2000 Jahren lebte in Anatolien (Türkei) ein junger König, der ein kleines Reich erben sollte. Eines Tages hatte er einen merkwürdigen Traum. Er sah in einer dunklen Landschaft viele elende Gestalten: Bettler und Krüppel, Gefangene und Hungernde, Einsame und Kranke. Sie alle klagten und weinten über ihr Los. Plötzlich erschien über dieser Welt des Jammers ein heller Stern. Flehentlich streckten alle ihre Arme zum Licht. Es schien ihm, als schickten sie all ihre Klagen zum Himmel. Von dem Stern vernahm er die Stimme:»Nur wer den Elenden dieser Welt hilft, wird König sein.«

Der junge König befragte seinen Hofastrologen, was der Traum zu bedeuten habe. Dieser wurde ganz nachdenklich. Nach einer Weile sagte er:»Du hast von einem großen Geheimnis geträumt. In den ältesten Büchern, die wir kennen, ist von diesem Stern die Rede. Wenn er erscheint, wird allem Volk großes Heil zuteil. Denn er kündet die Geburt eines Königs an, der anders ist als alle anderen Könige. Er wird die Welt nicht mit Gewalt beherrschen, sondern durch Liebe verändern. Er will, daß die Menschen Menschen werden.«»Und was bedeutet es, daß gerade ich von diesem Stern geträumt habe?« wollte der König weiter wissen.»Der künftige Herrscher wird nun bald geboren. Du sollst dich aufmachen und ihn suchen. Er braucht dich, damit die Freude und das Glück, das er bringen will, durch dich zu vielen Menschen kommen kann.«

Der junge König war sehr erschrocken und wollte noch wissen, was die Worte bedeuteten, die er von dem Stern gehört hatte. Aber das konnte ihm der Sterndeuter nicht mehr erklären.

Alsbald machte sich der König auf den Weg. Er nahm die drei kostbarsten Edelsteine seines Thronschatzes mit, um ein würdiges Geschenk für den neuen Herrscher zu haben. Der Stern, den er im Traum gesehen hatte, leuchtete ihm auf dem Weg.

Es dauerte nicht lange, da traf er unterwegs drei andere Könige, die auch den Stern gesehen hatten und nun den neugeborenen König suchten. Sie hießen Kaspar, Melchior und Balthasar und wollten dem königlichen Kind Gold, Weihrauch und

Myrrhe schenken. Der junge König fragte sie, ob sie mehr von dem Königskind wüßten. Kaspar antwortete ihm als erster: »Ich glaube, daß er den Menschen Reichtum bringen wird. Er wird dafür sorgen, daß alle genug zu essen und zu trinken haben. Sie werden endlich in festen Häusern wohnen. Die Frauen werden sich mit schönen Männern und die Männer mit schönen Frauen vergnügen. Alle haben dann Zeit zu Spiel und Spaß.« Melchior fuhr ihm ins Wort und sagte: »Nein, er wird der größte Herrscher sein. Alle Reiche wird er erobern und Macht über die ganze Welt haben.« Balthasar wollte auch das nicht gelten lassen. »Der neue König ist größer als ihr denkt. Sein göttlicher Geist wird der ganzen Menschheit Weisheit schenken. Dann werden alle erleuchtet sein und nichts höher schätzen als die Wahrheit, die er bringt.« – Der junge König staunte über die drei Antworten, aber zufrieden war er damit nicht. Er stellte sich den neuen Herrscher ganz anders vor. Doch schloß er sich den Königen an, und sie machten sich gemeinsam auf die Suche.

Als ihn in den nächsten Tagen ein Zufall von den drei Königen trennte, war er aber nicht traurig. Denn der Stern leuchtete ihm weiter und wies ihm den Weg.

Doch da geschah etwas, das ihn in große Verwirrung stürzte. Im Staub der Straße sah er ein kleines Kind liegen, das jämmerlich weinte. Es hatte kaum Windeln am Leib und blutete aus vielen Wunden. Erschrocken hob er das Kind auf und nahm es mit. Im nächsten Dorf kannte niemand den Säugling. Er fand dort aber eine gute Frau, die bereit war, das Kind aufzuziehen. Aus seiner Tasche holte der König einen Edelstein und schenkte ihn dem Kind, damit es für sein Leben ein Auskommen habe.

Nach einem herzlichen Abschied machte er sich wieder auf. Der Stern war da und führte ihn weiter. Eines Tages kam er zu einer Töpferei, aus der er Klagen und Schreien vernahm. Er trat ein und fand eine verzweifelte Familie mit acht Kindern. Der Vater hatte schon lange keine Töpfe und Teller verkaufen können. Darum fehlte ihm das Geld, um seine Familie zu ernähren. Er hatte sogar Schulden machen müssen, die er nun nicht zurückzahlen konnte. Sein Gläubiger wollte ihn zwingen, die drei ältesten Kinder in die Sklaverei zu verkaufen. Als der König das hörte, schenkte er dem Vater den zweiten Edelstein. Er dachte bei sich, daß der neue König darauf eher verzichten könne als diese arme Familie. Der Vater aber konnte sein Glück nicht fassen. Ehe er dem König richtig danken konnte, war dieser schon weg. Der Stern sagte ihm, daß er weiterziehen müsse. Wohin der junge König kam, fand er große Not. Manchmal dachte er daran, daß die Menschen den Gestalten ähnlich waren, die er im Traum gesehen hatte. Er half ihnen, soviel er nur konnte. Aber dann fürchtete er doch, zur Geburt des großen Herrschers zu spät zu kommen.

Den dritten und letzten Stein schenkte er einer alten Frau, die gerade ihren Mann verloren hatte. Die Dankbarkeit dieser Frau erfreute sein Herz. Sie brauchte sich nun für des Rest ihres Lebens keine Sorgen zu machen. Aber er machte sich Gedanken, daß er nun mit leeren Händen bei dem König ankommen würde.

Dann geschah etwas, das ihm alle Hoffnung raubte, den neuen Herrscher je zu sehen. In einer Hafenstadt geriet er in einen großen Menschenauflauf. Er erfuhr, daß ein alter Galeerensträfling die qualvolle Arbeit nicht ausgehalten hatte und gestorben war. Der Galeerenbesitzer versuchte nun, den Sohn des Toten anstelle des Vaters auf die Galeere zu zwingen. Der Sohn wehrte sich mit allen Kräften, aber der Schiffsbesitzer verwies auf einen Vertrag und blieb hart. Da flehte der junge König inständig für den Armen. Als das nichts nützte, bot er sich selbst als Ersatz an. Das war dem Galeerenbesitzer recht – und so kam der junge König auf die Galeere. Die Qualen, die er hier erlitt, waren schlimmer, als er sich vorgestellt hatte. Er wurde an Leib und Seele krank. Da er auch den Stern nur noch selten sah, verlor er fast alle Hoffnung. Erst nach dreißig Jahren wurde er befreit.

Da endlich erschien ihm auch der Stern wieder und führte ihn nach Jerusalem. Als er durch das Stadttor getreten war, sah er, wie sich eine gröhlende Menschenmenge durch eine enge Straße fortbewegte. In ihrer Mitte ging jemand, der ein schweres Kreuz trug. Er war mit einer Dornenkrone bekränzt und mit einem Purpurmantel bekleidet. Für einen Augenblick konnte er dem Mann, der das Kreuz trug, in die Augen sehen. Der Blick, der ihn traf, war wie das Licht des Sternes, dem er solange gefolgt war.

Da wußte er: dies ist der König, den er gesucht hatte. Er begriff, daß dieser König nicht Gold und Edelsteine brauchte, sondern brüderliche Hilfe. Darum bahnte er sich einen Weg zu ihm und half ihm, das Kreuz zu tragen. Nach einer Weile kamen sie zu einem Hügel. Dort wurde der Gefangene auf grausame Weise gekreuzigt. Während dies geschah, schwanden dem König die Kräfte. Noch einmal sah er die Bilder des Traumes, den er vor mehr als dreißig Jahren gehabt hatte. Jetzt verstand er das Wort: »Nur wer den Elenden dieser Welt hilft, wird König sein.« Eine wunderbare Ruhe erfüllte ihn. Sterbend war er dankbar für sein Leben, das ihn zum König gemacht hatte.

Legende aus Rußland

Heinrich Heine
Die Heiligen Drei Könige

Die Heiligen Drei Könige aus dem Morgenland,
sie fragten in jedem Städtchen:
»Wo geht der Weg nach Bethlehem,
ihr lieben Buben und Mädchen?«

Die Jungen und Alten, sie wußten es nicht,
die Könige zogen weiter;
sie folgten einem goldenen Stern,
er leuchtete lieblich und heiter.

Der Stern blieb stehen über Josephs Haus,
da sind sie hineingegangen;
das Öchslein brüllte, das Kindlein schrie,
die Heiligen Drei Könige sangen.

Autoren- und Quellenverzeichnis

Hans Christian Andersen, *Der Tannenbaum*. Aus: Märchen, Bd. 1. Mit Illustrationen von Vilhelm Pedersen und Lorenz Frolich. Aus dem Dänischen von Eva-Maria Blühm. Insel Verlag, Frankfurt am Main 1975. © Sammlung Dieterich Verlagsgesellschaft mbH, Leipzig 1953, 1992

Walter Benjamin, *Ein Weihnachtsengel*. Aus: Berliner Kindheit um neunzehnhundert. Mit einem Nachwort von Theodor W. Adorno. © Suhrkamp Verlag, Frankfurt am Main 1987

Bertolt Brecht, *Das Paket des lieben Gottes*. Aus: Gesammelte Werke, Band 5. © Suhrkamp Verlag, Frankfurt am Main 1967

Der vierte König. Aus: Zeichen der Hoffnung. Hrsg. von Werner Trutwin, Klaus Breuning und Roman Mensing. Eigene Nacherzählung der Legende aus Rußland. © Patmos Verlag, Düsseldorf 1989

Charles Dickens, *Ein Weihnachtslied in Prosa*. Aus dem Englischen übertragen von Carl Kolb. Aus: Weihnachtserzählungen. Winkler Verlag, München 1957

Fjodor M. Dostojewski, *Weihnacht und Hochzeit*. Aus: Sämtliche Erzählungen. Aus dem Russischen übertragen von E. K. Rahsin. © R. Piper & Co. Verlag, München 1964

Hildegard Eggert, *Lieber Weinachsmann*. Abdruck mit freundlicher Genehmigung der Verfasserin.

Hubert Fichte, *Frohe Festtage*. Aus: Die Meisengeige. Zeitgenössische Nonsensverse, ges. und hrsg. von Günther Bruno Fuchs mit einer Zwischengeige in zehn Zeichnungen von Ali Schindehütte. © Carl Hanser Verlag, München 1964

Theodor Fontane, *Die Brück' am Tay*. Aus: Werke, Schriften und Briefe. Hrsg. von Walter Keitel und Helmuth Nürnberger. Abteilung 1, Band 6. München Wien 1978

Roswitha Fröhlich, *Wie Joschi zu seinem Meerschweinchen kam.* Aus: Nur noch 24 Tage bis Weihnachten. Hrsg. von Angelika Lebendig.
© Sanssouci Verlag AG, Zürich 1984

Johann Wolfgang Goethe, *Epiphanias.* Aus: Sämtliche Werke, 1. Abteilung, Band 1: Gedichte 1756–1799. Hrsg. von Karl Eibl. Frankfurt am Main 1987

Albert Paris Gütersloh, *Das vergebliche Mahl.* Aus: Die Menschenfreunde. Erzählungen I. Hrsg. und mit einem Nachwort von Irmgard Hutter.
© R. Piper GmbH & Co. KG, München 1987

Heinrich Heine, *Die Heiligen Drei Könige.* Aus: Sämtliche Schriften. Carl Hanser Verlag, München 1952

O. Henry, *Das Geschenk der Weisen.* Aus dem Amerikanischen von Theo Schuhmacher.
© der deutschen Übersetzung: Langewiesche Brandt, Ebenhausen bei München 1961 / 1987

Franz Hohler, *Da, wo ich wohne.*
© Luchterhand Literaturverlag GmbH, Hamburg 1993

Erich Kästner, *Dem Revolutionär Jesus zum Geburtstag.* Aus: Gesammelte Schriften für Erwachsene, Atrium Verlag, Zürich 1969
© Erich Kästner Erben, München

Marie Luise Kaschnitz, *Das Wunder.* Aus: Lange Schatten.
© Claassen Verlag Hamburg, Hildesheim 1960, 1993

Heinrich von Kleist, *Betrachtungen eines Greises über die Weihnachtsbescherungen.* Aus: Berliner Abendblätter. Wissenschaftliche Buchgesellschaft, Darmstadt 1959

James Krüss, *Das Weihnachtslied vom Eselchen.* Aus: Weihnachten auf den Hummerklippen. Mit Zeichnungen von Rolf Rettich.
© Verlag Friedrich Oetinger, Hamburg 1984

James Krüss, *Tannengeflüster.* Aus: Der wohltemperierte Leierkasten.
© C. Bertelsmann Verlag GmbH, München 1961

Josef Lada, *Die Tiere an der Krippe*. Aus: Kater Mikesch.
© Sauerländer Verlag, Aarau und Frankfurt am Main 1962

Siegfried Lenz, *Eine Art Bescherung*. Zitiert aus: Weihnachten 1945. Ein
    Buch der Erinnerungen. Hrsg. von Claus Hinncke Crasdorff.
© Siegfried Lenz 1981

Lord Dunsany, *Das Weihnachtsessen*. Aus dem Englischen von Elisabeth
    Schnack. Aus: Die Gabe der Weisen. Weihnachtsgeschichten aus
    England, Irland und Amerika. München 1955. © 1947 by the Estate of
    Lord Dunsany. Mit freundlicher Genehmigung von Curtis Brown
    Group, Ltd., London und Agence Hoffmann, München

Lukas-Evangelium. Übersetzt von Walter Jens. Aus: Es begibt sich aber
    zu der Zeit. Texte zur Weihnachtsgeschichte. Hrsg. von Walter Jens.
© Radius Verlag GmbH, Stuttgart 1989

Christoph Meckel, *Weihnachts-Ballade*. Aus: Stille Nacht allerseits. Hrsg.
    von Uwe Wandrey. Rowohlt Verlag, Reinbek bei Hamburg 1972.
© Christoph Meckel

Christian Morgenstern, *Das Weihnachtsbäumlein*.
© R. Piper & Co. Verlag, München 1965

Fritz Müller-Partenkirchen, *Halifax und Biwifax*. Aus: Von deiner
    Krippe glänzt ein Strahl. Hrsg. von Erwin und Sofie Wissmann.
Eugen Salzer Verlag, Heilbronn o. J.

Erich Mühsam, *Weihnachten*. Aus: Es war einmal ein Revoluzzer. Bän-
    kellieder und Gedichte.
Henschel Verlag, Berlin 1968
© Erich-Mühsam-Gesellschaft, Lübeck

Jackie Niebisch, *Happy Birthday, Jesus*. Aus: Happy Birthday, Jesus! Die
    kleenen Punker gratulieren.
© C. Bertelsmann Verlag GmbH, München 1993

Plätzchenrezepte. Aus: Brigitta Stuber, *Weihnachtsplätzchen – leichtgemacht*.
© Gräfe und Unzer GmbH, München 1993

Alfred Polgar, *Bescherung*. Aus: Kleine Schriften
© Rowohlt Verlag GmbH, Reinbek bei Hamburg 1983

Gerhard Polt, *Nikolausi*. Aus: Gerhard Polt und Hanns Christian Müller, Da schau her. Alle alltäglichen Geschichten. Mit Zeichnungen von Reiner Zimnik und vielen Fotos.
© Haffmanns Verlag, Zürich 1984

James Powell, *Mord im Spielzeugladen*. Aus: Tote unterm Gabentisch. Kriminalstories zum Fest. Hrsg. von Cynthia Mason. Aus dem Amerikanischen von Irene Nießen. © 1982 by James Powell. Veröffentlicht mit der Genehmigung Nr. 50920 der Paul & Peter Fritz AG in Zürich. Originaltitel: »Death in the Christmas Hour«.
© R. Piper GmbH & Co. KG, München 1993

Otfried Preußler, *Die kleine Hexe und der Maronimann*. Aus: Die kleine Hexe. Illustrationen von Winnie Gebhardt-Gayler.
© K. Thienemanns Verlag, Stuttgart – Wien

Wilhelm Raabe, *Weihnachtsgeister*. Aus: Sämtliche Werke. Braunschweiger Ausgabe. Band 2. Bearbeitet von Karl Hoppe und Hans Opperman.
Vandenhoeck & Ruprecht, Göttingen 1970

Margret Rettich, *Die Geschichte vom Weihnachtsbraten*. Aus: Wirklich wahre Weihnachtsgeschichten. Illustriert von Rolf Rettich.
© Annette Betz Verlag, München 1976

Rainer Maria Rilke, *Advent*. Aus: Sämtliche Werke I.
© Insel Verlag, Frankfurt am Main 1955

Rainer Maria Rilke, *Die heiligen Drei Könige (Legende)*. Aus: Sämtliche Werke I.
© Insel Verlag, Frankfurt am Main 1955

Joachim Ringelnatz, *Einsiedlers Heiliger Abend*. Aus: Das Gesamtwerk, Band 1.
© Diogenes Verlag AG, Zürich 1994

Robin-Hood-Reim. Aus: Der Stern der tat sie lenken. Alte englische Lieder und Hymnen. Deutsch von Erich Fried.
Zitiert nach: Deutscher Taschenbuch Verlag GmbH & Co. KG, München 1968
© Carl Hanser Verlag, München 1966

Peter Rosegger, *Als ich Christtagsfreude holen ging*. Aus: Als ich noch ein Waldbauernbub war.
© Verlag L. Staackmann, Bamberg o. J.

Eugen Roth, *Der Gang zur Christmette*. Aus: Das Eugen Roth Buch.
© Carl Hanser Verlag, München 1966

Karlheinz Schaaf, *Die Flucht nach Ägypten fand nicht statt*. Aus: Wir sagen euch an eine fröhliche Zeit. Hrsg. von Karlheinz Schaaf und Erno Seifriz.
© Karlheinz Schaaf, Ravensburg

Wolfdietrich Schnurre, *Die Leihgabe*. Aus: Als Vaters Bart noch rot war.
© Verlag-AG Die Arche, Zürich 1958

Theodor Storm, *Knecht Ruprecht*. Aus: Werke in einem Band. Hrsg. von Peter Goldammer, München Wien 1988

Ludwig Thoma, *Heilige Nacht*. Aus: Werke in vier Bänden.
© R. Piper & Co. KG, München 1968

Felix Timmermans, *Sankt Nikolaus in Not*. Aus: Der Heilige der kleinen Dinge und andere Erzählungen. Aus dem Flämischen von Anna Valeton-Hoos. Mit Bildern von Else Wenz-Vietor.
© Insel Verlag, Frankfurt am Main 1994

J. R. R. Tolkien, *Die Briefe vom Weihnachtsmann*. Hrsg. von Baillie Tolkien. Aus dem Englischen übertragen von Anja Hegemann.
© George Allen & Unwin Ltd., London. Published by arrangement with Harper Collins Publishers Ltd., London. Klett–Cotta, Stuttgart 4. Aufl. 1991

Leo Tolstoi, *Eine Erzählung für Kinder*. Aus: Das große Ravensburger Weihnachtsbuch, Ravensburg 1972

Michel Tournier, *Kaspar von Meroe. Der liebeskranke Negerkönig*. Aus: Die Könige aus dem Morgenland. Aus dem Französischen von Hellmut Waller.
© Carl Hanser Verlag, München Wien 1993

Kurt Tucholsky, *Groß-Stadt-Weihnachten*. Aus: Gesammelte Werke, Band 1.
© Rowohlt Verlag, Reinbek bei Hamburg 1960

Karl Valentin, *Das Christbaumbrettl*. Aus: Gesammelte Werke in einem Band. Hrsg. von Michael Schulte. Zeichnungen von Franziska Bilek.
© R. Piper GmbH & Co. KG, München 1985

Karl Heinrich Waggerl, *Der Tanz des Räubers Horrificius*. Aus: Und es begab sich zu einer Zeit. Inwendige Geschichten um das Kind von Bethlehem.
© Otto Müller Verlag, Salzburg o. J.

Robert Walser, *Das Christkind*. Aus: Das Gesamtwerk.
© Suhrkamp Verlag, Zürich / Frankfurt am Main 1978. Abdruck mit Genehmigung der Inhaberin der Rechte, der Carl-Seelig-Stiftung, Zürich.

Der kleine Adventsbegleiter

24 Geschichten zur Weihnachtszeit. Herausgegeben von Anne Rademacher. Mit Illustrationen von Almud Kunert. 208 Seiten. SP 2213

Dieser Adventskalender in Buchform will durch die schöne Zeit frohgestimmter Erwartungen begleiten. Hinter seinen Türchen verbergen sich 24 heiter-besinnliche Geschichten und Gedichte zur Weihnachtszeit von Wilhelm Busch, Italo Calvino, Janina David, Daphne Du Maurier, Robert Gernhardt, Janosch, James Krüss, Selma Lagerlöf, Siegfried Lenz, Joachim Ringelnatz, Ludwig Thoma u. a.

Hermann Feuersee
Der kleine kulinarische Adventsbegleiter

158 Seiten mit Illustrationen von Almud Kunert. SP 2543

Wer weiß schon wirklich genau, wie Zitronat, Orangeat und Sultaninen hergestellt werden, und wer kann Hutzel-, Klötzen-, Magen- und sonstige Brote auseinanderhalten, geschweige denn sie selbst bakken? Hermann Feuersee stellt in diesem vergnüglichen, Lust und Laune machenden Adventsbegleiter der besonderen Art nicht nur leckere Rezepte vor, sondern alles Wissens- und Erwähnenswerte aus der Advents- und Weihnachtsküche.

Hartmut Schickert
Der kleine wissenschaftliche Adventsbegleiter

158 Seiten mit Abbildungen. SP 2544

Hier ist endlich der Adventsbegleiter für alle, sie sich nicht von Zimtsternen, Glühwein und Mandelgebäck beirren lassen, sondern die wahren Hintergründe der Heiligen Drei Könige, des Lamettarecyclings oder der Mittwinterzeit wissen wollen. Mit Witz und Charme gibt Hartmut Schickert in vierundzwanzig ernsten und machmal nicht so ganz ernsten – aber immer wissenschaftlichen – Kapiteln von A wie Advent bis zu Z wie Zyzolotl Antworten auf alle nie hinterfragten Begleiterscheinungen der Advents- und Weihnachtszeit.